LE MARCHAND DE VENISE
BEAUCOUP DE BRUIT POUR RIEN
COMME IL VOUS PLAIRA

WILLIAM SHAKESPEARE

LE MARCHAND DE VENISE

BEAUCOUP DE BRUIT POUR RIEN

COMME IL VOUS PLAIRA

Traduction de François-Victor Hugo

Préface et notices
par
Germaine Landré
agrégée de l'Université

FLAMMARION

Pour recevoir régulièrement, sans aucun engagement de votre part, l'Actualité Littéraire Flammarion, il vous suffit d'envoyer vos nom et adresse à :

Flammarion, Service ALF, 26, rue Racine, 75278 PARIS Cedex 06.

Pour le CANADA à :

Flammarion Ltée, 163 Est, rue Saint-Paul, Montréal PQ H2Y 1G8.

Vous y trouverez présentées toutes les nouveautés mises en vente chez votre libraire : romans, essais, sciences humaines, documents, mémoires, biographies, aventures vécues, livres d'art, livres pour la jeunesse, ouvrages d'utilité pratique...

SHAKESPEARE

Le plus grand poète, le plus grand dramaturge de l'Angleterre, William Shakespeare, reste encore pour nous une figure assez mystérieuse, ou tout au moins bien peu connue. Ce que nous savons sur lui est presque toujours incertain. Il est né en 1564, à Stratford-sur-Avon, d'une famille ancienne du Warwickshire; mais son père semble avoir connu plus de revers que de succès dans les années où grandit le jeune William. Années de classe à la « grammar school » du village, bonne éducation sans doute, — cela reste conjecture. A dix-huit ans, il épouse Ann Hathaway, fille d'un fermier voisin, de huit ans plus âgée que lui; son premier enfant naît six mois après; les raisons de ce mariage, et les conséquences qu'il a pu avoir sur la vie du jeune homme dans les années qui suivirent, si elles ne sont pas tout à fait des suppositions, ne sont cependant pas des certitudes. Car il va bientôt quitter Stratford, sans que nous puissions dire pourquoi il laisse femme et enfants; les explications, plausibles ou ingénieuses, ne manquent pas : mais elles restent des hypothèses.

En 1592, il est à Londres, après des mois — ou des années? — d'obscurité. Il fait partie d'une troupe d'acteurs, il joue, il est joué. Il écrit même, en 1593-1594, deux poèmes, *Vénus et Adonis* et *le Viol de Lucrèce*, dédiés au comte de Southampton. Nous savons aussi qu'il joue devant la Reine, avec la troupe du Lord Chambellan.

A Stratford, où il retourne de temps en temps, nous pouvons fixer avec plus de précision quelques-uns de ses actes : par exemple, l'achat d'une maison, en 1597. A Londres, il est mentionné comme étant l'auteur de plusieurs pièces (1598) et aussi parce qu'il devient propriétaire d'une partie du Théâtre du Globe (1599).

Et puis, en 1616, revenu dans sa ville natale, il fait son testament, meurt et est inhumé dans l'église de la Sainte-Trinité. Il est le seul grand poète anglais qui ne repose pas à l'abbaye de Westminster.

Il reste dans cette histoire trop brève d'étranges lacunes. Nous ne savons à peu près rien de l'éducation, de la religion, de cet homme ; aucun de ses « portraits », même le buste de l'église de Stratford, ne semble authentique. Les rares signatures que nous avons de lui n'ont pas la même orthographe. Nous n'avons aucune lettre écrite par lui, et nous n'en avons qu'une seule qui lui soit adressée. Nous ne possédons pas les manuscrits de ses pièces.

Et l'on est confondu à l'idée que ce petit bourgeois de petite ville ait pu écrire les chefs-d'œuvre qui nous restent. Où en avait-il pris l'idée ? Qui avait posé pour ces personnages — rois, princesses, généraux, sauvages, magiciens, hommes de toute condition et de tous pays —? Où les avait-il connus ? Comment n'est-il pas demeuré, dans sa ville natale, de souvenir, d'écho de son génie ? Pourquoi, en quelles circonstances, avait-il rompu avec sa famille, avec son foyer ? Et pourquoi ce retour prématuré au logis, fortune faite, alors que notre expérience d'autres poètes, d'autres artistes nous montre qu'ils continuent d'écrire tant que la plume ne leur tombe pas des mains ? A cinquante-deux ans, n'avait-il plus rien à dire ?

En dehors d'hypothèses ingénieuses qui peuvent offrir une réponse à telle ou telle de ces questions — par exemple celle qui nous montre « le grand Will », catholique clandestin, quittant son village de peur de persécutions possibles pour aller se perdre à Londres pendant quelques années — il y a une explication qui résoudrait toutes les énigmes, et qu'on accepterait si elle était mieux étayée — William Shakespeare, bourgeois de Stratford, et médiocre acteur (puisqu'il jouait, dit-on, le fantôme dans *Hamlet*, ce qui n'était pas le premier rôle), ne serait point l'auteur des pièces qu'on lui attribue. Quelque grand personnage : Francis Bacon, ou même son frère Anthony, ou le comte de Derby, aurait écrit ces drames, ces comédies ; puis, craignant la mauvaise renommée qui s'attachait au théâtre à cette époque, aurait demandé à William Shakespeare d'en endosser la paternité.

Cette thèse a des partisans, et il est malaisé de la repousser définitivement. Pourtant, aucun des « candidats » à la gloire de Shakespeare ne donne tout à fait satisfaction; les raisons que l'on s'efforce d'imaginer pour justifier leur obscure modestie restent théoriques. Ce que l'on connaît des œuvres avouées de Francis Bacon est trop différent des pièces shakespeariennes; et nous savons trop peu de choses des autres pour avoir même une vague idée de ce dont ils étaient capables. D'autre part, les amis londoniens du dramaturge, Ben Jonson et Michael Drayton, vinrent, selon une tradition, voir leur compagnon William Shakespeare à Stratford. Ben Jonson écrivit sur son ami un poème où il loue son génie dramatique de poète (1623).

La plupart des spécialistes de Shakespeare n'ont pas été ébranlés dans leur foi « stratfordienne », c'est-à-dire orthodoxe, par les arguments brillants de leurs adversaires. Et il semble improbable que·rien de nouveau vienne faire le jour dans cet obscur problème.

C'est en essayant de retrouver, à travers des pièces qui paraissent impersonnelles, l'homme qui les écrivit, et que nous connaissons si peu; en essayant de deviner, dans les discours de ses personnages, ce qu'il était lui-même, que Dowden, le grand critique shakespearien, a établi une chronologie souvent discutée du théâtre de Shakespeare, et peut-être une histoire spirituelle de l'âme du poète, qu'il essaye de lire en transparence, avec piété et imagination.

Les quatre périodes de cette classification correspondraient à des étapes dans la vie du dramaturge anglais et dans le développement de sa personnalité.

Dans la première — qui se situe entre 1588 et 1595 — Shakespeare se contente de reprendre des pièces composées par d'autres, les retouche suivant les besoins de la troupe de comédiens à laquelle il est attaché, suivant l'absence de certains acteurs, la venue de nouveaux; il fait son apprentissage; il imite son contemporain déjà célèbre, Marlowe; il est précieux, euphuïste, comme on l'était volontiers à cette époque; *Roméo et Juliette*, qui est déjà une pièce originale, illustre cette tendance, qu'on retrouvera, à l'occasion, dans certains passages des pièces postérieures.

Puis il devient plus personnel, son tempérament s'affermit; entre 1595 et 1600, Shakespeare sait composer un drame ou une comédie; et même, s'il s'inspire de pièces déjà connues, s'il prend les sujets de ses drames historiques dans les chroniques du temps, il met déjà tant de lui-même dans les personnages qu'il crée, il prend tant de libertés avec les matériaux qu'il a trouvés ailleurs (même dans l'Histoire) qu'il fait œuvre originale. Les grandes pièces historiques appartiennent à cette période, *Henry IV*, plein d'humour et de profonde psychologie, *Henry V*, chronique remplie de fanfares et d'étendards, si anglaise qu'on a pu l'appeler un hymne national en cinq actes! et aussi des farces comme *la Mégère apprivoisée*, *les Joyeuses Commères de Windsor* et des comédies légères où l'humour et le romanesque se marient si habilement, *Comme il vous plaira* et *la Nuit des Rois*.

C'est probablement à cette période qu'appartiennent également les Sonnets, du moins la plupart d'entre eux. Le sonnet était alors un genre populaire et les contemporains de Shakespeare s'y étaient essayés. Ceux qu'il écrivit ne sont pas aussi parfaits que les sonnets de Spenser, ou de Sidney, et ils sont inégaux, parfois profonds et passionnés, et ailleurs précieux et proches de la mièvrerie, du mauvais goût. L'ensemble offre au biographe une tentation, celle d'y trouver une confession, ou du moins un reflet de l'âme du poète, celui qu'on a coutume de chercher dans la poésie lyrique. A-t-il *ouvert son cœur avec la clef des sonnets* comme l'a cru Wordsworth, le poète romantique? Robert Browning, un autre poète, a répondu qu'il serait moins grand qu'il ne l'est s'il nous avait laissé deviner quelque chose de lui-même grâce aux sonnets. Et il ne l'a guère fait, vraiment! Allusion à un amour passionné pour une brune maî-tresse, dont il fait le portrait avec une désinvolture un peu impertinente; protestations d'amitié plus passionnée encore, et sans cesse répétées, pour un beau jeune homme; et puis quelques brefs cris de désespoir au sujet d'une trahison dont il se console assez vite. Nous ne savons, nous ne saurons jamais sans doute, ni le nom de l'ami, ni celui de la dame. S'agit-il du comte de Southampton, et le pauvre poète s'était-il prudemment retiré devant un rival plus jeune et plus brillant? Tenait-il si peu à sa brune maîtresse que l'amitié du jeune homme lui ait paru bien plus précieuse? Autant de questions qui s'ajoutent aux autres. En vérité cette clef n'a pas ouvert grand-chose, et le poète a gardé ses secrets. Mais il demeure cepen-dant que certains passages des Sonnets ont une sincérité sur laquelle on ne peut se méprendre. Cet ami mystérieux, le poète l'aime d'un amour qui le console de toutes les peines, des mépris du monde, de l'injus-tice, du désespoir, — un amour plus fort que la mort même, — car il adjure l'ami qui restera sur terre après lui de ne pas se laisser aller au regret, de ne pas verser de larmes sur son souvenir. Et nous y retrouvons aussi cette suprême consolation de l'artiste, l'assu-rance que ses vers seront immortels quand lui-même sera retourné à la poussière.

La période qui suit — de 1600 à 1608 — est la plus tragique. Est-ce aussi celle qui correspond à certains des plus sombres parmi les Sonnets? Même les comé-dies — qu'il appelle « romances » — comédies roma-nesques, sont tristes dans leur sujet : *Tout est bien qui finit bien, Troïlus et Cressida* sont si mélangées, si incertaines de ton, qu'elles produisent une impression complexe, plus mélancolique et désabusée que gaie.

Les tragédies sont graves, comme *Jules César*, pessi-
mistes, voire désespérées, comme *Hamlet*, *Othello*, *le
Roi Lear*, *Macbeth*, où peut-être se reflètent les peines
secrètes du poète et la sombre philosophie de la vie
où il était arrivé.

Dans la dernière période — 1608-1612 —, nous le
voyons écrire des pièces dont le ton est plus serein,
même si les personnages sont peints avec autant
de force que jadis, et si les crises qu'ils traversent
sont aussi violentes : *Antoine et Cléopâtre*, où la
mort des amants immortels a tant de grave noblesse,
Henry VIII et surtout *la Tempête* et *le Conte d'Hiver*,
où l'on croit entendre comme un adieu à la poésie
et à la vie.

Peut-être ces étapes représentent-elles, en effet, les
phases de l'évolution spirituelle du poète, peut-être
correspondent-elles à des événements qui l'ont marqué
et ont influencé son attitude devant les grands pro-
blèmes de la vie.

Mais il ne faut pas oublier qu'avant tout Shakespeare était un auteur dramatique soucieux de présenter
à son public ce que le public aimait, ce qu'il avait
coutume de voir et d'applaudir, les sujets qui flat-
taient son patriotisme et son goût de la violence, les
scènes comiques susceptibles de le divertir, les scènes
touchantes qui pouvaient le faire pleurer. Qu'il se
soit, parfois, laissé aller à exprimer par la bouche
d'un de ses personnages une philosophie personnelle,
une poésie venant du fond de son cœur, et que le
mélange de tous ces éléments soit si riche et —
presque toujours — si heureux, c'est le miracle qui
n'a pas cessé depuis plus de trois siècles d'étonner
lecteurs et spectateurs.

Comme il voulait d'abord plaire, Shakespeare ne
s'est guère embarrassé de règles d'aucune sorte : les
unités de temps, de lieu et d'action, que certains de
ses rivaux observaient déjà, il n'en a que faire; *le
Songe d'une nuit d'été* peut n'être que le récit des
événements d'une nuit; *Othello* peut à la rigueur être
réduit à une seule journée (avec aussi peu de facilité
que *le Cid* d'ailleurs). Mais presque toujours plusieurs

mois, ou des années, sont nécessaires au déroulement d'une action qui contiendra aussi bien la moitié d'une vie. Si *la Tempête* se joue dans les limites d'une petite île (mais en divers endroits de cette île), d'autres pièces nous promènent de Venise à Chypre, de France en Ecosse. Prose et vers alternent suivant le personnage et la grandeur des sentiments exprimés et aussi le comique et le tragique. Et ces mélanges font naître peut-être plus aisément qu'une uniformité de ton sévère l'impression de la vie, de ses contrastes et de sa multiplicité, et celle de la pénétration dans la réalité quotidienne de ce qui est spirituel, surnaturel, éternel. Même lorsque l'intrigue est compliquée, les personnages nombreux, nous n'avons pas le sentiment d'un récit artificiel imaginé par l'auteur, mais au contraire celui de la vie réelle, ou du moins vraisemblable.

C'est grâce à ce don que Shakespeare ressuscite Rome et même Athènes, et l'Egypte, qu'il peut persuader des biographes à l'imagination docile qu'il est allé en Italie, en Flandre, dans la forêt des Ardennes, et jusqu'en Bohême. Il interroge le passé, il le rend vivant et plausible. La cour de Cléopâtre, et les plaisanteries qui fusent entre les suivantes et les visiteurs, était-ce vraiment comme cela? se demande le lecteur. Mais le spectateur, pour peu que le metteur en scène ait fait honnêtement son métier, ne se pose guère la question : c'était ainsi, ce ne pouvait être autrement!

Et si nous croyons savoir que le jeune prince Hal, le futur Henry V, n'avait pas en réalité de compagnon qui ressemblât au Falstaff de Shakespeare, nous nous demandons presque si le véritable n'était pas celui de Shakespeare plutôt que celui de l'Histoire. Quand l'auteur arrange, découpe, recolle et rétablit à son goût la chronique du règne de Richard III, allongeant la série des meurtres de Gloucester, chargeant encore son personnage, qui n'en est pas à un ou deux crimes près, imaginant comme vraisemblable — et elle l'est — la grande scène où ce fourbe, infirme et cruel, fait la cour à celle qu'il a rendue veuve, et gagne sa main, sinon son cœur, il ne nous surprend pas, il rend, pourrait-on dire, son personnage encore plus vrai, grâce aux libertés qu'il prend avec la vérité historique. Car, s'il se permet souvent des libertés avec elle, il a toujours pour cela quelque bonne raison. L'étude minutieuse des emprunts qu'il fait à ses sources et du parti qu'il en tire, de sa fidélité absolue par endroits, de sa désinvolture ailleurs, est passionnante. Il utilise presque mot pour mot le récit où Plutarque nous raconte la première rencontre de Cléopâtre et d'Antoine, jusqu'à un détail familier *deux fois rasé* qu'il n'a eu garde de laisser de côté car ce qu'il y a d'italien chez ce héros mûrissant y apparaît bien. Mais il néglige de nous dire qu'au moment de sa fin Cléopâtre, dans la douleur qu'elle ressentait à la mort de son amant, s'était griffé le visage : il fallait qu'elle restât belle, ce qui importait peu à Plutarque. De même Jules César, lorsqu'il chemine aux côtés d'Antoine, dans la tragédie où l'on nous conte sa mort, lui demande de changer de place, *car il est un peu dur de cette oreille-ci* : nous comprenons mieux l'homme après ce mince détail, nous accepterons plus facilement ensuite qu'il se soumette, un moment, à son épouse qui a fait un mauvais rêve, et accepte de ne pas sortir ce jour-là. Comme cela lui est arrivé maintes fois, Shakespeare, que le problème de la liberté attirait tant, a joué avec l'idée de ce qui fût arrivé si César était resté chez lui au lieu d'aller au Capitole; ou si Pompée, dans *Antoine et Cléopâtre*, avait accepté de couper les amarres de sa galère, comme le lui suggérait le capitaine du vaisseau, tandis qu'il avait à son bord Antoine, Octave et Lépide. Quel jeu fascinant pour un historien!

Il a aussi mis en scène ses contemporains, leurs excentricités, leurs amusements, leurs jeux, les nouveautés qu'ils accueillaient avec empressement, les vêtements à la mode, les tavernes qu'ils fréquentaient. Son public remarquait avec plaisir des allusions aux événements ou aux personnages du jour, dont un grand nombre sont sans doute devenues mystérieuses pour nous.

Il a donné une large place, dans ses comédies et dans ses tragédies, aux esprits, fantômes, sorcières, et autres créatures surnaturelles qui étaient très réelles pour la plupart des Élisabéthains. Qu'il ait cru lui-même à leur existence est une des questions qui se posent à son sujet, et auxquelles il est malaisé de répondre. Mais qu'il ait habilement tiré parti de cette croyance chez ses spectateurs ne fait aucun doute. Ils aimaient voir des fantômes sur la scène, ils avaient l'habitude de les retrouver dans leurs mélodrames favoris. Il leur a donc montré des fantômes. Mais il a donné à ceux-ci un sens, une importance plus grande qu'il n'apparaît tout d'abord. Le fantôme du père d'Hamlet est un personnage utile à l'action, puisqu'il jette dans l'esprit de son fils ce désir de vengeance qui sera le mobile de sa conduite. Dans *Macbeth*, celui de Banquo représente, même pour un public peu philosophe, le remords — toujours présent désormais — du meurtre que Macbeth vient de commettre et qui en annonce d'autres. Il est donc lui aussi un ressort précieux pour l'action. Le fantôme de César qui apparaît à Brutus la veille de la bataille, prédisant en termes ambigus la défaite et la mort de celui que nous étions peut-être tentés d'admirer à l'excès, nous rappelle à temps que Brutus est coupable parce qu'il a tué. Et les esprits qui viennent accabler le roi Richard III avant Bosworth sont aussi le commencement du châtiment pour ce criminel jusque-là trop heureux.

Les sorcières de *Macbeth* sont probablement un symbole des tentations que l'homme trouve sur sa route, à quelque moment de sa vie, et qui font de lui, s'il y cède, un autre être, inattendu, insoupçonné, sans scrupule et sans pitié. Les autres esprits, fées et elfes, qui avaient aussi leur place dans les croyances de ses contemporains, Shakespeare les accueille dans deux de ses comédies : *le Songe d'une nuit d'été* et *la Tempête*. La première est jouée dans un bois fréquenté par des mortels et par des fées, deux mondes presque toujours distincts, mais qui parfois débordent et se mélangent : mais il ne s'agit pas seulement d'un conte de fées, car ce que le poète suggère dépasse, de temps en temps, ce qu'il laisse voir : si Titania s'éprend d'un monstre bizarre, un mortel lourdaud à tête d'âne, ne veut-il pas nous dire que l'amour est aveugle, et que l'amant *Aime jusqu'aux défauts des personnes qu'il aime.* Ce que ni lui, ni Molière n'avaient découvert, bien entendu! Dans *la Tempête*, la réalité et le monde des esprits sont si étroitement mêlés qu'on ne reconnaît plus leurs limites : *Nous sommes faits de rêve*, dit Prospéro le magicien qui a chargé de ses incantations l'air de son île, subjugué les elfes, réduit un monstre en esclavage et répandu partout visions et harmonies célestes.

Ce monde des esprits a vieilli, sans doute, car il reflète l'époque élisabéthaine plus que la nôtre. Mais il recèle en lui tant de poésie qu'il est, à tout prendre, aussi délicieux de nos jours qu'il l'était jadis, si, peut-être, nous le considérons d'un regard moins crédule et plus philosophique!

C'est pourtant la partie humaine de l'œuvre qui nous séduit le plus aujourd'hui : ses personnages sont élisabéthains pour une part, certes; mais Shakespeare les a peints avec tant de profondeur et de vérité qu'ils débordent de leur cadre pour devenir des hommes et des femmes de tous les temps. Jamais la jalousie ne fut mieux étudiée que celle du Maure vénitien Othello, l'ambition criminelle que celle de Macbeth. Les femmes de son théâtre, les plus diverses et les plus complexes qu'on ait jamais peintes, sont bien plus « modernes » dans leur comportement et leur langage, a fait remarquer un critique, que les héroïnes de Dickens et de Thackeray. Il est rare qu'il ne réussisse pas à rendre convaincant pour ses lecteurs, et plus encore pour ses spectateurs, le développement d'une passion et son aboutissement à un acte dramatique. Si Macbeth n'analyse pas aussi lucidement que Rodrigue ses hésitations devant un meurtre, il nous semble peut-être plus humain, plus pitoyable dans sa faiblesse; Shylock se lamentant sur la perte de son argent, de ses bijoux, et de sa fille, est un avare aussi frappant et inoubliable qu'Harpagon. Shakespeare a compris ses héros comme ses criminels, et nous les fait comprendre, dangereusement proches de nous parfois, bien différents des traîtres de mélodrame. Même une Lady Macbeth, raidie dans son désir de préparer le meurtre du roi, hésite à frapper parce que le vieux Duncan ressemble, dans son sommeil, à son propre père. Presque tous se rachètent dans une certaine mesure, à nos yeux, par un vestige de vertu, de pitié, même l'Edmond du *Roi Lear* qui essaie en vain de sauver Cordélia de la mort, au moment où lui-même va payer de sa vie ses crimes.

Ce qui n'empêche pas l'atmosphère de certains des drames d'être sombre jusqu'au désespoir. La « philosophie » de Shakespeare se résout-elle à un pessimisme complet? *Le Roi Lear* le prouverait, où tant de victimes sont frappées sans avoir jamais mérité le châtiment. Et la tragédie d'*Hamlet* ne semble pas offrir aux hommes d'autre consolation que la mort, encore assombrie par cette désolante incertitude sur l'au-delà. Ailleurs, pourtant, la punition se mesure à la faute, Macbeth et son épouse agissent délibérément, nul destin implacable ne les a poussés au crime, et il est juste qu'ils en répondent. Souvent, au reste, la mort ne peut être considérée comme une sanction : celle de Roméo et de Juliette réconcilie leurs familles, celle d'Antoine et de Cléopâtre les enlève à une vie qui avait cessé d'être noble, pour leur donner la gloire.

La morale n'est jamais le but de ces pièces : elle est accessoire, elle apparaît naturellement dans des drames où les personnages s'opposent, au milieu de conflits qui sont ceux de la vie même, mais il n'y a ni thèse, ni prédications. La façon dont Shakespeare peint Cléopâtre, qui ne peut être considérée comme un modèle de vertu, est caractéristique : il l'admire et on a pu prétendre qu'elle était pour son créateur comme la dame brune des Sonnets. De même cet étonnant Falstaff, plein de faiblesses et de vices, avec quelle sympathie le poète l'a peint, et quelle indulgence!

Cela ne veut pas dire qu'il est plus immoral ou plus grossier que les autres élisabéthains. S'il ne montre guère de pruderie lorsqu'il touche à des sujets familiers, s'il ne s'effarouche pas devant la grossièreté des soudards, si même ses jeunes filles ont des propos

plus libres que les demoiselles de l'époque victorienne,
il ne se complaît pas dans la violence, dans la sensualité
appuyée. Beaucoup de ses contemporains ont été plus
loin que lui dans la peinture de mœurs relâchées, de
crimes odieux. La scène où le comte de Gloucester a
les yeux arrachés, dans *le Roi Lear*, est seule de son
espèce, et il a traité avec délicatesse des situations
curieuses comme celle d'Hélène dans *Tout est bien
qui finit bien*. Il a paru barbare et de mauvais goût
aux classiques français, comme à ceux de son propre
pays, et même aux premiers romantiques : Vigny, un
de ses premiers adaptateurs, fut près de supprimer ce
vulgaire mouchoir de Desdémone devenu pièce à
conviction dans les mains d'Iago, et peut-être faut-il
encore au lecteur français moderne quelque prépara-
tion pour le goûter. Mais on résiste difficilement à sa
puissance d'envoûtement, on ne cesse jamais de
l'aimer, on revient toujours à lui.

Germaine LANDRÉ.

LE MARCHAND DE VENISE

Henri Heine raconte qu'à une représentation du *Marchand de Venise* à Drury Lane il vit une Anglaise belle et pâle se mettre à pleurer à la fin du quatrième acte et qu'il l'entendit s'écrier à plusieurs reprises : « On fait tort au pauvre homme! » Il ajoute que, s'il pense aux pleurs de cette femme, il lui faut mettre *le Marchand de Venise* parmi les tragédies. Depuis l'époque où il écrivait, certaines interprétations du personnage de Shylock, appuyant sur les possibilités tragiques qu'il renferme, en ont presque fait un héros de tragédie.

Ce n'est probablement pas ce que Shakespeare eût choisi. On peut être à peu près certain que, de son temps, Shylock était à la fois pitoyable et haïssable, presque monstrueux si l'on songe aux desseins cruels qu'ils a formés contre Antonio le marchand, à sa dureté de cœur devant l'appel à la miséricorde lors de la scène du jugement. Mais Shakespeare veut comprendre et faire comprendre. Comme Montaigne dans ses *Essais*, il est attiré par les « cas » étranges, par la variété infinie de la nature humaine. Puis, à l'occasion, il fait une brève allusion à la conduite peu chrétienne d'Antonio crachant sur la robe du juif. Il note que pour un usurier, un prêteur magnanime comme Antonio, qui n'exige aucun intérêt, est un rival dangereux. Surtout, il a mis dans la bouche de Shylock des cris de détresse qui toucheront les auditoires de tous les temps, comme ils touchèrent Henri Heine et la belle Anglaise dont il nous a conservé le souvenir. Il n'a pas voulu, sans doute, apporter avec *le Marchand de Venise* sa contribution au problème juif — même si l'on a considéré le mariage Lorenzo-Jessica comme la solution qu'il préconise pour ce problème. Mais il aborde une question complexe, qui a enrichi sa pièce.

Cette question n'est abordée que dans l'intrigue secondaire. Le mariage de Portia et de Bassanio est en réalité au premier plan, et le reste — admirablement rattaché d'ailleurs — devrait n'apparaître qu'en contrepoint. Ce n'est pas tout à fait le cas, et de là vient le souffle tragique qui passe parfois sur cette comédie.

La pièce, inscrite au Registre de la corporation des Libraires en 1598, a probablement été donnée en 1596 pour la première fois. Elle est composée de trois histoires réunies assez habilement, mais très différentes. L'histoire de la livre de chair destinée à acquitter une dette qu'on ne peut rembourser est un vieux conte oriental. Il est probable que Shakespeare l'a trouvée, comme celle des anneaux, autour de laquelle est construit le cinquième acte, dans un recueil de contes de l'Italien Giovanni Fiorentino, *Il Pecorone*, qui date des environs de 1378 mais qui ne fut publié en Italie qu'en 1558. Il est impossible de préciser s'il a lu ce conte en italien ou dans une traduction. L'histoire des trois coffrets est plus ancienne encore que celle de la livre de chair. On la trouve dans un recueil de contes latins réunis au XIIIe siècle, les *Gesta romanorum*, dont une traduction anglaise, par R. Robinson, avait paru en 1577 et avait eu assez de succès pour être rééditée en 1595. Il est possible que Shakespeare l'ait empruntée à cette traduction.

Malgré la multiplicité des sujets, malgré les trois couples d'amoureux qu'on y trouve, il y a dans la pièce une étonnante unité : c'est Venise, la belle cité des Doges que les Anglais connaissaient bien — la plupart par ouï-dire — et qu'ils admiraient, la cité des marchands, comme Londres elle-même, riche et active comme elle. Shakespeare, qui n'y avait sans doute jamais été, l'évoque par quelques notes précises : les vaisseaux d'Antonio, le Rialto, la gondole où fuit Jessica, le jardin de Belmont où brille un clair de lune très vénitien; et puis encore la gaieté, la jeunesse, l'insouciance des héros (Bassanio a dissipé toute sa fortune, mais il empruntera!), leur goût du risque (le choix des coffrets est bien problématique. Tout le bonheur des amants dépend du hasard).

Dans cette comédie où l'amour tient une si grande place, l'amitié est aussi forte que lui. Dès que Portia et Bassanio ont échangé leurs serments et leurs anneaux, soudain le danger fond sur eux, donnant une résonance nouvelle à un sentiment naissant : Antonio, l'ami généreux, est menacé. Le jeune époux quitte aussitôt son épouse pour voler à son secours, et Portia, faisant sienne l'amitié qui unit les deux hommes, cherchera, trouvera le moyen de sauver Antonio. Dans aucune pièce Shakespeare n'avait dit avec autant de force que l'amitié compte autant que l'amour.

Pourtant la personne de cet ami, le mélancolique Antonio, est bien pâle et sa mélancolie bien vague, si on les compare à celles du Jacques de *Comme il vous plaira*. A côté du puissant personnage de Shylock, il n'y a que Portia qui retienne la lumière, Portia si habile et si sûre sous la robe d'avocat. Le couple Gratiano-Nérissa est aimable et léger, et Lorenzo et Jessica ne sont que de jeunes étourdis, désinvoltes et insouciants, échangeant au clair de lune non pas des serments d'amour, mais des souvenirs mythologiques.

La pièce est à la fois dramatique, brillante et sentimentale. Les plaisanteries du bouffon en allègent l'atmosphère, les plaintes de Shylock l'assombrissent. Reynaldo Hahn en a tiré un opéra léger et gracieux plutôt que grave. Elle est sans doute, parmi les comédies de Shakespeare, celle que les Français aiment le mieux.

PERSONNAGES

LE DOGE DE VENISE.
LE PRINCE DE MAROC.
LE PRINCE D'ARAGON.
ANTONIO, le marchand de Venise.
BASSANIO, son ami.
SOLANIO,
SALARINO, } amis d'Antonio et de Bassanio.
GRATIANO,
LORENZO, amoureux de Jessica.
SHYLOCK, juif.
TUBAL, autre juif, ami de Shylock.
LANCELOT GOBBO, le clown, valet de Shylock.
LE VIEUX GOBBO, père de Lancelot.
LÉONARDO, valet de Bassanio.
BALTHAZAR, } valets de Portia.
STEPHANO,

PORTIA, riche héritière.
NÉRISSA, sa suivante.
JESSICA, fille de Shylock.

MAGNIFIQUES SÉNATEURS DE VENISE, OFFICIERS DE LA COUR DE JUSTICE, GEOLIER, VALETS, GENS DE SERVICE.

La scène est tantôt à Venise, tantôt à Belmont, château de Portia, en terre ferme.

ACTE PREMIER

SCÈNE PREMIÈRE

Venise. Le comptoir d'Antonio.

Entrent ANTONIO, SALARINO *et* SOLANIO.

ANTONIO. — Ma foi, je ne sais pourquoi j'ai cette tristesse. Elle m'obsède ; vous dites qu'elle vous obsède aussi ! Mais comment je l'ai gagnée, trouvée ou rencontrée, de quelle étoffe elle est faite, d'où elle est née, je suis encore à l'apprendre. Elle me rend si stupide que j'ai grand-peine à me reconnaître.

SALARINO. — Votre pensée roule sur l'Océan, partout où vos galions à la voile majestueuse, seigneurs et riches bourgeois des flots, ou, si vous voulez, décors mouvants de la mer, planent sur les petits navires marchands qui leur font courtoisement la révérence, alors qu'ils volent près d'eux avec leurs ailes de toile.

SOLANIO. — Croyez-moi, monsieur, si je courais de pareils risques, la meilleure partie de mes émotions voyagerait avec mes espérances. Je serais sans cesse à arracher des brins d'herbe pour savoir d'où le vent souffle, à observer sur cartes les ports, les môles et les rades ; et tout ce qui pourrait me faire craindre, par conjectures, un accident à mes cargaisons, me rendrait triste.

SALARINO. — Mon souffle, refroidissant mon bouillon, me ferait frissonner, à la pensée de tout le mal qu'un trop grand vent peut faire en mer. Je ne pourrais pas voir couler le sablier, sans penser aux bas-fonds et aux bancs de sable, sans voir mon riche *Saint-André*, engravé, inclinant son grand mât plus bas que ses sabords, pour baiser son sépulcre. Pourrais-je aller à l'église et voir le saint édifice de pierre, sans songer immédiatement aux rocs dangereux qui, rien qu'en touchant le flanc de mon doux navire, disperseraient toutes mes épices sur la vague et habilleraient les lames rugissantes de mes soieries, bref, sans songer que cette opulence, si grande naguère, peut être à cette heure réduite à néant? Puis-je arrêter ma pensée sur cette pensée, sans avoir la pensée qu'une pareille inquiétude me rendrait fort triste? Allez, inutile de le dire! Je sais qu'Antonio est triste parce qu'il pense à ses marchandises.

ANTONIO. — Non, croyez-moi : j'en remercie ma fortune, mes pacotilles ne sont pas aventurées dans une seule cale, ni sur un seul point; mes biens ne sont pas tous à la merci des hasards de cette année. Ce ne sont donc pas mes spéculations qui me rendent triste.

SALARINO. — Alors vous êtes amoureux.

ANTONIO. — Fi, fi!

SALARINO. — Pas amoureux non plus? Disons alors que vous êtes triste, parce que vous n'êtes pas gai; il vous serait aussi facile de rire, de sauter et de dire que vous êtes gai parce que vous n'êtes pas triste. Par Janus au double visage, la nature forme à ses heures d'étranges gaillards : ceux-ci cligneront de l'œil perpétuellement et riront, comme des perroquets, au son d'une cornemuse; ceux-là ont l'aspect si vinaigré qu'ils ne montreraient pas les dents en manière de sourire, quand Nestor jurerait que la plaisanterie est risible.

Entrent Bassanio, Lorenzo et Gratiano.

SOLANIO. — Voici venir Bassanio, votre très noble parent, avec Gratiano et Lorenzo. Adieu! Nous vous laissons en meilleure compagnie.

SALARINO. — Je serais resté jusqu'à ce que je vous eusse rendu gai, si de plus dignes amis ne m'avaient prévenu.

ANTONIO. — Vos bontés me sont bien précieuses. Je pense que vos propres affaires vous réclament, et que vous saisissez cette occasion pour me quitter.

SALARINO. — Bonjour, mes bons messieurs!

BASSANIO. — Mes bons seigneurs, quand rirons-nous? Dites, quand? Vous devenez excessivement rares. En sera-t-il toujours ainsi?

SALARINO. — Nous mettons nos loisirs aux ordres des vôtres. *(Sortent Salarino et Solanio.)*

LORENZO. — Mon seigneur Bassanio, puisque vous avez trouvé Antonio, nous deux, nous vous laissons. Mais, à l'heure du dîner, rappelez-vous, je vous prie, notre rendez-vous.

BASSANIO. — Je ne vous manquerai pas.

GRATIANO. — Vous ne paraissez pas bien, signor Antonio. Vous avez trop de préoccupations dans cette vie; c'est la perdre que l'acheter par trop de soucis. Croyez-moi, vous êtes merveilleusement changé.

ANTONIO. — Je tiens ce monde pour ce qu'il est, Gratiano : un théâtre où chacun doit jouer son rôle, et où le mien est d'être triste.

GRATIANO. — A moi donc le rôle de fou! Que les rides de l'âge me viennent à force de gaieté et de rire! Puissé-je avoir le foie échauffé par le vin plutôt que le cœur glacé par des soupirs mortifiants! Pourquoi un homme qui a du sang ardent dans les veines serait-il, comme son grand-papa, taillé dans l'albâtre? Pourquoi dormir tout éveillé et gagner la jaunisse à force d'être grognon? Ecoute, Antonio, je t'aime, et c'est mon amitié qui parle : il y a une sorte d'hommes dont le visage de crème croupit comme un marais stagnant, qui gardent une immobilité volontaire exprès pour se draper dans une réputation de sagesse, de gravité et de profondeur, et qui semblent dire : « *Je suis messire l'Oracle; quand j'ouvre les lèvres, qu'aucun chien n'aboie!* » O mon Antonio! J'en connais qui passent pour des sages uniquement parce qu'ils ne disent rien, et qui, j'en suis bien sûr, s'ils parlaient, compromettraient le salut de leurs auditeurs, en les forçant à traiter le prochain d'imbécile! Je t'en dirai plus long une autre fois. Crois-moi, ne pêche pas, avec l'amorce de la mélancolie, la réputation, ce goujon des sots!... Viens, bon Lorenzo... Au revoir! je finirai mon sermon après dîner.

LORENZO. — Allons! Nous vous laissons jusqu'au
dîner. Il faut bien que je sois un de ces sages muets,
car Gratiano ne me laisse jamais parler.

GRATIANO.— Bon! Tiens-moi compagnie encore deux
ans, et tu ne reconnaîtras plus le son de ta propre voix.

ANTONIO. — Adieu! Je deviendrais bavard à cette
école-là.

GRATIANO. — Tant mieux, ma foi! car le silence n'est
recommandable que dans une langue fumée ou dans
une vierge non vénale. *(Gratiano et Lorenzo sortent.)*

ANTONIO. — Y a-t-il quelque chose dans tout cela?

BASSANIO. — Gratiano est l'homme de Venise qui
sait dire indéfiniment le plus de riens. Ses raison-
nements sont comme deux grains de blé perdus dans
deux boisseaux de menue paille; vous les chercherez
tout un jour avant de les trouver, et, quand vous les
aurez, ils ne vaudront pas vos recherches.

ANTONIO. — Çà, dites-moi maintenant, quelle est
cette dame à qui vous avez fait le vœu d'un secret
pèlerinage et dont vous m'avez promis de me parler
aujourd'hui?

BASSANIO. — Vous n'ignorez pas, Antonio, dans
quel délabrement j'ai mis ma fortune, en étalant
quelque temps un faste excessif que mes faibles ressources ne m'ont pas permis de soutenir. Je ne gémis
pas de ne pouvoir continuer ce noble train; mais mon
plus grand souci est de sortir honnêtement des dettes
considérables où ma jeunesse, un peu trop prodigue,
m'a laissé engagé. C'est à vous, Antonio, que je dois
le plus, en argent et en affection; et c'est sur la foi de
votre affection que je me décide à vous faire part de
tous les plans et projets que j'ai formés pour me débar-
rasser de toutes mes dettes.

ANTONIO. — Je vous en prie, bon Bassanio, faites-
les-moi connaître; et s'ils ne s'écartent pas plus que
vous ne le faites vous-même des voies de l'honneur,
soyez sûr que ma bourse, ma personne, mes ressources
dernières sont toutes ouvertes à votre service.

BASSANIO. — Etant écolier, lorsque j'avais perdu une
flèche, j'en lançais une autre de la même portée dans
la même direction, en la suivant d'un regard plus

attentif, pour retrouver la première ; et, en risquant les deux, je retrouvais souvent les deux. Si je vous cite cet exemple de l'enfance, c'est que ma conclusion est de la plus pure candeur. Je vous dois beaucoup ; et par mon étourderie de jeune homme ce que je vous dois est perdu ; mais si vous consentez à lancer une seconde flèche dans la même direction que la première, je ne doute pas, comme j'en surveillerai le vol, ou de les retrouver toutes deux, ou de vous rapporter la seconde en restant pour la première votre débiteur reconnaissant.

ANTONIO. — Vous me connaissez bien ; et vous perdez votre temps à circonvenir mon amitié par tant d'ambages. Et vous me faites plus de tort, par vos doutes, en mettant en question mon dévouement absolu, que si vous aviez dissipé tout ce que j'ai. Dites-moi seulement ce que je dois faire d'après votre connaissance de ce que je puis, et je suis tout prêt. Ainsi, parlez.

BASSANIO. — Il est à Belmont une riche héritière, d'une beauté qu'embellissent les plus merveilleuses vertus ; j'ai déjà de ses yeux reçu de doux messages muets. Elle se nomme Portia et n'est inférieure en rien à la fille de Caton, la Portia de Brutus. L'univers n'ignore pas son prix, car les quatre vents lui soufflent de toutes les côtes d'illustres galants ; sa chevelure radieuse pend à ses tempes comme une toison d'or, et fait de sa résidence de Belmont une plage de Colchos où bien des Jasons viennent pour la conquérir. O mon Antonio ! si j'avais seulement les moyens de soutenir ma rivalité avec eux, mon esprit me présage un tel succès que je ne pourrais manquer de réussir.

ANTONIO. — Tu sais que toute ma fortune est sur mer ; je n'ai pas d'argent, ni de moyen de réunir sur-le-champ une somme. Ainsi, va, essaie ce que peut mon crédit dans Venise ; je suis prêt à le tordre jusqu'au dernier écu pour t'envoyer, bien équipé, à Belmont, près de la belle Portia. Va, cherche ; je chercherai de mon côté à trouver de l'argent, et, à coup sûr, j'en obtiendrai de la confiance ou de la sympathie que j'inspire. *(Ils sortent.)*

SCÈNE II

Belmont. Chez Portia.

Entrent PORTIA *et* NÉRISSA.

PORTIA. — Sur ma foi, Nérissa, mon petit corps est bien las de ce grand monde.

NÉRISSA. — Ce serait tout simple, chère madame, si vous aviez autant de misères que vous avez de prospérités. Et pourtant, d'après ce que je vois, l'indigestion rend malade autant que la faim. Ce n'est donc pas un mince bonheur qu'une condition médiocre : le superflu grisonne plus vite, le simple nécessaire vit plus longtemps.

PORTIA. — Bonnes maximes, et bien débitées!

NÉRISSA. — Elles seraient meilleures, si elles étaient bien suivies.

PORTIA. — Si faire était aussi aisé que savoir ce qu'il est bon de faire, les chapelles seraient des églises, et les chaumières des pauvres gens des palais de princes. Le bon prédicateur est celui qui suit ses propres instructions. Il m'est plus aisé d'apprendre à vingt personnes ce qu'il est bon de faire, que d'être l'une des vingt à suivre mes propres leçons. Le cerveau peut inventer des lois pour la passion; mais un tempérament ardent saute par-dessus la froide règle : la jeunesse folle se fait lièvre pour bondir par-dessus les filets que tend le cul-de-jatte bon conseil. Mais ce raisonnement n'est pas de mise au moment de me choisir un mari... Que dis-je, hélas! choisir? Je ne puis ni choisir qui je voudrais, ni refuser qui me déplaît : ainsi la volonté de la fille vivante doit se courber sous la volonté du père mort... N'est-il pas bien dur, Nérissa, de ne pouvoir ni choisir, ni refuser personne?

NÉRISSA. — Votre père fut toujours vertueux, et les saints personnages n'ont à leur mort que de bonnes inspirations. Voilà pourquoi cette loterie, imaginée par lui, en vertu de laquelle vous appartenez à celui qui choisit, suivant son intention, entre ces trois coffrets d'or, d'argent et de plomb, ne favorisera, soyez-en sûre, qu'un homme digne de votre amour. Voyons! avez-vous quelque ardente affection pour un de ces prétendants princiers qui sont déjà venus?

PORTIA. — Redis-moi leurs noms, je t'en prie; à mesure que tu les nommeras, je les décrirai, et, par ma description, tu devineras mon affection.

NÉRISSA. — D'abord, il y a le prince napolitain.

PORTIA. — Ah! celui-là, il est né à l'écurie, car il ne fait que parler de son cheval : il se vante, comme d'un grand mérite, de pouvoir le ferrer lui-même! J'ai bien peur que madame sa mère n'ait triché avec un forgeron.

NÉRISSA. — Ensuite, il y a le comte palatin.

PORTIA. — Il ne fait que froncer le sourcil, comme s'il voulait dire : *Si vous ne voulez pas de moi, décidez-vous*. Il écoute les plus joyeux récits sans sourire. Je crains qu'il ne devienne le philosophe larmoyeur quand il se fera vieux, puisqu'il est dans sa jeunesse d'une tristesse si immodérée. J'aimerais mieux me marier à une tête de mort ayant un os entre les dents qu'à un de ces deux-là. Dieu me garde de ces deux hommes!

NÉRISSA. — Que dites-vous du seigneur français, monsieur Lebon?

PORTIA. — Dieu l'a fait : qu'il passe donc pour un homme! En vérité, je sais que c'est un péché de se moquer; mais lui, comment donc! Il a un meilleur cheval que celui du Napolitain; la mauvaise habitude de froncer le sourcil, il l'a plus parfaite que le comte palatin. Il est tous les hommes sans être un homme. Qu'un merle chante, vite il fait la cabriole; il dégainerait contre son ombre. Si je l'épousais, j'épouserais vingt maris. Il me dédaignerait, que je lui pardonnerais; car, m'aimât-il à la folie, je ne le payerai jamais de retour.

NÉRISSA. — Que direz-vous donc à Faulconbridge, le jeune baron d'Angleterre?

PORTIA. — Tu sais que je ne lui dis rien, car nous ne nous comprenons ni l'un ni l'autre : il ne possède ni le latin, ni le français, ni l'italien; et vous pouvez jurer en cour de justice que je ne possède pas une pauvre obole d'anglais. Il est le portrait d'un homme distingué. Mais, hélas! qui peut causer avec un mannequin? Qu'il est drôlement affublé! Je pense qu'il a acheté son pourpoint en Italie, son haut-de-chausses en France, sa toque en Allemagne, et ses manières partout.

NÉRISSA. — Que pensez-vous du lord écossais, son proche voisin?

PORTIA. — Qu'il fait preuve de charité envers son prochain, car il a emprunté un soufflet à l'Anglais et a juré de le lui rendre, quand il en serait capable. Je crois que le Français lui a donné sa garantie et s'est engagé à restituer le double.

NÉRISSA. — Comment trouvez-vous le jeune Allemand, le neveu du duc de Saxe?

PORTIA. — Répugnant le matin, lorsqu'il est à jeun, et plus répugnant dans l'après-midi, lorsqu'il est ivre. Dans ses meilleurs moments, il vaut un peu moins qu'un homme; dans ses plus mauvais, un peu plus qu'une bête. Quelque malheur qui m'arrive, j'espère trouver moyen de lui échapper.

NÉRISSA. — S'il offre de tenter l'épreuve et qu'il choisisse le coffret gagnant, vous refuseriez d'accomplir la volonté de votre père, en refusant de l'épouser.

PORTIA. — Aussi, de crainte de malheur, mets, je t'en prie, un grand verre de vin du Rhin sur le coffret opposé : car, quand le diable serait dedans, si cette tentation est dessus, je sais bien qu'il le choisira. Je ferai tout au monde, Nérissa, plutôt que d'épouser une éponge.

NÉRISSA. — Vous n'avez rien à craindre, madame, vous n'aurez aucun de ces seigneurs : ils m'ont fait connaître leur résolution de s'en retourner chez eux et de ne plus vous troubler de leurs hommages, à moins que, pour vous obtenir, il n'y ait un autre moyen que le choix des coffrets imposé par votre père.

PORTIA. — Dussé-je vivre aussi vieille que la Sibylle, je mourrai chaste comme Diane, à moins que je ne

sois obtenue selon la dernière volonté de mon père.
Je suis charmée de voir si raisonnables ce tas de soupirants : car il n'en est pas un pour l'absence duquel je
ne brûle, et je prie Dieu de leur accorder un bon
voyage.

NÉRISSA. — Vous rappelez-vous, madame, un
Vénitien, un savant, un brave, qui vint ici, du vivant
de votre père, en compagnie du marquis de Mont-
ferrat?

PORTIA. — Oui, oui, Bassanio! C'est ainsi, je crois,
qu'on l'appelait.

NÉRISSA. — Justement, madame; de tous les hommes
que mes faibles yeux aient jamais regardés, c'est lui
qui est le plus digne d'une jolie femme.

PORTIA. — Je me le rappelle bien; et, tel que je me le
rappelle, il mérite tes éloges.

Entre un valet.

PORTIA. — Eh bien! quoi de nouveau?

LE VALET. — Les quatre étrangers vous cherchent,
madame, pour prendre congé de vous. Il est arrivé un
courrier dépêché par un cinquième, le prince de Maroc.
Il porte la nouvelle que le prince, son maître, sera ici
ce soir.

PORTIA. — Si je pouvais souhaiter la bienvenue au
cinquième aussi volontiers que je souhaite un bon
voyage aux quatre autres, je serais charmée de son
approche : eût-il les qualités d'un saint, s'il a le teint
d'un diable, je l'aimerais mieux pour confesseur
que pour mari. Viens, Nérissa. *(Au valet.)* Maraud,
marche devant. Au moment où nous fermons la
grille sur un soupirant, un autre frappe à la porte.
(Ils sortent.)

SCÈNE III

Venise. Devant la maison de Shylock.

Entrent BASSANIO *et* SHYLOCK.

SHYLOCK. — Trois mille ducats? Bien.

BASSANIO. — Oui, monsieur, pour trois mois.

SHYLOCK. — Pour trois mois? Bien.

BASSANIO. — Pour laquelle somme, comme je vous l'ai dit, Antonio s'engagera.

SHYLOCK. — Antonio s'engagera... Bien.

BASSANIO. — Pouvez-vous me rendre ce service? Voulez-vous me faire ce plaisir? Connaîtrai-je votre réponse?

SHYLOCK. — Trois mille ducats, pour trois mois, et Antonio engagé.

BASSANIO. — Votre réponse à cela?

SHYLOCK. — Antonio est bon.

BASSANIO. — Avez-vous jamais entendu contester cela?

SHYLOCK. — Oh! non, non, non, non. Quand je dis qu'il est bon, je veux dire qu'il est solvable. Mais ses ressources sont exposées : il a un galion en route pour Tripoli, un autre pour les Indes. De plus, j'apprends sur le Rialto qu'il en a un troisième pour Mexico, un quatrième pour l'Angleterre, et d'autres encore aventurés dans de lointaines spéculations. Mais les navires ne sont que des planches, les matelots que des hommes. Il y a des rats de terre et des rats d'eau, des voleurs de terre et des voleurs d'eau, je veux dire des pirates; et puis il y a le danger des eaux, des vents et des rocs. L'homme est néanmoins solvable. Trois mille ducats?... Je crois que je peux prendre son billet.

BASSANIO. — Soyez assuré que vous le pouvez.

SHYLOCK. — Je veux en être assuré, et c'est pour m'en assurer que je veux réfléchir... Puis-je parler à Antonio?

BASSANIO. — Si vous voulez dîner avec nous.

SHYLOCK. — Oui, pour sentir le porc, pour manger de la demeure où votre prophète, le Nazaréen, a évoqué le diable! Je veux bien acheter avec vous, vendre avec vous, causer avec vous, cheminer avec vous, et ce qui s'en suit; mais je ne veux pas manger avec vous, boire avec vous, ni prier avec vous... Quelles nouvelles au Rialto?... Qui vient ici?

Entre Antonio.

BASSANIO. — C'est le signor Antonio.

SHYLOCK, *à part.* — Comme il a l'air d'un publicain flagorneur! Je le hais parce qu'il est chrétien, mais surtout parce que, dans sa simplicité vile, il prête de l'argent gratis et fait baisser le taux de l'usance ici, parmi nous, à Venise. Si jamais je le tiens dans ma poigne, j'assouvirai la vieille rancune que je lui garde. Il hait notre sainte nation, et il clabaude, dans l'endroit même où se réunissent les marchands, contre moi, contre mes opérations, contre mes légitimes profits qu'il appelle intérêts! Maudite soit ma tribu, si je lui pardonne!

BASSANIO, *parlant haut à Shylock qui paraît absorbé.* — Shylock! entendez-vous?

SHYLOCK. — Je calcule ce que j'ai en réserve, et, d'après une évaluation faite de mémoire, je ne puis immédiatement réunir le capital entier de ces trois mille ducats. N'importe! Tubal, un riche Hébreu de ma tribu, me fournira ce qu'il faut... Mais doucement! combien de mois demandez-vous? *(A Antonio.)* Le bonheur vous garde, bon signor! Le nom de Votre Honneur était justement sur nos lèvres.

ANTONIO. — Shylock, bien que je n'aie pas l'usage de prêter ni d'emprunter à intérêt, cependant, pour subvenir aux besoins urgents de mon ami, je romprai une habitude. *(A Bassanio.)* Sait-il déjà combien vous voudriez?

SHYLOCK. — Oui, oui, trois mille ducats.

ANTONIO. — Et pour trois mois.

SHYLOCK. — J'avais oublié... Trois mois, m'avez-vous dit? Et puis, votre billet... Ah çà, voyons... mais...

écoutez! Vous avez dit, ce me semble, que vous ne
prêtiez ni n'empruntiez à intérêt.

Antonio. — Je ne le fais jamais.

Shylock. — Quand Jacob menait paître les mou-
tons de son oncle Laban, grâce à ce que fit pour lui sa
prudente mère, ce Jacob était le troisième patriarche
après notre saint Abraham; oui, il était le troisième.

Antonio. — Eh bien, après? Prêtait-il à intérêt?

Shylock. — Non, il ne prêtait pas à intérêt; pas,
comme vous diriez, positivement à intérêt. Écoutez
bien ce que faisait Jacob. Laban et lui étaient convenus
que tous les agneaux qui étaient rayés et tachetés
seraient le salaire de Jacob. Les brebis, étant en rut,
cherchèrent les béliers à la fin de l'automne; tandis que
le travail de la génération s'accomplissait entre ces
bêtes à laine, le malin berger se mit à me peler certaines
baguettes, et, au moment de l'œuvre de nature, les
planta devant les brebis lascives, lesquelles, concevant
alors, mirent bas, au moment venu, des agneaux
bariolés; et ceux-ci furent pour Jacob. C'était là un
moyen de profit, et Jacob était béni, et le profit est
bénédiction quand il n'est pas volé.

Antonio. — Jacob, monsieur, servait là en vue d'un
bénéfice aventureux qu'il n'était pas en son pouvoir de
produire, mais qui était réglé et créé par la main de
Dieu. Est-ce là un argument pour justifier l'intérêt?
Votre or et votre argent sont-ils des brebis et des
béliers?

Shylock. — Je ne saurais dire; je les fais produire
aussi vite. Mais suivez-moi bien, signor...

Antonio, *à part, à Bassanio*. — Remarquez ceci,
Bassanio, le diable peut citer l'Ecriture pour ses fins.
Une âme mauvaise produisant de saints témoignages
est comme un scélérat à la joue souriante, une belle
pomme pourrie au cœur. Oh! que la fausseté a de
beaux dehors!

Shylock. — Trois mille ducats! c'est une somme
bien ronde! Trois mois de douze... Voyons quel sera
le taux!

Antonio. — Eh bien, Shylock, serons-nous vos
obligés?

SHYLOCK. — Signor Antonio, mainte et mainte fois, sur le Rialto, vous m'avez honni à propos de mon argent et de mes usances. Je l'ai supporté patiemment en haussant les épaules, car la souffrance est l'insigne de toute notre tribu. Vous m'appelez mécréant, chien, coupe-jarret, et vous crachez sur mon gaban juif, et cela parce que j'use de ce qui m'appartient. Eh bien, il paraît qu'aujourd'hui vous avez besoin de mon aide. En avant donc! Vous venez à moi et vous me dites : *Shylock, nous voudrions de l'argent!* Vous dites cela, vous qui vidiez votre bave sur ma barbe et qui me repoussiez du pied comme vous chassez un limier étranger de votre seuil! Vous sollicitez de l'argent! Que devrais-je vous dire? Ne devrais-je pas vous dire : *Est-ce qu'un chien a de l'argent ? Est-il possible qu'un limier puisse prêter trois mille ducats ?* Ou bien, dois-je m'incliner profondément et, d'un ton servile, retenant mon haleine dans un murmure d'humilité, vous dire ceci : *Mon beau monsieur, vous avez craché sur moi mercredi dernier; vous m'avez chassé du pied tel jour; une autre fois, vous m'avez appelé chien; pour toutes ces courtoisies je vais vous prêter tant d'argent ?*

ANTONIO, *vivement.* — Je suis bien capable de t'appeler encore de même, de cracher sur toi encore, de te chasser du pied encore. Si tu prêtes cet argent, ne le prête pas comme à un ami : l'amitié a-t-elle jamais tiré profit du stérile métal confié à un ami? Non! considère plutôt ce prêt comme fait à ton ennemi. S'il manque à l'engagement, tu auras meilleure figure à exiger contre lui la pénalité.

SHYLOCK. — Ah! voyez comme vous vous emportez! Je voudrais me réconcilier avec vous, avoir votre affection, oublier les affronts dont vous m'avez souillé, subvenir à vos besoins présents, sans prendre un denier d'intérêt pour mon argent, et vous ne voulez pas m'entendre! Mon offre est bienveillante pourtant.

ANTONIO. — Ce serait la bienveillance même.

SHYLOCK. — Cette bienveillance, je veux vous la montrer. Venez avec moi chez un notaire, signez-moi là un simple billet. Et, par manière de plaisanterie, si vous ne me remboursez pas tel jour, en tel endroit,

la somme ou les sommes énoncées dans l'acte, qu'il
soit stipulé que vous perdrez une livre pesant de votre
belle chair, laquelle sera coupée et prise dans telle
partie de votre corps qui me plaira!

Antonio. — Ma foi, j'y consens : je signerai ce
billet et je dirai que le juif fait preuve de grande
bienveillance.

Bassanio. — Vous ne signerez pas un pareil billet
pour moi; j'aime mieux rester dans ma nécessité.

Antonio. — Allons! ne crains rien, l'ami, je
n'encours pas cette perte. Dans deux mois, c'est-à-
dire un mois avant l'échéance, je compte qu'il me
rentrera neuf fois la valeur de ce billet.

Shylock. — O père Abraham! ce sont bien là les
chrétiens! La dureté de leurs procédés leur apprend
à suspecter les intentions des autres. *(A Bassanio.)*
Répondez-moi, je vous en prie : s'il manque à l'é-
chéance, que gagnerai-je à exiger le dédit? Une livre
de chair, ôtée d'un homme, n'est pas aussi estimable
ni aussi profitable qu'une livre de chair de mouton,
de bœuf ou de chèvre. Je le répète, c'est pour acheter
ses bonnes grâces que je lui offre ce service. S'il l'accepte, soit! Si non, adieu! Mais, de grâce, ne m'outragez pas jusque dans ma bonté.

Antonio. — Oui, Shylock, je signerai ton billet.

Shylock. — Allez donc sur-le-champ m'attendre
chez le notaire; faites-lui rédiger ce plaisant billet. Moi,
je vais tout droit chercher les ducats, donner un coup
d'œil à mon logis, laissé à la garde périlleuse d'un
valet négligent; et aussitôt je suis à vous. *(Il sort.)*

Antonio. — Cours, aimable juif. Cet Hébreu se
fera chrétien : il devient bon.

Bassanio. — Je n'aime pas les plus beaux termes à
la pensée d'un coquin.

Antonio. — Marchons. Il n'y a rien à redouter :
mes navires arrivent un mois avant l'échéance. *(Ils
sortent.)*

ACTE II

SCÈNE PREMIÈRE

Belmont. Chez Portia.

Fanfare de cor. Entre LE PRINCE DE MAROC, *More basané, vêtu de blanc, et trois ou quatre courtisans costumés de même; puis* PORTIA, NÉRISSA *et d'autres suivantes.*

MAROC. — Ne me prenez point en aversion à cause de mon teint, sombre livrée du soleil de bronze dont je suis le voisin et près de qui j'ai été nourri! Amenez-moi l'être le plus blanc qui soit né vers le nord, là où le feu de Phébus fait à peine fondre les glaçons; et pour l'amour de vous, faisons-nous une incision afin de voir qui des deux a le sang le plus rouge. Je te le dis, belle dame, ce visage a terrifié les vaillants, et, je le jure par mon amour, les vierges les plus admirées de nos climats ne l'en ont que plus aimé. Je ne voudrais pas changer de couleur, à moins que ce ne fût pour ravir vos pensées, ma douce reine.

PORTIA. — Dans mon choix je ne suis pas uniquement guidée par l'impression superficielle d'un regard de jeune fille; d'ailleurs la loterie de ma destinée m'ôte la faculté d'un choix volontaire. Mais si mon père ne m'avait pas astreinte, par sa sagesse tutélaire, à me donner pour femme à celui qui m'obtiendra par le moyen que je vous ai dit, vous, prince renommé, vous auriez autant de titres que tous ceux que j'ai vus venir ici, à mon affection.

MAROC. — C'est assez pour que je vous rende grâce. Veuillez donc, je vous prie, me conduire à ces

coffrets, que je tente ma fortune! Par ce cimeterre qui
a égorgé le Sophi et un prince persan, qui a gagné
trois batailles sur le sultan Soliman, je suis prêt à
foudroyer de mon regard les regards les plus insolents,
et de ma bravoure le plus audacieux courage; à
arracher les oursons de la mamelle de l'ourse, et même
à insulter le lion rugissant après sa proie, pour te
conquérir, ma dame! Mais, hélas, si Hercule et Lychas
jouent aux dés à qui l'emportera, le plus beau coup
peut tomber par hasard de la main du plus faible,
et Alcide sera battu par son page. Ainsi pourrais-je,
guidé par l'aveugle fortune, manquer ce que peut
atteindre un moins digne, et en mourir de douleur!

PORTIA. — Il faut accepter votre chance : renoncez
tout à fait à choisir, ou jurez, avant de choisir, que,
si vous faites un mauvais choix, jamais, à l'avenir,
vous ne parlerez de mariage à aucune femme... Ainsi,
réfléchissez.

MAROC. — J'y consens. Allons! conduisez-moi à
ma chance.

PORTIA. — Au temple, d'abord! Après dîner, vous
tenterez votre hasard.

MAROC. — Alors, que la fortune me soit bonne!
Elle peut me faire une existence ou bénie ou maudite!
(Ils sortent. Fanfares de cor.)

SCÈNE II

Venise. Une rue.

Entre LANCELOT GOBBO.

LANCELOT. — Il faudra bien que ma conscience
m'autorise à décamper de chez le juif, mon maître. Le
démon me touche le coude et me tente, en me disant :
Gobbo, Lancelot Gobbo, ou *Bon Lancelot*, ou *Bon
Gobbo*, ou *Bon Lancelot Gobbo, joue des jambes, prends
ton élan et décampe.* Ma conscience dit : *Non, prends
garde, honnête Lancelot, prends garde, honnête Gobbo,*

ou, comme je disais : *honnête Lancelot Gobbo, ne fuis pas, mets ce projet de fuite sous tes talons.* Alors le démon imperturbable me presse de faire mes paquets : *En route!* dit le démon; *Va-t'en!* dit le démon; *Au nom du ciel, prends un brave parti*, dit le démon, *et décampe.* Alors ma conscience, se pendant au cou de mon cœur, me dit très sagement : *Mon honnête ami Lancelot, toi qui es le fils d'un honnête homme* (ou plutôt d'une honnête femme; car mon père a eu quelque petite tache : il s'est parfois laissé aller, il avait certain goût...) Alors ma conscience me dit : *Lancelot, ne bouge pas. Bouge*, dit le démon. *Ne bouge pas*, dit ma conscience. *Conscience*, dis-je, *vous me conseillez bien; démon*, dis-je, *vous me conseillez bien.* Pour obéir à ma conscience, je dois rester avec le juif mon maître qui, Dieu me pardonne, est une espèce de diable; et, pour décamper de chez le juif, je dois obéir au démon qui, sauf votre respect, est le diable en personne. Mais, pour sûr, le juif est le diable incarné; et, en conscience, ma conscience est une bien dure conscience de me donner le conseil de rester chez le juif. C'est le démon qui me donne le conseil le plus amical. Je vas décamper, démon; mes talons sont à vos ordres; je vas décamper.

Entre le vieux Gobbo, portant un panier.

Gobbo. — Monsieur! Jeune homme! c'est à vous que je m'adresse! Quel est le chemin pour aller chez le maître juif?

Lancelot, *à part.* — O ciel! c'est mon père légitime! Comme il est presque aveugle et qu'il a la gravelle dans l'œil, il ne me reconnaît pas. Je vais tenter sur lui des expériences.

Gobbo. — Mon jeune maître, mon gentilhomme, quel est le chemin, je vous prie, pour aller chez le maître juif?

Lancelot. — Tournez à main droite, au premier détour, puis, au détour suivant, à main gauche, puis, morbleu, au prochain détour, ne tournez ni à main droite, ni à main gauche, mais descendez indirectement chez le juif.

GOBBO. — Par les sentiers de Dieu! ce sera un chemin difficile à trouver. Pourriez-vous me dire si un certain Lancelot, qui demeure avec lui, demeure avec lui ou non?

LANCELOT. — Parlez-vous du jeune sieur Lancelot? *(A part.)* Remarquez-moi bien, je vais faire jouer les grandes eaux. *(Haut.)* Parlez-vous du jeune sieur Lancelot?

GOBBO. — Ce n'est pas un sieur, monsieur, mais le fils d'un pauvre homme. Son père, quoique ce soit moi qui le dise, est un honnête homme excessivement pauvre, mais, Dieu merci, en état de vivre.

LANCELOT. — Soit! que son père soit ce qu'il voudra, nous parlons du jeune sieur Lancelot.

GOBBO. — De Lancelot, pour vous servir, seigneur!

LANCELOT. — Mais dites-moi, je vous prie, vieillard, *ergo*, je vous supplie, parlez-vous du jeune sieur Lancelot?

GOBBO. — De Lancelot, n'en déplaise à Votre Honneur!

LANCELOT. — *Ergo*, du sieur Lancelot! Ne parlez pas du sieur Lancelot père, car le jeune gentilhomme (grâce à la fatalité et à la destinée et autres locutions hétéroclites, grâce aux trois Sœurs et autres branches de la science) est effectivement décédé; ou, pour parler en termes nets, il est allé au ciel.

GOBBO. — Morbleu! Dieu m'en préserve! Ce garçon était mon unique bâton de vieillesse, mon unique soutien.

LANCELOT. — Est-ce que j'ai l'air d'un gourdin, d'un poteau, d'un bâton, d'un étai? Me reconnaissez-vous, père?

GOBBO. — Hélas! non, je ne vous reconnais pas, mon jeune gentilhomme; mais, je vous en prie, dites-moi, mon garçon (Dieu fasse paix à son âme!) est-il vivant ou mort?

LANCELOT. — Est-ce que vous ne me reconnaissez pas, père?

GOBBO. — Hélas! monsieur, j'ai la vue trouble, je ne vous reconnais pas.

LANCELOT. — Ah! ma foi, vous auriez vos yeux que vous risqueriez aussi bien de ne pas me reconnaître : bien habile est le père qui reconnaît son propre enfant! Eh bien, vieux, je vais vous donner des nouvelles de votre fils; donnez-moi votre bénédiction. La vérité doit se faire jour; un meurtre ne peut rester longtemps caché, le fils d'un homme le peut, mais, à la fin, la vérité se découvre. *(Il s'agenouille.)*

GOBBO. — Je vous en prie, monsieur, mettez-vous debout : je suis sûr que vous n'êtes pas Lancelot, mon garçon.

LANCELOT. — Je vous en prie, cessons de batifoler, donnez-moi votre bénédiction. Je suis Lancelot, celui qui était votre garçon, qui est votre fils, qui sera votre enfant.

GOBBO. — Je ne puis croire que vous soyez mon fils.

LANCELOT. — Je ne sais ce que j'en dois croire; mais je suis Lancelot, l'homme du juif; et ce dont je suis sûr, c'est que Marguerite, votre femme, est ma mère.

GOBBO. — Son nom est Marguerite, en effet. Je puis jurer, si tu es Lancelot, que tu es ma chair et mon sang. Dieu soit béni! Quelle barbe tu as! Tu as plus de poils à ton menton que Dobbin, mon limonier, à sa queue.

LANCELOT. — Il faut croire alors que la queue de Dobbin pousse à rebours; je suis sûr qu'il avait plus de poils à la queue que je n'en ai sur la face, la dernière fois que je l'ai vu.

GOBBO. — Seigneur! que tu es changé!... Comment vous accordez-vous, ton maître et toi? Je lui apporte un présent. Comment vous accordez-vous maintenant?

LANCELOT. — Bien, bien. Mais quant à moi, comme j'ai pris la résolution de décamper de chez lui, je ne m'arrêterai pas que je n'aie couru un bon bout de chemin. Mon maître est un vrai juif. Lui donner un présent, à lui? Donnez-lui une hart. Je meurs de faim à son service; vous pourriez compter toutes les phalanges de mes côtes. Père, je suis bien aise que vous soyez venu; donnez-moi ce présent-là à un certain monsieur Bassanio. En voilà un qui donne de magnifiques livrées neuves! Si je n'entre pas à son service, je veux

courir aussi loin que Dieu a de terre... O rare bonheur! Le voici en personne. Abordez-le, père : car je
veux être juif, si je sers le juif plus longtemps.

> *Entre Bassanio, suivi de Léonardo et
> d'autres domestiques.*

Bassanio, *à un valet.* — Vous le pouvez, mais hâtez-
vous, pour que le souper soit prêt au plus tard à cinq
heures. Faites porter ces lettres à leur adresse, faites
faire les livrées, et priez Gratiano de venir chez moi
incontinent. *(Sort le valet.)*

Lancelot, *bas à Gobbo.* — Abordez-le, père!

Gobbo. — Dieu bénisse Votre Excellence!

Bassanio. — Grand merci! Me veux-tu quelque
chose?

Gobbo. — Voici mon fils, monsieur, un pauvre
garçon...

Lancelot. — Non, pas un pauvre garçon, monsieur, mais bien le serviteur du riche juif, lequel voudrait, monsieur, comme mon père vous le spécifiera...

Gobbo. — Il a, comme on dirait, une grande déman-
geaison de servir.

Lancelot. — Effectivement, le résumé et l'exposé
de mon affaire, c'est que je sers le juif et que je désire,
comme mon père vous le spécifiera...

Gobbo. — Son maître et lui, sauf le respect dû à
Votre Excellence, ne sont pas tendres cousins.

Lancelot. — Pour être bref, la vérité vraie est que le
juif, m'ayant mal traité, m'oblige, comme mon père,
en sa qualité de vieillard, vous l'expliquera, j'espère,
avec féconde...

Gobbo. — J'ai ici un plat de pigeons que je voudrais
offrir à Votre Excellence, et ma requête est...

Lancelot. — Bref, la requête est pour moi de
grande impertinence, ainsi que Votre Excellence l'apprendra par cet honnête vieillard, qui, quoique ce soit
moi qui le dise, est pauvre, quoique vieux, et de plus
est mon père...

Bassanio. — Qu'un de vous parle pour tous deux!
Que voulez-vous?

Lancelot. — Vous servir, monsieur.

GOBBO. — Voilà l'unique méfait de notre demande, monsieur.

BASSANO, *à Lancelot.* — Je te connais bien : tu as obtenu ta requête. Shylock, ton maître, m'a parlé aujourd'hui même et a consenti à ton avancement, si c'est un avancement que de quitter le service d'un riche juif pour te mettre à la suite d'un pauvre gentilhomme comme moi.

LANCELOT. — Le vieux proverbe se partage très bien entre mon maître Shylock et vous, monsieur : vous avez la grâce de Dieu, monsieur, et lui, il a de quoi.

BASSANIO. — Bien dit!... Va, père, avec ton fils. Va prendre congé de ton vieux maître, et fais-toi indiquer ma demeure. *(A ses gens.)* Qu'on lui donne une livrée plus galonnée qu'à ses camarades! N'y manquez pas. *(Il s'entretient à voix basse avec Léonardo.)*

LANCELOT. — Enlevé, mon père! Ah! je ne suis pas capable de trouver une place! Ah! je n'ai jamais eu de langue dans ma tête!... Bien. *(Regardant la paume de sa main.)* Est-il un homme en Italie qui puisse, en jurant sur la Bible, étendre une plus belle paume?... J'aurai du bonheur : tenez! rien que cette simple ligne de vie! Voici une menue ribambelle d'épouses! Hélas! quinze épouses, ce n'est rien. Onze veuves, et neuf vierges, c'est une simple mise en train pour un seul homme; et puis, cette échappée à trois noyades! et ce péril qui menace ma vie au bord d'un lit de plume!... Ce sont de simples chances!... Allons, si la fortune est femme, à ce compte-là, c'est une bonne fille... Venez, mon père! Je vas prendre congé du juif en un clin d'œil. *(Sortent Lancelot et le vieux Gobbo.)*

BASSANIO. — Je t'en prie, bon Léonardo, pense à cela. Quand tu auras tout acheté et tout mis en place, reviens vite, car je festoie ce soir mes connaissances les plus estimées. Dépêche-toi, va.

LÉONARDO. — J'y mettrai tout mon zèle.

Entre Gratiano.

GRATIANO. — Où est votre maître?

LÉONARDO. — Là-bas, monsieur; il se promène. *(Sort Léonardo.)*

GRATIANO. — Signor Bassanio!...

BASSANIO. — Gratiano!

GRATIANO. — J'ai une chose à vous demander.

BASSANIO. — Vous l'avez obtenue.

GRATIANO. — Vous ne pouvez plus me refuser : il faut que j'aille avec vous à Belmont.

BASSANIO. — S'il le faut, soit!... Mais écoute, Gratiano : tu es trop pétulant, trop brusque, trop tranchant en paroles. Ces façons-là te vont assez heureusement et ne sont pas des défauts pour des yeux comme les nôtres; mais pour ceux qui ne te connaissent pas, eh bien, elles ont quelque chose de trop libre. Je t'en prie, prends la peine de calmer par quelques froides gouttes de modestie l'effervescence de ton esprit; sans quoi ta folle conduite me ferait mal juger aux lieux où je vais, et ruinerait mes espérances.

GRATIANO. — Signor Bassanio, écoutez-moi : si vous ne me voyez pas adopter un maintien grave, parler avec réserve, jurer modérément, porter dans ma poche des livres de prières, prendre un air de componction, et, qui plus est, quand on dira les grâces, cacher mes yeux, comme ceci, avec mon chapeau, et soupirer, et dire : *Amen!* enfin observer tous les usages de la civilité, comme un être qui s'est étudié à avoir la mine solennelle pour plaire à sa grand-mère, ne vous fiez plus à moi!

BASSANIO. — C'est bien, nous verrons comment vous vous comporterez.

GRATIANO. — Ah! mais je fais exception pour ce soir. Vous ne prendrez pas pour arrhes ce que nous ferons ce soir.

BASSANIO. — Non, ce serait dommage. Je vous engagerais plutôt à revêtir votre plus audacieux assortiment de gaieté, car nous avons des amis qui se proposent de rire... Sur ce, au revoir! J'ai quelques affaires.

GRATIANO. — Et moi, il faut que j'aille trouver Lorenzo et les autres; mais nous vous rendrons visite à l'heure du souper. *(Ils sortent.)*

SCÈNE III

Venise. Une chambre chez Shylock.

Entrent JESSICA *et* LANCELOT.

JESSICA. — Je suis fâchée que tu quittes ainsi mon père : notre maison est un enfer, et toi, joyeux diable, tu lui dérobais un peu de son odeur d'ennui; mais, adieu! Voici un ducat pour toi. Ah! Lancelot, tout à l'heure au souper tu verras Lorenzo, un des convives de ton nouveau maître : donne-lui cette lettre... secrètement! Sur ce, adieu! Je ne voudrais pas que mon père me vît causer avec toi.

LANCELOT, *larmoyant.* — Adieu!... Les pleurs sont mon seul langage... O ravissante païenne, délicieuse juive! Si un chrétien ne fait pas quelque coquinerie pour te posséder, je serai bien trompé. Mais, adieu! Ces sottes larmes ont presque noyé mon viril courage. Adieu! *(Il sort.)*

JESSICA. — Porte-toi bien, bon Lancelot. Hélas! quel affreux péché c'est en moi que de rougir d'être l'enfant de mon père! Mais quoique je sois sa fille par le sang, je ne la suis pas par le caractère. O Lorenzo, si tu tiens ta promesse, je terminerai toutes ces luttes : je me ferai chrétienne pour être ta femme bien-aimée. *(Elle sort.)*

SCÈNE IV

Toujours à Venise. Une rue.

Entrent GRATIANO, LORENZO, SALARINO *et* SOLANIO.

LORENZO. — Oui, nous nous esquiverons pendant le souper; nous nous déguiserons chez moi, et nous serons de retour tous en moins d'une heure.

GRATIANO. — Nous n'avons pas fait de préparatifs suffisants.

SALARINO. — Nous n'avons pas encore retenu de porte-torche.

SOLANIO. — C'est bien vulgaire, quand ce n'est pas élégamment arrangé; il vaut mieux, selon moi, nous en passer.

LORENZO. — Il n'est que quatre heures; nous avons encore deux heures pour nous équiper.

Entre Lancelot, portant une lettre.

Ami Lancelot, quelle nouvelle?

LANCELOT. — S'il vous plaît rompre ce cachet, vous le saurez probablement.

LORENZO. — Je reconnais la main; ma foi, c'est une jolie main : elle est plus blanche que le papier sur lequel elle a écrit, cette jolie main-là!

GRATIANO. — Nouvelle d'amour, sans doute!

LANCELOT, *se retirant*. — Avec votre permission, monsieur...

LORENZO. — Où vas-tu?

LANCELOT. — Pardieu, monsieur, inviter mon vieux maître le juif à souper ce soir chez mon nouveau maître le chrétien.

LORENZO, *bas, à Lancelot, en lui remettant de l'argent*. — Arrête; prends ceci... Dis à la gentille Jessica que je ne lui manquerai pas... Parle-lui en secret; va. *(Sort Lancelot.)* Messieurs, voulez-vous vous préparer pour la mascarade de ce soir? Je suis pourvu d'un porte-torche.

SALARINO. — Oui, pardieu! J'y vais à l'instant.

SOLANIO. — Et moi aussi.

LORENZO. — Venez nous rejoindre, Gratiano et moi, dans une heure d'ici, au logis de Gratiano.

SALARINO. — Oui, c'est bon. *(Sortent Salarino et Solanio.)*

GRATIANO. — Cette lettre n'était-elle pas de la belle Jessica?

LORENZO. — Il faut que je te dise tout! Elle me mande le moyen par lequel je dois l'enlever de chez son père, l'or et les bijoux dont elle s'est munie, le costume de page qu'elle tient tout prêt. Si jamais le juif son père va au ciel, ce sera grâce à sa charmante fille; quant à elle, jamais le malheur n'oserait lui barrer le passage, si ce n'est sous le prétexte qu'elle est la fille d'un juif mécréant. Allons, viens avec moi; lis ceci, chemin faisant. La belle Jessica sera mon porte-torche! *(Ils sortent.)*

SCÈNE V

Toujours à Venise. Devant la maison de Shylock.

Entrent SHYLOCK *et* LANCELOT.

SHYLOCK. — Soit! tu en jugeras par tes yeux, tu verras la différence entre le vieux Shylock et Bassanio. Holà, Jessica!... tu ne pourras plus t'empiffrer comme tu faisais chez moi... Holà, Jessica!... ni dormir, ni ronfler, ni mettre en lambeaux ta livrée. Eh bien! Jessica, allons!

LANCELOT, *criant.* — Eh bien! Jessica!

SHYLOCK. — Qui te dit d'appeler? Je ne te dis pas d'appeler.

LANCELOT. — Votre Honneur m'a si souvent répété que je ne savais rien faire sans qu'on me le dise!

Entre Jessica.

JESSICA, *à Shylock.* — Appelez-vous? Quelle est votre volonté?

SHYLOCK. — Je suis invité à souper dehors, Jessica; voici mes clefs... Mais pourquoi irais-je? Ce n'est pas par amitié qu'ils m'invitent; ils me flattent! J'irai pourtant, mais par haine, pour manger aux dépens du chrétien prodigue... Jessica, ma fille, veille sur ma maison... J'ai une vraie répugnance à sortir : il se brasse quelque vilenie contre mon repos, car j'ai rêvé cette nuit de sacs d'argent.

LANCELOT. — Je vous en supplie, monsieur, partez : mon jeune maître est impatienté de votre présence.

SHYLOCK. — Et moi, de la sienne.

LANCELOT. — Ils ont fait ensemble une conspiration... Je ne dis pas que vous verrez une mascarade; mais si vous en voyez une, cela m'expliquera pourquoi mon nez s'est mis à saigner le dernier lundi soir, à six heures du matin, après avoir saigné, il y a quatre ans, le mercredi des Cendres, dans l'après-midi.

SHYLOCK. — Quoi! il y aura des masques? Écoutez-moi, Jessica : fermez bien mes portes; et quand vous entendrez le tambour et l'ignoble fausset du fifre au cou tors, n'allez pas grimper aux croisées, ni allonger votre tête sur la voie publique pour contempler ces fous de chrétiens aux visages vernis. Mais bouchez les oreilles de ma maison, je veux dire mes fenêtres. Que le bruit de la vaine extravagance n'entre pas dans mon austère maison!... Par le bâton de Jacob, je jure que je n'ai nulle envie de souper dehors ce soir; mais j'irai... Pars devant moi, drôle, et dis que je vais venir...

LANCELOT. — Je pars en avant, monsieur. *(Bas, à Jessica.)* Maîtresse, n'importe, regardez par la fenêtre.

Vous verrez passer un chrétien
Bien digne de l'œillade d'une juive (Sort Lancelot.)

SHYLOCK. — Que dit ce niais de la race d'Agar, hein?

JESSICA. — Il me disait : « Adieu, madame! » Voilà tout.

SHYLOCK. — C'est un assez bon drille, mais un énorme mangeur, lent à la besogne comme un limaçon, et puis dormant le jour plus qu'un chat sauvage! Les frelons ne sont pas de ma ruche. Aussi je me sépare de lui, et je le cède à certain personnage pour qu'il l'aide à gaspiller de l'argent emprunté... Allons, Jessica, rentrez; peut-être reviendrai-je immédiatement; faites comme je vous dis, fermez les portes sur vous. *Bien serré, bien retrouvé;* c'est un proverbe qui ne rancit pas dans un esprit économe. *(Il sort.)*

JESSICA, *regardant s'éloigner Shylock.* — Adieu! Si la fortune ne m'est pas contraire, nous avons perdu, moi, un père, et vous, une fille. *(Elle sort.)*

SCÈNE VI

Toujours à Venise. Devant la maison de Shylock.

Entrent GRATIANO et SALARINO masqués.

GRATIANO. — Voici l'auvent sous lequel Lorenzo nous a priés d'attendre.

SALARINO. — L'heure est presque passée.

GRATIANO. — C'est merveille qu'il n'arrive pas à l'heure, car les amants courent toujours en avant de l'horloge.

SALARINO. — Oh! les pigeons de Vénus volent dix fois plus vite pour sceller de nouveaux liens d'amour que pour garder intacte la foi jurée.

GRATIANO. — C'est toujours ainsi. Qui donc, en se levant d'un festin, a l'appétit aussi vif qu'en s'y asseyant? Où est le cheval qui revient sur sa route fastidieuse avec la fougue indomptée du premier élan? En toute chose on est plus ardent à la poursuite qu'à la jouissance. Qu'il ressemble à l'enfant prodigue, le navire pavoisé, quand il sort de sa baie natale, pressé et embrassé par la brise courtisane! Qu'il ressemble à l'enfant prodigue, quand il revient, les flancs avariés, les voiles en lambeaux, exténué, ruiné, épuisé par la brise courtisane!

SALARINO. — Voici Lorenzo... Nous reprendrons cela plus tard.

Entre Lorenzo.

LORENZO. — Chers amis, pardon de ce long retard! ce n'est pas moi, ce sont mes affaires qui vous ont fait attendre. Quand vous voudrez vous faire voleurs d'épouses, je ferai pour vous une aussi longue faction. Approchez : ici loge mon père le juif... Holà! quelqu'un!

Jessica paraît à la fenêtre, vêtue en page.

JESSICA. — Qui êtes-vous? Dites-le-moi, pour plus de certitude, bien que je puisse jurer que je reconnais votre voix.

LORENZO. — Lorenzo, ton amour!

JESSICA. — Lorenzo, c'est certain; mon amour, c'est vrai. Car qui aimé-je autant? Mais maintenant, qui sait, hormis vous, Lorenzo, si je suis votre amour?

LORENZO. — Le ciel et tes pensées sont témoins que tu l'es.

JESSICA, *jetant un coffret.* — Tenez, attrapez cette cassette : elle en vaut la peine. Je suis bien aise qu'il soit nuit et que vous ne me voyiez pas, car je suis toute honteuse de mon déguisement; mais l'amour est aveugle, et les amants ne peuvent voir les charmantes folies qu'eux-mêmes commettent; car, s'ils le pouvaient, Cupidon lui-même rougirait de me voir ainsi transformée en garçon.

LORENZO. — Descendez, car il faut que vous portiez ma torche.

JESSICA. — Quoi! faut-il que je tienne la chandelle à ma honte? Celle-ci est déjà d'elle-même trop, bien trop visible. Quoi! mon amour, vous me donnez les fonctions d'éclaireur, quand je devrais me cacher!

LORENZO. — N'êtes-vous pas cachée, ma charmante, sous ce gracieux costume de page? Mais venez tout de suite : car la nuit close est fugitive, et nous sommes attendus à souper chez Bassanio.

JESSICA. — Je vais fermer les portes, me dorer encore de quelques ducats, et je suis à vous. (*Elle quitte la fenêtre.*)

GRATIANO. — Par mon capuchon, c'est une gentille et non une juive.

LORENZO. — Que je sois maudit, si je ne l'aime pas de tout mon cœur! Car elle est spirituelle, autant que j'en puis juger; elle est jolie, si mes yeux ne me trompent pas; elle est fidèle, comme elle me l'a prouvé. Aussi, comme une fille spirituelle, jolie et fidèle, régnera-t-elle constamment sur mon cœur.

Entre Jessica.

LORENZO. — Ah! te voilà venue?... En avant, messieurs! partons; nos camarades nous attendent déjà sous leurs masques. (*Il sort avec Jessica et Salarino.*)

Entre Antonio.

ANTONIO. — Qui est là?

GRATIANO. — Le signor Antonio?

ANTONIO. — Fi! fi! Gratiano! où sont tous les autres? Il est neuf heures, tous nos amis vous attendent : pas de mascarade ce soir! Le vent s'est levé; Bassanio va s'embarquer immédiatement. J'ai envoyé vingt personnes vous chercher.

GRATIANO. — Je suis bien aise de cela; mon plus cher désir est d'être sous voile et parti ce soir. *(Ils sortent.)*

SCÈNE VII

Belmont. Dans le palais de Portia.

Fanfares de cors. Entrent PORTIA *et* LE PRINCE DE MAROC, *l'une et l'autre avec leur suite.*

PORTIA. — Allons! qu'on tire les rideaux et qu'on fasse voir les divers coffrets à ce noble prince! *(Au prince de Maroc.)* Maintenant, faites votre choix.

MAROC. — Le premier est d'or et porte cette inscription :

Qui me choisit gagnera ce que beaucoup d'hommes désirent.

Le second, tout d'argent, est chargé de cette promesse :

Qui me choisit obtiendra ce qu'il mérite.

Le troisième, de plomb grossier, a une devise brute comme son métal :

Qui me choisit doit donner et hasarder tout ce qu'il a.

Comment saurai-je si je choisis le bon?

PORTIA. — L'un d'eux contient mon portrait, prince; si vous le prenez, moi aussi, je suis à vous!

MAROC. — Qu'un dieu dirige mon jugement! Voyons. Je vais relire les inscriptions. Que dit ce coffret de plomb?

Qui me choisit doit donner et hasarder tout ce qu'il a.

Tout donner... Pour quoi? Pour du plomb! tout hasarder pour du plomb! Ce coffret menace. Les hommes qui hasardent tout ne le font que dans l'espoir d'avantages suffisants. Une âme d'or ne se laisse pas éblouir par un métal de rebut; je ne veux donc rien donner, rien hasarder pour du plomb. Que dit l'argent avec sa couleur virginale?

Qui me choisit obtiendra ce qu'il mérite.

Ce qu'il mérite!... Arrête un peu, Maroc, et pèse ta valeur d'une main impartiale; si tu es estimé d'après ta propre appréciation, tu es assez méritant; mais être assez méritant, cela suffit-il pour prétendre à cette beauté? Et pourtant, douter de mon mérite, ce serait, de ma part, un désistement pusillanime. *Ce que je mérite ?* Mais c'est elle! Je la mérite par ma naissance, par ma fortune, par mes grâces, par les qualités de l'éducation et surtout par mon amour!... Voyons! si, sans m'aventurer plus loin, je fixais ici mon choix?... Lisons encore une fois la sentence gravée dans l'or :

Qui me choisit gagnera ce que beaucoup d'hommes désirent.

Eh! c'est cette noble dame! Tout le monde la désire : des quatre coins du monde, on vient baiser la châsse de la sainte mortelle qui respire ici. Les déserts de l'Hyrcanie, les vastes solitudes de l'immense Arabie, sont maintenant autant de grandes routes frayées par les princes qui visitent la belle Portia! L'empire liquide, dont la crête ambitieuse crache à la face du ciel, n'est pas une barrière qui arrête les soupirants lointains : tous la franchissent, comme un ruisseau, pour voir la belle Portia. Un de ces trois coffrets contient sa céleste image. Est-il probable que ce soit celui de plomb? Ce serait un sacrilège d'avoir une si basse pensée; ce serait trop brutal de tendre pour elle un suaire dans cet obscur tombeau!... Croirai-je qu'elle est murée dans cet argent, dix fois moins précieux que l'or pur? O coupable pensée! il faut à une perle si riche au moins une monture d'or. Il est en Angleterre une monnaie d'or sur laquelle la figure d'un ange est gravée, mais c'est à la surface qu'elle est sculptée, tandis qu'ici c'est intérieurement, dans un lit d'or, qu'un ange est couché. Remettez-moi la clef. Je choisis celui-ci, advienne que pourra.

PORTIA. — Voici la clef, prenez-la, prince, et, si mon image est là, je suis à vous. *(Il ouvre le coffret d'or.)*

MAROC. — O enfer! qu'avons-nous là? Un squelette, dans l'œil duquel est roulé un grimoire. Lisons-le :

> *Tout ce qui luit n'est pas or,*
> *Vous l'avez souvent entendu dire;*
> *Bien des hommes ont vendu leur vie,*
> *Rien que pour me contempler.*
> *Les tombes dorées renferment des vers.*
> *Si vous aviez été aussi sage que hardi,*
> *Jeune de corps et vieux de jugement,*
> *Votre réponse n'aurait pas été sur ce parchemin*
> *Adieu! recevez ce froid congé.*

Bien froid, en vérité. Peines perdues! Adieu donc, brûlante flamme! Salut, désespoir glacé! Portia, adieu! j'ai le cœur trop affligé pour prolonger un pénible arrachement. Ainsi partent les perdants. *(Il sort.)*

PORTIA. — Charmant débarras!... Fermez les rideaux, allons! Puissent tous ceux de sa couleur me choisir de même! *(Tous sortent.)*

SCÈNE VIII

Venise. Une rue.

Entrent SALARINO *et* SOLANIO.

SALARINO. — Oui, mon brave, j'ai vu Bassanio mettre à la voile; Gratiano est parti avec lui. Et je suis sûr que Lorenzo n'est pas sur leur navire.

SOLANIO. — Ce coquin de juif a par ses cris éveillé le doge, qui est sorti avec lui pour fouiller le navire de Bassanio.

SALARINO. — Il est arrivé trop tard; le navire était à la voile. Mais on a donné à entendre au doge que

Lorenzo et son amoureuse Jessica ont été vus ensemble dans une gondole; en outre, Antonio a certifié au duc qu'ils n'étaient pas sur le navire de Bassanio.

SOLANIO. — Je n'ai jamais entendu fureur aussi désordonnée, aussi étrange, aussi extravagante, aussi incohérente que celle que ce chien de juif exhalait dans les rues : *Ma fille!... O mes ducats!... O ma fille! enfuie avec un chrétien!... Oh! mes ducats chrétiens! Justice! La loi!... Mes ducats et ma fille! Un sac plein, deux sacs pleins de ducats, de doubles ducats, à moi volés par ma fille!... Et des bijoux!... deux pierres, deux riches et précieuses pierres, volées par ma fille!... Justice! qu'on retrouve la fille! Elle a sur elle les pierres et les ducats!*

SALARINO. — Aussi, tous les enfants de Venise le suivent en criant : *Ohé! sa fille, ses pierres et ses ducats!*

SOLANIO. — Que le bon Antonio soit exact à l'échéance! sinon, il paiera pour tout cela.

SALARINO. — Pardieu! vous m'y faites songer ! un Français, avec qui je causais hier, me disait que, dans les mers étroites qui séparent la France et l'Angleterre, il avait péri un navire de notre pays, richement chargé. J'ai pensé à Antonio quand il m'a dit ça, et j'ai souhaité en silence que ce ne fût pas un des siens.

SOLANIO. — Vous ferez très bien de dire à Antonio ce que vous savez; mais pas trop brusquement, de peur de l'affliger.

SALARINO. — Il n'est pas sur la terre de meilleur homme. J'ai vu Bassanio et Antonio se quitter. Bassanio lui disait qu'il hâterait autant que possible son retour. Il a répondu : *N'en faites rien, Bassanio, ne brusquez pas les choses à cause de moi, mais attendez que le temps les ait mûries. Et quant au billet que le juif a de moi, qu'il ne préoccupe pas votre cervelle d'amoureux. Soyez gai; consacrez toutes vos pensées à faire votre cour et à prouver votre amour par les démonstrations que vous croirez les plus décisives.* Et alors, les yeux gros de larmes, il a détourné la tête, tendu la main derrière lui, et, avec une prodigieuse tendresse, il a serré la main de Bassanio. Sur ce, ils se sont séparés.

SOLANIO. — Je crois qu'il n'aime cette vie que pour

Bassanio. Je t'en prie, allons le trouver, et secouons la
mélancolie qu'il couve par quelque distraction.

SALARINO. — Oui, allons. *(Ils sortent.)*

SCÈNE IX

Belmont. Dans le palais de Portia.

Entre NÉRISSA, *suivie d'un valet.*

NÉRISSA. — Vite ! vite ! tire les rideaux sur-le-champ,
je te prie ; le prince d'Aragon a prêté serment et vient
faire son choix à l'instant même.

> *Fanfares de cors. Entrent le prince d'Ara-*
> *gon, Portia et leur suite.*

PORTIA. — Regardez : ici sont les coffrets, noble
prince ; si vous choisissez celui où je suis renfermée,
notre fête nuptiale sera célébrée sur-le-champ, mais
si vous échouez, il faudra, sans plus de discours, que
vous partiez d'ici immédiatement.

ARAGON. — Mon serment m'enjoint trois choses :
d'abord, de ne jamais révéler à personne quel coffret
j'ai choisi ; puis, si je manque le bon coffret, de ne
jamais courtiser une fille en vue du mariage ; enfin, si
j'échoue dans mon choix, de vous quitter immédiatement et de partir.

PORTIA. — Ce sont les injonctions auxquelles jure
d'obéir quiconque court le hasard d'avoir mon indigne
personne.

ARAGON. — J'y suis préparé. Que la fortune réponde
aux espérances de mon cœur !... Or, argent et plomb vil.

Qui me choisit doit donner et hasarder tout ce qu'il a.

Tu auras plus belle mine, avant que je donne ou
hasarde rien pour toi ! Que dit la cassette d'or ? Ah !
voyons !

Qui me choisit gagnera ce que beaucoup d'hommes
désirent.

Ce que beaucoup d'hommes désirent ?... Ce *beaucoup*

peut désigner la folle multitude qui choisit d'après
l'apparence, ne connaissant que ce que lui dit son œil
ébloui, qui ne regarde pas à l'intérieur, mais, comme le
martinet, bâtit au grand air, sur le mur extérieur, à la
portée et sur le chemin même du danger. Je ne veux
pas choisir ce que beaucoup d'hommes désirent, parce
que je ne veux pas frayer avec les esprits vulgaires et
me ranger parmi les multitudes barbares. A toi donc,
maintenant, écrin d'argent! Dis-moi une fois de plus
quelle devise tu portes :

Qui me choisit obiendra ce qu'il mérite.

Bien dit. Qui, en effet, voudrait duper la fortune en
obtenant des honneurs auxquels manquerait le sceau
du mérite? Que nul n'ait la présomption de revêtir
une dignité dont il est indigne! Ah! si les empires, les
grades, les places ne s'obtenaient pas par la corruption, si les honneurs purs n'étaient achetés qu'au
prix du mérite, que de gens qui sont nus seraient cou-
verts, que de gens qui commandent seraient com-
mandés! Quelle ivraie de bassesse on séparerait du
bon grain de l'honneur! Et que de germes d'honneur,
glanés dans le fumier et dans le rebut du temps,
seraient mis en lumière!... Mais faisons notre choix.

Qui me choisit obiendra ce qu'il mérite.

Je prends ce que je mérite. Donnez-moi la clef de
ce coffret, que j'ouvre ici la porte de ma fortune!

Il ouvre le coffret d'argent.

PORTIA. — Ce que vous y trouvez ne valait pas cette
longue pause.

ARAGON. — Que vois-je? Le portrait d'un idiot
grimaçant qui me présente une cédule! Je vais la
lire. Que tu ressembles peu à Portia! Que tu ressembles
peu à ce que j'espérais, à ce que je méritais!

Qui me choisit aura ce qu'il mérite.

Ne méritais-je rien de plus qu'une tête de niais?
Est-ce là le juste prix de mes mérites?

PORTIA. — La place du coupable n'est pas celle
du juge : ces deux rôles sont de nature opposée.

ARAGON. — Qu'y a-t-il là?

Le feu m'a éprouvé sept fois;
Sept fois éprouvé doit être le jugement
Qui n'a jamais mal choisi.
Il est des gens qui n'embrassent que des ombres :
Ceux-là n'ont que l'ombre du bonheur.
Il est ici-bas, je le sais, des sots
Qui ont, comme moi, le dehors argenté.
Menez au lit l'épouse que vous voudrez,
Je serai toujours la tête qui vous convient.
Sur ce, partez : vous êtes expédié.

Plus je tarderai ici, plus j'y ferai sotte figure. J'étais venu faire ma cour avec une tête de niais, mais je m'en vais avec deux. Adieu, charmante! Je tiendrai mon serment et supporterai patiemment mon malheur. *(Sort le prince d'Aragon avec sa suite.)*

PORTIA. — Ainsi, le phalène s'est brûlé à la chandelle. Oh! les sots raisonneurs! Quand ils se décident, ils ont l'esprit de tout perdre par leur sagesse.

NÉRISSA. — Ce n'est point une hérésie que le vieux proverbe : pendaison et mariage, question de destinée!

PORTIA. — Allons! ferme le rideau, Nérissa.

Entre un messager.

LE MESSAGER. — Où est madame?

PORTIA. — Ici. Que veut monseigneur?

LE MESSAGER. — Madame, il vient de descendre à votre porte un jeune Vénitien qui arrive en avant pour signifier l'approche de son maître. Il apporte de sa part des hommages substantiels, consistant, outre les compliments et les murmures les plus courtois, en présents de riche valeur. Je n'ai pas encore vu un ambassadeur d'amour aussi avenant : jamais jour d'avril n'a annoncé aussi délicieusement l'approche du fastueux été que ce piqueur la venue de son maître.

PORTIA. — Assez, je te prie! J'ai à moitié peur que tu ne dises bientôt qu'il est de tes parents, quand je te vois dépenser à le louer ton esprit des grands jours. Viens, viens, Nérissa; car il me tarde de voir ce rapide courrier de Cupidon, qui arrive si congrûment.

NÉRISSA. — Veuille, seigneur Amour, que ce soit Bassanio! *(Tous sortent.)*

ACTE III

SCÈNE PREMIÈRE

Une rue de Venise.

Entrent SOLANIO *et* SALARINO.

SOLANIO. — Maintenant, quelles nouvelles sur le Rialto?

SALARINO. — Eh bien, le bruit court toujours, sans être démenti, qu'un navire richement chargé, appartenant à Antonio, a fait naufrage dans le détroit, aux *Goodwins :* c'est ainsi, je crois, que l'endroit s'appelle. C'est un bas-fond dangereux et fatal, où gisent enterrées les carcasses de bien des navires de haut bord. Voilà la nouvelle, si toutefois la rumeur que je répète est une créature véridique.

SOLANIO. — Je voudrais qu'elle fût aussi menteuse que la plus fourbe commère qui ait jamais grignoté pain d'épices ou fait croire à ses voisins qu'elle pleurait la mort d'un troisième mari. Mais, pour ne pas glisser dans le prolixe et ne pas obstruer le grand chemin de la simple causerie, il est trop vrai que le bon Antonio, l'honnête Antonio... Oh! que ne trouvé-je une épithète digne d'accompagner son nom!...

SALARINO. — Allons! achève ta phrase.

SOLANIO. — Hein? que dis-tu?... Eh bien, pour finir, il a perdu un navire.

SALARINO. — Dieu veuille que ce soit là la fin de ses pertes!

SOLANIO. — Que je dise vite : *Amen!* de peur que le diable ne vienne à la traverse de ma prière : car le voici qui arrive sous la figure d'un juif.

Entre Shylock.

SOLANIO. — Eh bien, Shylock? quelles nouvelles parmi les marchands?

SHYLOCK. — Vous avez su, mieux que personne, la fuite de ma fille.

SALARINO. — Cela est certain. Pour ma part, je sais le tailleur qui a fait les ailes avec lesquelles elle s'est envolée.

SOLANIO. — Et, pour sa part, Shylock savait que l'oiseau avait toutes ses plumes, et qu'alors il est dans le tempérament de tous les oiseaux de quitter la maman.

SHYLOCK. — Elle est damnée pour cela.

SALARINO. — C'est certain, si elle a le diable pour juge.

SHYLOCK. — Ma chair et mon sang se révolter ainsi!

SOLANIO. — Fi, vieille charogne! le devraient-ils à ton âge?

SHYLOCK. — Je parle de ma fille qui est ma chair et mon sang.

SALARINO. — Il y a plus de différence entre ta chair et la sienne qu'entre le jais et l'ivoire; entre ton sang et le sien qu'entre le vin rouge et le vin du Rhin... Mais dites-nous, savez-vous si Antonio a fait, ou non, des pertes sur mer?

SHYLOCK. — Encore un mauvais marché pour moi! Un banqueroutier, un prodigue, qui ose à peine montrer sa tête sur le Rialto! Un mendiant qui d'habitude venait se prélasser sur la place!... Gare à son billet! Il avait coutume de m'appeler usurier. Gare à son billet! Il avait coutume de prêter de l'argent par courtoisie chrétienne. Gare à son billet!

SALARINO. — Bah! je suis sûr que s'il n'est pas en règle, tu ne prendras pas sa chair. A quoi serait-elle bonne?

SHYLOCK. — A amorcer le poisson! Dût-elle ne rassasier que ma vengeance, elle la rassasiera. Il m'a couvert d'opprobre, il m'a fait tort d'un demi-million, il a ri de mes pertes, il s'est moqué de mes gains, il a conspué ma nation, traversé mes marchés, refroidi mes amis, échauffé mes ennemis; et quelle est sa raison?... Je suis un juif! Un juif n'a-t-il pas des yeux? Un juif n'a-t-il pas des mains, des organes, des proportions, des sens, des affections, des passions? N'est-il pas nourri de la même nourriture, blessé des mêmes armes, sujet aux mêmes maladies, guéri par les mêmes moyens, échauffé et refroidi par le même été et par le même hiver qu'un chrétien? Si vous nous piquez, est-ce que nous ne saignons pas? Si vous nous chatouillez, est-ce que nous ne rions pas? Si vous nous empoisonnez, est-ce que nous ne mourons pas? Et si vous nous outragez, est-ce que nous ne nous vengerons pas? Si nous sommes comme vous du reste, nous vous ressemblerons aussi en cela. Quand un chrétien est outragé par un juif, où met-il son humilité? A se venger! Quand un juif est outragé par un chrétien, où doit-il, d'après l'exemple chrétien, mettre sa patience? Eh bien, à se venger! La perfidie que vous m'enseignez, je la pratiquerai, et j'aurai du malheur, si je ne surpasse pas mes maîtres.

Entre un valet.

LE VALET. — Messieurs, mon maître Antonio est chez lui et désire vous parler à tous deux.

SALARINO. — Nous l'avons cherché de tous côtés.

SOLANIO. — En voici un autre de la tribu! On n'en trouverait pas un troisième de leur trempe, à moins que le diable lui-même ne se fît juif. *(Sortent Solanio, Salarino et le valet.)*

Entre Tubal.

SHYLOCK. — Eh bien, Tubal, quelles nouvelles de Gênes? As-tu trouvé ma fille?

TUBAL. — J'ai entendu parler d'elle en maint endroit, mais je n'ai pas pu la trouver.

SHYLOCK. — Allons, allons, allons, allons! Un diamant qui m'avait coûté à Francfort deux mille ducats, perdu! Jusqu'à présent la malédiction n'était pas tombée sur notre nation; je ne l'ai jamais sentie qu'à présent... Deux mille ducats que je perds là, sans compter d'autres bijoux précieux, bien précieux!... Je

voudrais ma fille là, à mes pieds, morte, avec les bijoux
à ses oreilles! Je la voudrais là ensevelie, à mes pieds,
avec les ducats dans son cercueil!... Aucune nouvelle
des fugitifs! Non, aucune!... Et je ne sais pas ce qu'ont
coûté toutes les recherches. Oui, perte sur perte! Le
voleur parti, avec tant; tant, pour trouver le voleur!
Et pas de satisfaction, pas de vengeance! Ah! il n'y a
de malheurs accablants que sur mes épaules, de
sanglots que dans ma poitrine, de larmes que sur mes
joues! *(Il pleure.)*

TUBAL. — Si fait, d'autres hommes ont du malheur
aussi. Antonio, à ce que j'ai appris à Gênes...

SHYLOCK. — Quoi! quoi! quoi? Un malheur? un
malheur?

TUBAL. — A perdu un galion, venant de Tripoli.

SHYLOCK. — Je remercie Dieu, je remercie Dieu!
Est-ce bien vrai? Est-ce bien vrai?

TUBAL. — J'ai parlé à des matelots échappés au
naufrage.

SHYLOCK. — Je te remercie, bon Tubal!... Bonne
nouvelle; bonne nouvelle! Ha! ha! Où ça? A Gênes?

TUBAL. — Votre fille a dépensé à Gênes, m'a-t-on
dit, quatre-vingts ducats en une nuit!

SHYLOCK. — Tu m'enfonces un poignard... Je ne
reverrai jamais mon or. Quatre-vingts ducats d'un
coup! quatre-vingts ducats!

TUBAL. — Il est venu avec moi à Venise des créanciers d'Antonio, qui jurent qu'il ne peut manquer
de faire banqueroute.

SHYLOCK. — J'en suis ravi. Je le harcèlerai, je le
torturerai; j'en suis ravi.

TUBAL. — Un d'eux m'a montré une bague qu'il a
eue de votre fille pour un singe.

SHYLOCK. — Malheur à elle! Tu me tortures, Tubal:
c'était ma turquoise! Je l'avais eue de Lia, quand
j'étais garçon; je ne l'aurais pas donnée pour une forêt
de singes.

TUBAL. — Mais Antonio est ruiné, certainement.

SHYLOCK. — Oui, c'est vrai, c'est vrai. Va, Tubal,
engage-moi un exempt, retiens-le quinze jours
d'avance... S'il ne paie pas, je veux avoir son cœur:

car, une fois qu'il sera hors de Venise, je puis faire tous
les marchés que je voudrai. Va, Tubal, et viens me
rejoindre à notre synagogue; va, bon Tubal. A notre
synagogue, Tubal! *(Ils sortent.)*

SCÈNE II

Le palais de Portia, à Belmont.

Entrent Bassanio, Portia, Gratiano, Nérissa *et
d'autres suivantes. Les coffrets sont découverts.*

Portia. — Différez, je vous prie. Attendez un jour ou
deux avant de vous hasarder; car, si vous choisissez
mal, je perds votre compagnie. Ainsi, tardez un peu.
Quelque chose me dit (mais ce n'est pas l'amour)
que je ne voudrais pas vous perdre; et vous savez
vous-même qu'une pareille suggestion ne peut venir
de la haine. Mais, pour que vous me compreniez
mieux (et pourtant une vierge n'a pas de langage
autre que sa pensée), je voudrais vous retenir ici
un mois ou deux, avant que vous vous aventuriez
pour moi. Je pourrais vous apprendre comment bien
choisir; mais alors je serais parjure, et je ne le serai
jamais. Vous pouvez donc échouer; mais si vous
échouez, vous me donnerez le regret coupable de
n'avoir pas été parjure. Maudits soient vos yeux!
Ils m'ont enchantée et partagée en deux moitiés :
l'une est à vous, l'autre est à vous... à moi, voulais-
je dire : mais, si elle est à moi, elle est à vous, et ainsi
le tout est à vous. Oh! cruelle destinée qui met une
barrière entre le propriétaire et la propriétaire, et fait
qu'étant à vous, je ne suis pas à vous!... Si tel est
l'événement, que ce soit la fortune, et non moi, qui
aille en enfer! J'en dis trop long, mais c'est pour
suspendre le temps, l'étendre, le traîner en longueur,
et retarder votre choix.

Bassanio. — Laissez-moi choisir, car, dans cet état,
je suis à la torture.

PORTIA. — A la torture, Bassanio? Alors, avouez quelle trahison est mêlée à votre amour.

BASSANIO. — Aucune, si ce n'est cette affreuse trahison de la défiance qui me fait craindre pour la possession de ce que j'aime. Il y a autant d'affinité et de rapport entre la neige et la flamme qu'entre la trahison et mon amour.

PORTIA. — Oui, mais je crains que vous ne parliez comme un homme que la torture force à parler.

BASSANIO. — Promettez-moi la vie, et je confesserai la vérité.

PORTIA. — Eh bien alors, confessez et vivez.

BASSANIO. — En me disant : confessez et aimez, vous auriez résumé toute ma confession. O délicieux tourment où ma tourmenteuse me suggère des réponses pour la délivrance. Allons! menez-moi aux coffrets et à ma fortune.

PORTIA. — En avant donc! Je suis enfermée dans l'un d'eux : si vous m'aimez, vous m'y découvrirez. Nérissa, et vous tous, tenez-vous à l'écart... Que la musique résonne pendant qu'il fera son choix! Alors, s'il perd, il finira comme le cygne, qui s'évanouit en musique; et, pour que la comparaison soit plus juste, mes yeux seront le ruisseau qu'il aura pour humide lit de mort. Il peut gagner : alors, que sera la musique? Eh bien, la musique sera la fanfare qui retentit quand des sujets loyaux saluent un roi nouvellement couronné; ce sera le doux son de l'aubade qui se glisse dans l'oreille du fiancé rêvant et l'appelle au mariage... Voyez! il s'avance avec non moins de majesté, mais avec bien plus d'amour, que le jeune Alcide, alors qu'il racheta le virginal tribut payé par Troie gémissante au monstre de la mer. Moi, je me tiens prête pour le sacrifice; ces femmes, à l'écart, ce sont les Dardaniennes qui, le visage effaré, viennent voir l'issue de l'entreprise... Va, Hercule! Vis, et je vivrai... J'ai bien plus d'anxiété, moi qui assiste au combat, que toi qui l'engages.

(La musique commence. Tandis que Bassanio considère les coffrets, on chante la chanson suivante :)

Dis-moi où siège l'amour :
Dans le cœur, ou dans la tête ?
Comment naît-il et se nourrit-il ?
   Réponds, réponds.

Il est engendré dans les yeux,
Se nourrit de regards, et meurt
Dans le berceau où il repose.
Sonnons tous le glas de l'amour.
J'entonne. Ding, dong, vole!

TOUS.

Ding, dong, vole!

BASSANIO. — Donc les plus brillants dehors peuvent
être les moins sincères. Le monde est sans cesse déçu
par l'ornement. En justice, quelle est la cause malade et
impure dont les tempéraments d'une voix gracieuse
ne dissimulent pas l'odieux? En religion, quelle erreur
si damnable, qui ne puisse, sanctifiée par un front
austère et s'autorisant d'un texte, cacher sa grossièreté
sous de beaux ornements? Il n'est pas de vice si
simple qui n'affiche des dehors de vertu. Combien
de poltrons, au cœur traître comme un escalier de
sable, qui portent au menton la barbe d'un Hercule
et d'un Mars farouche! Sondez-les intérieurement :
ils ont le foie blanc comme du lait! Ils n'assument
l'excrément de la virilité que pour se rendre redou-
tables... Regardez la beauté, et vous verrez qu'elle
s'acquiert au poids de la parure : de là ce miracle,
nouveau dans la nature, que les femmes les plus
chargées sont aussi les plus légères. Ainsi, ces tresses
d'or aux boucles serpentines qui jouent si coquette-
ment avec le vent sur une prétendue beauté, sont
souvent connues pour être le douaire d'une seconde
tête, le crâne qui les a produites étant dans le sépulcre!
Ainsi l'ornement n'est que la plage trompeuse de la
plus dangereuse mer; c'est la splendide écharpe qui
voile une beauté indienne! C'est, en un mot, l'apparence de vérité que revêt un siècle perfide pour duper
les plus sages. Voilà pourquoi, or éclatant, âpre
aliment de Midas, je ne veux pas de toi. *(Montrant*

le coffret d'argent.) Ni de toi, non plus, pâle et vulgaire agent entre l'homme et l'homme... Mais toi!
toi, maigre plomb, qui fais une menace plutôt qu'une
promesse, ta simplicité m'émeut plus que l'éloquence,
et je te choisis, moi! Que mon bonheur en soit la
conséquence!

PORTIA. — Comme s'évanouissent dans les airs
toutes les autres émotions, inquiétudes morales,
désespoir éperdu, frissonnante frayeur, jalousie à
l'œil vert! O amour! modère-toi, calme ton extase,
contiens ta pluie de joie, affaiblis-en l'excès; je sens
trop ta béatitude, atténue-la, de peur qu'elle ne
m'étouffe.

BASSANIO, *ouvrant le coffret de plomb.* — Que vois-je
ici? Le portrait de la belle Portia! Quel demi-dieu a
approché à ce point de la création? Ces yeux remuent-
ils, ou est-ce parce qu'ils agitent mes prunelles qu'ils
me semblent en mouvement? Voici des lèvres entrou-
vertes que traverse une haleine de miel; jamais barrière si suave ne sépara si suaves amis. Ici, dans ces
cheveux, le peintre, imitant Arachné, a tissé un réseau
d'or où les cœurs d'hommes se prennent plus vite
qu'aux toiles d'araignée les cousins! Mais ces yeux!...
Comment a-t-il pu voir pour les faire? Un seul
achevé suffisait, ce me semble, pour ravir ses deux
yeux, à lui, et l'empêcher de finir. Mais voyez : autant
la réalité de mon enthousiasme calomnie cette ombre
par ses éloges insuffisants, autant cette ombre se traîne
péniblement loin de la réalité... Voici l'écriteau qui
contient et résume ma fortune :

> *A vous qui ne choisissez pas sur l'apparence,*
> *Bonne chance ainsi qu'heureux choix!*
> *Puisque ce bonheur vous arrive,*
> *Soyez content, n'en cherchez pas d'autre;*
> *Si vous en êtes satisfait*
> *Et si votre sort fait votre bonheur,*
> *Tournez-vous vers votre dame*
> *Et réclamez-la par un tendre baiser.*

Charmant écriteau! Belle dame, avec votre permission... *(Il embrasse Portia.)* Je viens, cette note à la

main, donner et recevoir. Un jouteur, luttant avec un
autre pour le prix, croit avoir réussi aux yeux du public,
lorsqu'il entend les applaudissements et les accla-
mations universelles; il s'arrête, l'esprit étourdi, l'œil
fixe, ne sachant si ce tonnerre de louanges est, oui ou
non, pour lui. De même, je reste devant vous, trois
fois belle dame, doutant de la vérité de ce que je vois,
jusqu'à ce qu'elle ait été confirmée, signée, ratifiée
par vous.

Portia. — Vous me voyez ici, seigneur Bassanio,
telle que je suis. Pour moi seule, je n'aurai pas l'ambitieux désir d'être beaucoup mieux que je ne suis.
Mais pour vous, je voudrais tripler vingt fois ce que je
vaux, être mille fois plus belle, dix mille fois plus riche,
et, rien que pour grandir dans votre estime, avoir, en
vertus, en beautés, en fortune, en amis, un trésor
incalculable. Mais la somme de ce que je suis est une
médiocre somme : à l'évaluer en gros, vous voyez
une fille sans savoir, sans acquis, sans expérience,
heureuse d'être encore d'âge à apprendre, plus
heureuse d'être née avec assez d'intelligence pour
apprendre, heureuse surtout de confier son docile
esprit à votre direction, ô mon seigneur, mon gouverneur, mon roi! Moi et ce qui est mien, tout est vôtre
désormais. Naguère j'étais le seigneur de cette belle
résidence, le maître de mes gens, la reine de moi-
même; et maintenant, au moment où je parle, cette
maison, ces gens et moi-même, vous avez tout, mon
seigneur. Je vous donne tout avec cette bague. Gardez-
la bien! Si vous la perdiez ou si vous la donniez,
cela présagerait la ruine de votre amour et me donnerait
motif de récriminer contre vous.

Bassanio, *mettant à son doigt la bague que lui offre
Portia.* — Madame, vous m'avez fait perdre la parole;
mon sang seul vous répond dans mes veines, et il y a
dans toutes les puissances de mon être cette confusion
qui, après une harangue gracieuse d'un prince bien-
aimé, se manifeste dans les murmures de la multitude
charmée : chaos où tous les sentiments, mêlés
ensemble, se confondent en une joie suprême qui
s'exprime sans s'exprimer. Quand cette bague aura

quitté ce doigt, alors ma vie m'aura quitté; oh! alors dites hardiment : Bassanio est mort.

NÉRISSA. — Monseigneur et madame, voici le moment, pour nous, spectateurs, qui avons vu nos vœux s'accomplir, de crier : Bonheur! bonheur à vous, monseigneur et madame!

GRATIANO. — Mon seigneur Bassanio, et vous, ma gentille dame, je vous souhaite tout le bonheur que vous pouvez souhaiter, car je suis sûr que vos souhaits ne s'opposent pas à mon bonheur. Le jour où Vos Excellences comptent solenniser l'échange de leur foi, je les en conjure, qu'elles me permettent de me marier aussi.

BASSANIO. — De tout mon cœur, si tu peux trouver une femme.

GRATIANO. — Je remercie Votre Seigneurie; vous m'en avez trouvé une. Mes yeux sont aussi prompts que les vôtres, monseigneur. Vous voyiez la maîtresse, j'ai regardé la suivante. Vous aimiez, j'ai aimé; car les délais ne sont pas plus de mon goût, seigneur, que du vôtre. Votre fortune était dans ces coffrets que voilà, la mienne aussi, comme l'événement le prouve. J'ai sué sang et eau pour plaire, je me suis desséché le palais à prodiguer les serments d'amour et enfin, si cette promesse est une fin, j'ai obtenu de cette belle la promesse qu'elle m'accorderait son amour, si vous aviez la chance de conquérir sa maîtresse.

PORTIA. — Est-ce vrai, Nérissa?

NÉRISSA. — Oui, madame, si vous y consentez.

BASSANIO. — Et vous, Gratiano, êtes-vous de bonne foi?

GRATIANO. — Oui, ma foi, seigneur.

BASSANIO. — Nos noces seront fort honorées de votre mariage.

GRATIANO, *à Nérissa.* — Nous jouerons avec eux mille ducats à qui fera le premier garçon.

NÉRISSA. — Bourse déliée?

GRATIANO. — Oui; on ne peut gagner à ce jeu-là que bourse déliée. Mais qui vient ici? Lorenzo et son infidèle? Quoi! mon vieil ami de Venise, Solanio?

Entrent Lorenzo, Jessica et Solanio.

BASSANIO. — Lorenzo et Solanio, soyez les bienvenus ici; si toutefois la jeunesse de mes droits de
céans m'autorise à vous souhaiter la bienvenue...
Avec votre permission, douce Portia, je dis à mes amis
et à mes compatriotes qu'ils sont les bienvenus.

PORTIA. — Je le dis aussi, monseigneur : ils sont
tout à fait les bienvenus.

LORENZO. — Je remercie Votre Grâce... Pour ma
part, monseigneur, mon dessein n'était pas de venir
vous voir ici; mais Solanio, que j'ai rencontré en
route, m'a tellement supplié de venir avec lui que je
n'ai pu dire non.

SOLANIO. — C'est vrai, monseigneur; et j'avais des
raisons pour cela. Le signor Antonio se recommande
à vous. *(Il remet une lettre à Bassanio.)*

BASSANIO. — Avant que j'ouvre cette lettre, dites-
moi, je vous prie, comment va mon excellent ami.

SOLANIO. — S'il est malade, seigneur, ce n'est que
moralement; s'il est bien, ce n'est que moralement.
Sa lettre vous indiquera son état.

GRATIANO, *montrant Jessica.* — Nérissa, choyez
cette étrangère; souhaitez-lui la bienvenue. Votre main,
Solanio! Quelles nouvelles de Venise? Comment va
le royal marchand, le bon Antonio? Je sais qu'il
sera content de notre succès : nous sommes des Jasons,
nous avons conquis la Toison.

SOLANIO. — Que n'avez-vous conquis la toison
qu'il a perdue!

PORTIA. — Il y a dans cette lettre de sinistres nouvelles qui ravissent leur couleur aux joues de Bassanio : sans doute la mort d'un ami cher! Car rien
au monde ne pourrait changer à ce point les traits
d'un homme résolu. Quoi! de pire en pire? Permettez,
Bassanio, je suis une moitié de vous-même, et je dois
avoir ma large moitié de ce que ce papier vous apporte.

BASSANIO. — O douce Portia! Il y a ici plusieurs
des mots les plus désolants qui aient jamais noirci le
papier. Charmante dame, quand je vous ai pour la
première fois fait part de mon amour, je vous ai dit
franchement que toute ma richesse circulait dans mes

veines, que j'étais gentilhomme. Alors je vous disais
vrai, et pourtant, chère dame, en m'évaluant à néant,
vous allez voir combien je me vantais encore. Quand
j'estimais ma fortune à rien, j'aurais dû vous dire
qu'elle était moins que rien : car je me suis fait le
débiteur d'un ami cher, et j'ai fait de cet ami le débiteur de son pire ennemi, pour me créer des ressources.
Voici une lettre, madame, dont le papier est comme le
corps de mon ami, et dont chaque mot est une plaie
béante par où saigne sa vie... Mais est-ce bien vrai,
Solanio? Toutes ses expéditions ont manqué? Pas
une n'a réussi? De Tripoli, du Mexique, d'Angleterre,
de Lisbonne, de Barbarie, des Indes, pas un vaisseau
qui ait échappé au contact terrible des rochers,
funestes aux marchands?

SOLANIO. — Pas un, monseigneur! Il paraît en outre
que, quand même il aurait l'argent nécessaire pour
s'acquitter, le juif refuserait de le prendre. Je n'ai
jamais vu d'être ayant forme humaine s'acharner si
avidement à la ruine d'un homme. Il importune le
doge du matin au soir, et met en question les libertés
de l'État si on lui refuse justice. Vingt marchands, le
doge lui-même et les Magnifiques du plus haut rang,
ont tous tenté de le persuader, mais nul ne peut le
faire sortir de ces arguments haineux : manque de
parole, justice, engagement pris!

JESSICA. — Quand j'étais avec lui, je l'ai entendu
jurer devant Tubal et Chus, ses compatriotes, qu'il
aimerait mieux avoir la chair d'Antonio que vingt
fois la valeur de la somme qui lui est due; et je sais,
monseigneur, que, si la loi, l'autorité et le pouvoir
ne s'y opposent, cela ira mal pour le pauvre Antonio.

PORTIA, à *Bassanio.* — Et c'est votre ami cher qui
est dans cet embarras?

BASSANIO. — Mon ami le plus cher, l'homme le
meilleur, le cœur le plus disposé, le plus infatigable à
rendre service, un homme en qui brille l'antique honneur romain plus que chez quiconque respire en Italie.

PORTIA. — Quelle somme doit-il au juif?

BASSANIO. — Il doit pour moi trois mille ducats.

PORTIA. — Quoi! pas davantage? Payez-lui-en six

mille et déchirez le billet; doublez les six mille, triplez-les, plutôt qu'un tel ami perde un cheveu par la faute de Bassanio! D'abord, venez à l'église avec moi, appelez-moi votre femme, et ensuite allez à Venise retrouver votre ami; car vous ne reposerez jamais aux côtés de Portia avec une âme inquiète. Vous aurez de l'or assez pour payer vingt fois cette petite dette; quand elle sera payée, amenez ici votre fidèle ami. Pendant ce temps, Nérissa, ma suivante, et moi, nous vivrons en un virginal veuvage. Allons, venez, car il vous faut partir le jour de vos noces. Faites fête à vos amis, montrez-leur une mine joyeuse : puisque vous avez coûté si cher, je vous aimerai chèrement. Mais lisez-moi la lettre de votre ami.

BASSANIO, *lisant*. — « Doux Bassanio, mes vaisseaux se sont tous perdus; mes créanciers deviennent cruels; ma situation est très précaire, mon billet au juif est en souffrance; et, puisqu'en le payant, il est impossible que je vive, toutes dettes entre vous et moi sont éteintes, pourvu que je vous voie avant de mourir; néanmoins, suivez votre fantaisie; si ce n'est pas votre amitié qui vous décide à venir, que ce ne soit pas ma lettre! »

PORTIA. — O mon amour, terminez vite vos affaires et partez.

BASSANIO. — Puisque vous me donnez la permission de partir, je vais me hâter; mais, d'ici à mon retour, aucun lit ne sera coupable de mon retard, aucun repos ne s'interposera entre vous et moi. *(Tous sortent.)*

SCÈNE III

Venise. Une rue.

Entrent SHYLOCK, SALARINO, ANTONIO *et un geôlier.*

SHYLOCK. — Geôlier, ayez l'œil sur lui... Ne me parlez pas de pitié... Voilà l'imbécile qui prêtait de l'argent gratis! Geôlier, ayez l'œil sur lui.

ANTONIO. — Pourtant, écoute-moi, bon Shylock.

SHYLOCK. — Je réclame mon billet : ne me parle pas contre mon billet, j'ai juré que mon billet serait acquitté. Tu m'as appelé chien sans motif; eh bien! puisque je suis chien, prends garde à mes crocs. Le doge me fera justice. Je m'étonne, mauvais geôlier, que tu sois assez faible pour sortir avec lui, sur sa demande.

ANTONIO. — Je t'en prie, écoute-moi.

SHYLOCK. — Je réclame mon billet, je ne veux pas t'entendre; je réclame mon billet : ainsi, ne me parle plus. On ne fera pas de moi un de ces débonnaires, à l'œil contrit, qui secouent la tête, s'attendrissent, soupirent, et cèdent aux instances des chrétiens. Ne me suis pas : je ne veux pas de paroles, je ne veux que mon billet. *(Sort Shylock.)*

SALARINO. — C'est le mâtin le plus inexorable qui ait jamais frayé avec des hommes.

ANTONIO. — Laissons-le; je ne le poursuivrai plus d'inutiles prières. Il en veut à ma vie; je sais sa raison : j'ai souvent sauvé de ses poursuites bien des gens qui m'ont imploré; voilà pourquoi il me hait.

SALARINO. — Je suis sûr que le doge ne tiendra pas cet engagement pour valable.

ANTONIO. — Le doge ne peut arrêter le cours de la loi. Les garanties que les étrangers trouvent chez nous à Venise ne sauraient être suspendues sans que la justice de l'Etat soit compromise aux yeux des marchands de toutes nations dont le commerce fait la richesse de la cité. Ainsi, advienne que pourra! Ces chagrins et ces pertes m'ont tellement exténué que c'est à peine si j'aurai une livre de chair à livrer, demain, à mon sanguinaire créancier. Allons, geôlier, en avant!... Dieu veuille que Bassanio vienne me voir payer sa dette, et le reste m'importe peu. *(Ils sortent.)*

SCÈNE IV

Belmont. Dans le palais de Portia.

Entrent PORTIA, NÉRISSA, LORENZO, JESSICA *et* BAL-
THAZAR.

LORENZO. — Je n'hésite pas, madame, à le dire en
votre présence, vous avez une idée noble et vraie
de la divine amitié : vous en donnez la plus forte
preuve en supportant de cette façon l'absence de
votre seigneur. Mais, si vous saviez qui vous ho-
norez ainsi, à quel vrai gentilhomme vous portez
secours, à quel ami dévoué de mon seigneur votre
mari, je suis sûr que vous seriez plus fière de votre
œuvre que vous ne pourriez l'être d'un bienfait ordinaire.

PORTIA. — Je n'ai jamais regretté d'avoir fait le
bien, et je ne commencerai pas aujourd'hui. Entre
camarades qui vivent et passent le temps ensemble
et dont les âmes portent également le joug de l'affection, il doit y avoir une véritable harmonie de traits,
de manières et de goûts : c'est ce qui me fait penser
que cet Antonio, étant l'ami du cœur de mon seigneur,
doit ressembler à mon seigneur. S'il en est ainsi,
combien peu il m'en a coûté pour soustraire cette
image de mon âme à l'empire d'une infernale cruauté !
Mais j'ai trop l'air de me louer moi-même; aussi,
laissons cela et parlons d'autre chose. Lorenzo, je
remets en vos mains la direction et le ménagement de
ma maison jusqu'au retour de mon seigneur. Pour
ma part, j'ai adressé au ciel le vœu secret de vivre dans
la prière et dans la contemplation, sans autre compagnie que Nérissa, jusqu'au retour de son mari et
de mon seigneur. Il y a un monastère à deux milles
d'ici; c'est là que nous résiderons. Je vous prie de ne
pas refuser la charge que mon amitié et la nécessité
vous imposent en ce moment.

LORENZO. — Madame, c'est de tout mon cœur que j'obéirai à tous vos justes commandements.

PORTIA. — Mes gens connaissent déjà mes intentions : ils vous obéiront à vous et à Jessica comme au seigneur Bassanio et à moi-même. Ainsi, portez-vous bien ; au revoir !

LORENZO. — Que de suaves pensées et d'heureux moments vous fassent cortège !

JESSICA. — Je souhaite à Votre Grâce toutes les satisfactions du cœur !

PORTIA. — Merci de votre souhait ! j'ai plaisir à vous le renvoyer. Adieu, Jessica ! *(Sortent Jessica et Lorenzo.)*

Maintenant à toi, Balthazar. Je t'ai toujours trouvé honnête et fidèle : que je te trouve encore de même ! Prends cette lettre et fais tous les efforts humains pour être vite à Padoue ; remets-la en main propre au docteur Bellario, mon cousin. Puis, prends soigneusement les papiers et les vêtements qu'il te donnera, et rapporte-les, je te prie, avec toute la vitesse imaginable, à l'embarcadère du bac public qui mène à Venise. Ne perds pas le temps en paroles, pars ; je serai là avant toi.

BALTHAZAR. — Madame, je pars avec toute la diligence possible. *(Il sort.)*

PORTIA. — Avance, Nérissa. J'ai en main une entreprise que tu ne connais pas. Nous verrons nos maris plus tôt qu'ils ne le pensent.

NÉRISSA. — Est-ce qu'ils nous verront ?

PORTIA. — Oui, Nérissa, mais sous un costume tel qu'ils nous croiront pourvues de ce qui nous manque. Je gage ce que tu voudras, que, quand nous serons l'une et l'autre accoutrées comme des jeunes hommes, je serai le plus joli cavalier des deux, et que je porterai la dague de la meilleure grâce. Tu verras comme je prendrai la voix flûtée qui marque la transition de l'adolescent à l'homme ; comme je donnerai à notre pas menu une allure virile ; comme je parlerai querelles en vraie jeunesse fanfaronne, et quels jolis mensonges je dirai ! Que d'honorables dames, ayant recherché mon amour, seront tombées malades et seront mortes de mes rigueurs!... Pouvais-je suffire à toutes? Puis je me repentirai, et je regretterai, au bout du compte, de les avoir tuées. Et je dirai si bien vingt de ces mensonges mignons qu'il y aura des gens pour jurer que j'ai quitté l'école depuis plus d'un an!... J'ai dans l'esprit mille gentillesses, à l'usage de ces fats, que je veux faire servir.

NÉRISSA. — On nous prendra donc pour des hommes?

PORTIA. — Fi! Quelle question, si tu la faisais devant un interprète égrillard! Allons! Je te dirai tout mon plan, quand je serai dans mon coche qui nous attend à la porte du parc. Dépêchons-nous, car nous avons vingt milles à faire aujourd'hui. *(Elles sortent.)*

SCÈNE V

Les jardins de Portia, à Belmont.

Entrent LANCELOT *et* JESSICA.

LANCELOT. — Oui, vraiment : car, voyez-vous, les péchés du père doivent retomber sur les enfants; aussi, je vous promets que j'ai peur pour vous. J'ai toujours été franc avec vous, et voilà pourquoi j'agite devant vous la matière. Armez-vous donc de courage car, vraiment, je vous crois damnée. Il ne reste qu'une espérance en votre faveur, et encore c'est une sorte d'espérance bâtarde.

JESSICA. — Et quelle est cette espérance, je te prie?

LANCELOT. — Ma foi, vous pouvez espérer à la rigueur que votre père ne vous a pas engendrée, que vous n'êtes pas la fille du juif.

JESSICA. — C'est là, en effet, une sorte d'espérance bâtarde. En ce cas, ce seraient les péchés de ma mère qui seraient visités en moi.

LANCELOT. — Vraiment, donc, j'ai peur que vous ne soyez damnée et de père et de mère : ainsi, quand j'évite

Scylla, votre père, je tombe en Charybde, votre mère.
Allons, vous êtes perdue des deux côtés.

JESSICA. — Je serai sauvée par mon mari : il m'a
faite chrétienne.

LANCELOT. — Vraiment, il n'en est que plus blâ-
mable : nous étions déjà bien assez de chrétiens, juste
assez pour pouvoir bien vivre les uns à côté des autres.
Cette confection de chrétiens va hausser le prix du cochon : si nous devenons tous mangeurs de porc, on ne
pourra plus à aucun prix avoir une couenne sur le gril.

Entre Lorenzo.

JESSICA. — Je vais conter à mon mari ce que vous
dites, Lancelot; justement le voici.

LORENZO. — Je deviendrai bientôt jaloux de vous,
Lancelot, si vous attirez ainsi ma femme dans des
coins.

JESSICA. — Ah! vous n'avez pas besoin de vous
inquiéter de nous, Lorenzo. Lancelot et moi, nous
sommes mal ensemble. Il me dit nettement qu'il n'y
a point de merci pour moi dans le ciel, parce que je
suis fille d'un juif, et il prétend que vous êtes un
méchant membre de la République parce qu'en conver-
tissant les juifs en chrétiens, vous haussez le prix du
porc.

LORENZO, *à Lancelot.* — J'aurais moins de peine à
me justifier de cela devant la République que vous de
la rotondité de la négresse. La fille maure est grosse
de vous, Lancelot.

LANCELOT. — Tant mieux, si elle regagne en embon-
point ce qu'elle perd en vertu. Cela prouve que je
n'ai pas peur de la Maure.

LORENZO. — Comme le premier sot venu peut jouer
sur les mots! Je crois que bientôt la meilleure grâce
de l'esprit sera le silence, et qu'il n'y aura plus de
mérite à parler que pour les perroquets. Allons,
maraud, rentrez leur dire de se préparer pour le dîner.

LANCELOT. — C'est fait, monsieur, ils ont tous
appétit.

LORENZO. — Bon Dieu! quel tailleur d'esprit vous
êtes! Dites-leur alors de préparer le dîner.

LANCELOT. — Le dîner est prêt aussi : c'est le couvert que vous devriez dire.

LORENZO. — Alors, monsieur, voulez-vous mettre le couvert?

LANCELOT, *s'inclinant, le chapeau à la main.* — Non pas : ici, je me garde découvert; je sais ce que je vous dois.

LORENZO. — Encore une querelle de mots! Veux-tu montrer en un instant toutes les richesses de ton esprit? Comprends donc simplement un langage simple. Va dire à tes camarades qu'ils mettent le couvert sur la table, qu'ils servent les plats et que nous arrivons pour dîner.

LANCELOT. — Oui, on va servir la table, monsieur, et mettre le couvert sur les plats, monsieur; quant à votre arrivée pour dîner, monsieur, qu'il en soit selon votre humeur et votre fantaisie! *(Sort Lancelot.)*

LORENZO. — Vive la raison! Quelle suite dans ses paroles! L'imbécile a campé dans sa mémoire une armée de bons mots; et je connais bien des imbéciles, plus haut placés que lui, qui en sont comme lui tout cuirassés et qui, pour un mot drôle, rompent en visière au sens commun. Comment va ta bonne humeur, Jessica? Et maintenant, chère bien-aimée, dis ton opinion : comment trouves-tu la femme du seigneur Bassanio?

JESSICA. — Au-dessus de toute expression. Il est bien nécessaire que le seigneur Bassanio vive d'une vie exemplaire, car, ayant dans sa femme une telle félicité, il trouvera sur cette terre les joies du ciel; et, s'il ne les apprécie pas sur terre, il est bien juste qu'il n'aille pas les recueillir au ciel. Ah! si deux dieux, faisant quelque céleste gageure, mettaient pour enjeu deux femmes de la terre, et que Portia fût l'une d'elles, il faudrait nécessairement ajouter quelque chose à l'autre, car ce pauvre monde grossier n'a pas son égale.

LORENZO. — Tu as en moi, comme mari, ce qu'elle est comme femme.

JESSICA. — Oui-da! demandez-moi donc mon opinion là-dessus.

Lorenzo. — Je le ferai tout à l'heure; d'abord, allons dîner.

Jessica. — Nenni, laissez-moi vous louer, tandis que je suis en appétit.

Lorenzo. — Non, je t'en prie, réservons cela pour propos de table; alors, quoi que tu dises, je le digérerai avec tout le reste.

Jessica. — C'est bien, je vais vous démasquer. *(Ils sortent.)*

ACTE IV

SCÈNE PREMIÈRE

Venise. Une cour de justice.

Entrent LE DOGE, LES MAGNIFIQUES, ANTONIO, BASSANIO, GRATIANO, SALARINO, SOLANIO, *et autres.*

LE DOGE. — Eh bien, Antonio est-il ici?

ANTONIO. — Aux ordres de Votre Grâce.

LE DOGE. — J'en suis navré pour toi : tu as à répondre à un adversaire de pierre, à un misérable inhumain, incapable de pitié, dont le cœur sec ne contient pas une goutte de sensibilité.

ANTONIO. — J'ai appris que Votre Grâce s'était donné beaucoup de peine pour modérer la rigueur de ses poursuites; mais puisqu'il reste endurci, et que nul moyen légal ne peut me soustraire aux atteintes de sa rancune, j'oppose ma patience à sa furie; et je m'arme de toute la quiétude de mon âme pour subir la tyrannie et la rage de la sienne.

LE DOGE. — Qu'on demande le juif devant la cour!

SOLANIO. — Il attend à la porte; le voici, monseigneur.

Entre Shylock.

LE DOGE. — Faites place, qu'il se tienne en face de nous! Shylock, je crois, comme tout le monde, que tu n'as voulu soutenir ce rôle de pervers que jusqu'à l'heure du dénouement, et qu'alors tu montreras une pitié et une indulgence plus étranges que n'est étrange ton apparente cruauté. Alors, croit-on, au lieu de

réclamer la pénalité, c'est-à-dire une livre de la chair
de ce pauvre marchand, non seulement tu renonceras
à ce dédit, mais encore, touché par la tendresse et par
l'affection humaines, tu le tiendras quitte de la moitié
du principal; tu considéreras d'un œil de pitié les
désastres qui viennent de fondre sur son dos, et qui
suffiraient pour accabler un marchand royal, pour
arracher la commisération à des poitrines de bronze,
à des cœurs de marbre, à des Turcs inflexibles, à des
Tartares n'ayant jamais pratiqué les devoirs d'une
affectueuse courtoisie. Nous attendons tous une bonne
réponse, juif.

SHYLOCK. — J'ai informé Votre Grâce de mes
intentions. J'ai juré par notre saint Sabbath d'exiger
le dédit stipulé dans mon billet. Si vous me refusez,
que ce soit au péril de votre charte et des libertés de
votre cité! Vous me demanderez pourquoi j'aime
mieux prendre une livre de charogne que recevoir
trois mille ducats. A cela je n'ai point à répondre,
sinon que tel est mon goût. Est-ce répondre? Suppo-
sez que ma maison soit troublée par un rat, et qu'il
me plaise de donner dix mille ducats pour le faire
empoisonner!... Cette réponse vous suffit-elle? Il y a
des gens qui n'aiment pas voir bâiller un porc, d'autres
qui deviennent fous à regarder un chat, d'autres qui,
quand la cornemuse leur chante au nez, ne peuvent
retenir leur urine : car la sensation, souveraine de la
passion, la gouverne au gré de ses désirs ou de ses
dégoûts. Or, voici ma réponse : De même qu'on ne
peut expliquer par aucune raison solide pourquoi
celui-ci a horreur d'un cochon qui bâille, celui-là d'un
chat familier et inoffensif, cet autre d'une cornemuse
gonflée et pourquoi tous, cédant forcément à une iné-
vitable faiblesse, font pâtir à leur tour ce qui les a fait
pâtir, de même je ne puis et ne veux donner d'autre
raison qu'une haine réfléchie et une horreur invé-
térée pour Antonio, afin d'expliquer pourquoi je
soutiens contre lui ce procès ruineux... Cette réponse
vous suffit-elle?

BASSANIO. — Ce n'est pas une réponse, homme
insensible, qui excuse l'acharnement de ta cruauté.

SHYLOCK. — Je ne suis pas obligé à te plaire par ma réponse.

BASSANIO. — Est-ce que tous les hommes tuent les êtres qu'ils n'aiment pas?

SHYLOCK. — Est-ce qu'on hait un être qu'on ne veut pas tuer?

BASSANIO. — Tout grief n'est pas nécessairement de la haine.

SHYLOCK. — Quoi! voudrais-tu qu'un serpent te piquât deux fois?

ANTONIO. — Songez, je vous prie, que vous discutez avec le juif. Autant vaudrait aller vous installer sur la plage et dire à la grande marée d'abaisser sa hauteur habituelle, autant vaudrait demander au loup pourquoi il fait bêler la brebis après son agneau, autant vaudrait défendre aux pins de la montagne de secouer leurs cimes hautes et de bruire lorsqu'ils sont agités par les rafales du ciel, autant vaudrait accomplir la tâche la plus dure, que d'essayer (car il n'est rien de plus dur) d'attendrir ce cœur judaïque... Ainsi, je vous en supplie, ne lui faites plus d'offre, n'essayez plus aucun moyen. Plus de délai! C'est assez chicaner! A moi, ma sentence, au juif, sa requête!

BASSANIO. — Pour tes trois mille ducats en voilà six.

SHYLOCK. — Quand chacun de ces six mille ducats serait divisé en six parties et quand chaque partie serait un ducat, je ne voudrais pas les prendre; je réclame mon billet.

LE DOGE. — Quelle miséricorde peux-tu espérer si tu n'en montres aucune?

SHYLOCK. — Quel jugement ai-je à craindre, ne faisant aucune infraction? Vous avez parmi vous nombre d'esclaves, que vous employez comme vos ânes, vos chiens et vos mules, à des travaux abjects et serviles, parce que vous les avez achetés... Irai-je vous dire : *Faites-les libres! Mariez-les à vos enfants! Pourquoi suent-ils sous des fardeaux ? Que leurs lits soient aussi mœlleux que les vôtres ? Que des mets comme les vôtres flattent leur palais ?* Vous me répondriez : *Ces esclaves sont à nous...* Eh bien, je réponds de même : La livre de chair que j'exige de lui, je l'ai

chèrement payée : elle est à moi, et je la veux. Si vous
me la refusez, fi de vos lois! Les décrets de Venise
sont sans force! Je demande la justice; l'aurai-je?
Répondez.

Le Doge. — En vertu de mon pouvoir, je puis congé-
dier la cour, à moins que Bellario, savant docteur que
j'ai envoyé chercher pour déterminer ce cas, n'arrive
aujourd'hui.

Solanio. — Monseigneur, il y a là dehors un messager nouvellement arrivé de Padoue avec une lettre du
docteur.

Le Doge. — Qu'on nous apporte cette lettre! Qu'on
appelle le messager!

Bassanio. — Rassure-toi, Antonio! allons, mon
cher! courage encore! Le juif aura ma chair, mon
sang, mes os, tout, avant que tu perdes pour moi
une seule goutte de sang.

Antonio. — Je suis la brebis galeuse du troupeau,
celle qui est bonne à tuer. Le plus faible fruit tombe à
terre le premier : laissez-moi tomber. Ce que vous
avez de mieux à faire, Bassanio, c'est de vivre pour
faire mon épitaphe.

Entre Nérissa, déguisée en clerc.

Le Doge. — Vous venez de Padoue, de la part de
Bellario?

Nérissa. — Oui, monseigneur. Bellario salue Votre
Grâce. *(Elle présente une lettre au doge.)*

Bassanio, *à Shylock.* — Pourquoi repasses-tu ton
couteau si activement?

Shylock. — Pour couper ce qui me revient de ce
banqueroutier.

Gratiano. — Ce n'est pas sur ce cuir, c'est sur
ton cœur, âpre juif, que tu affiles ton couteau! Mais
aucun métal, non, pas même la hache du bourreau,
n'est aussi affilé que ta rancune acérée. Aucune prière
ne peut donc te pénétrer?

Shylock. — Aucune que ton esprit suffise à imaginer.

Gratiano. — Oh! sois damné, chien inexorable!
Et que ta vie accuse la justice! Peu s'en faut que tu ne

me fasses chanceler dans ma foi et croire avec Pythagore que les âmes des animaux passent dans le corps des hommes. Ton esprit hargneux gouvernait un loup qui fut pendu pour meurtre d'homme et dont l'âme féroce, envolée du gibet quand tu étais encore dans le ventre de ta mère profane, s'introduisit en toi! Tes appétits sont ceux d'un loup, sanguinaires, voraces et furieux.

SHYLOCK. — Tant que tes injures ne ratureront pas la signature de ce billet, tu ne blesseras que tes poumons à pérorer si fort. Étaie ton esprit, bon jeune homme, sinon, il va subir un irréparable écroulement... J'attends ici justice.

LE DOGE. — Cette lettre de Bellario recommande à la cour un jeune et savant docteur. Où est-il?

NÉRISSA. — Il attend tout près d'ici, pour savoir si vous voudrez bien l'admettre.

LE DOGE. — De tout mon cœur... Que trois ou quatre d'entre vous sortent et lui fassent jusqu'ici une escorte de courtoisie! En attendant, la Cour entendra le lettre de Bellario.

LE CLERC, *lisant*. — « Votre Grâce apprendra que, lorsque j'ai reçu sa lettre, j'étais très malade; mais, au moment même où son messager arrivait, je recevais l'aimable visite d'un jeune docteur de Rome, nommé Balthazar. Je l'ai instruit de la cause pendante entre le juif et le marchand Antonio. Nous avons feuilleté beaucoup de livres ensemble. Il est muni de mon opinion; il vous la portera épurée par sa propre science dont je ne saurais trop vanter l'étendue; et, sur ma sollicitation, il remplira à ma place les intentions de Votre Grâce. Que les années dont il est privé ne le privent pas, je vous en conjure, de votre haute estime! car je n'ai jamais vu si jeune corps avec une tête si vieille. Je le livre à votre gracieux accueil, bien sûr que l'épreuve enchérira sur mes éloges. »

LE DOGE. — Vous entendez ce qu'écrit le savant Bellario; et voici, je suppose, le docteur qui vient.

Entre Portia, en costume de docteur en droit.

Donnez-moi votre main. Vous venez de la part du vieux Bellario?

PORTIA. — Oui, monseigneur.

LE DOGE. — Vous êtes le bienvenu. Prenez place. Êtes-vous instruit du différend qui s'agite présentement devant la Cour?

PORTIA. — Je connais à fond la cause. Lequel ici est le marchand, et lequel est le juif?

LE DOGE. — Antonio, et vous, vieux Shylock, avancez tous deux.

PORTIA. — Votre nom est-il Shylock?

SHYLOCK. — Shylock est mon nom.

PORTIA. — Le procès que vous intentez est d'une étrange nature; mais vous êtes si bien en règle que la loi vénitienne ne peut pas faire obstacle à vos poursuites. *(A Antonio.)* C'est vous qui êtes à sa merci, n'est-ce pas?

ANTONIO. — Oui, à ce qu'il dit.

PORTIA. — Reconnaissez-vous le billet?

ANTONIO. — Je le reconnais.

PORTIA. — Il faut donc que le juif soit clément.

SHYLOCK. — En vertu de quelle obligation? Dites-le-moi.

PORTIA. — La clémence ne se commande pas. Elle tombe du ciel, comme une pluie douce, sur le lieu qu'elle domine; double bienfaisance, elle fait du bien à celui qui donne et à celui qui reçoit. Elle est la puissance des puissances. Elle sied aux monarques sur leur trône, mieux que leur couronne. Leur sceptre représente la force du pouvoir temporel, il est l'attribut d'épouvante et de majesté dont émanent le respect et la terreur des rois. Mais la clémence est au-dessus de l'autorité du sceptre, elle trône dans le cœur des rois, elles est l'attribut de Dieu même; et le pouvoir terrestre qui ressemble le plus à Dieu est celui qui tempère la justice par la clémence. Ainsi, juif, bien que la justice soit ton argument, considère ceci : qu'avec la stricte justice nul de nous ne verrait le salut. C'est la clémence qu'invoque la prière, et c'est la prière même qui nous enseigne à tous à faire acte de clémence. Tout ce que je viens de dire est pour mitiger la justice de ta cause;

si tu persistes, le strict tribunal de Venise n'a plus qu'à prononcer sa sentence contre ce marchand.

SHYLOCK. — Que mes actions retombent sur ma tête! Je réclame la loi, la pénalité et le dédit stipulé par mon billet.

PORTIA. — Est-ce qu'il n'est pas en état de rembourser l'argent?

BASSANIO. — Si fait. Je le lui offre ici devant la Cour; je double même la somme. Si cela ne suffit pas, je m'obligerai à la payer dix fois, en donnant pour gages mes mains, ma tête, mon cœur. Si cela ne suffit pas, il est notoire que c'est la méchanceté qui accable l'innocence. Je vous en conjure, foulez une fois la loi sous votre autorité. Pour rendre la grande justice, faites une petite injustice, et domptez le cruel démon de son acharnement.

PORTIA. — Cela ne doit pas être : il n'y a pas de puissance à Venise qui puisse altérer un décret établi. Cela serait enregistré comme un précédent; et, par cet exemple, bien des abus feraient irruption dans l'Etat. Cela ne se peut.

SHYLOCK. — C'est un Daniel qui nous est venu pour juge! Oui, un Daniel! O juge jeune et sage, combien je t'honore!

PORTIA. — Faites-moi voir le billet, je vous prie.

SHYLOCK. — Le voici, très révérend docteur; le voici.

PORTIA. — Shylock, on t'offre ici trois fois ton argent.

SHYLOCK. — Un serment! un serment! J'ai un serment au ciel! Mettrai-je le parjure sur mon âme? Non, pas pour tout Venise.

PORTIA. — Eh bien! l'échéance est passée; et légalement, avec ceci, le juif peut réclamer une livre de chair, qui doit être coupée par lui tout près du cœur du marchand... Sois clément : prends trois fois ton argent et dis-moi de déchirer ce billet.

SHYLOCK. — Quand il sera payé conformément à sa teneur! On voit que vous êtes un juge émérite; vous connaissez la loi; votre exposition a été péremptoire : je vous somme, au nom de la loi, dont vous êtes le digne pilier, de procéder au jugement. Je jure sur mon âme qu'il n'est au pouvoir d'aucune langue humaine de m'ébranler. Je m'en tiens à mon billet.

ANTONIO. — Je supplie instamment la Cour de rendre son jugement.

PORTIA. — Eh bien! le voici. *(A Antonio.)* Il faut offrir votre poitrine à son couteau.

SHYLOCK. — O noble juge! O excellent jeune homme!

PORTIA. — Car la glose et l'esprit de la loi agréent tout à fait avec la pénalité stipulée clairement dans ce billet.

SHYLOCK. — C'est très vrai! O juge sage et équitable! Combien tu es plus vieux que tu ne le parais!

PORTIA, *à Antonio.* — Ainsi, mettez à nu votre sein.

SHYLOCK. — Oui, sa poitrine : le billet le dit. N'est-ce pas, noble juge? Tout près de son cœur, ce sont les propres termes.

PORTIA. — Exactement. Y a-t-il ici une balance pour peser la chair?

SHYLOCK. — J'en ai une toute prête.

PORTIA. — Ayez aussi un chirurgien à vos frais, Shylock, pour bander ses plaies et empêcher qu'il ne saigne jusqu'à mourir.

SHYLOCK. — Cela est-il spécifié dans le billet?

PORTIA. — Cela n'est pas exprimé; mais n'importe! Il serait bon que vous le fissiez par charité.

SHYLOCK. — Je ne trouve pas; ce n'est pas dit dans le billet.

PORTIA, *à Antonio.* — Allons, marchand, avez-vous quelque chose à dire?

ANTONIO. — Peu de chose. Je suis armé et parfaitement préparé. Donnez-moi votre main, Bassanio; adieu! Ne vous attristez pas, si je suis réduit pour vous à cette extrémité. Car la fortune se montre en ce cas plus indulgente que de coutume. D'ordinaire, elle force le malheureux à survivre à son opulence, et à contempler avec des yeux hâves et un front ridé un siècle de pauvreté : elle me retranche les pénibles langueurs d'une pareille misère. Recommandez-moi à votre noble femme; racontez-lui, dans toutes ses circonstances, la fin d'Antonio; dites-lui combien je vous aimais; rendez justice au mort. Et, quand l'histoire sera contée, qu'elle déclare s'il n'est pas vrai que Bassanio eut un ami! Ne vous repentez pas d'avoir perdu cet ami : il ne se repent pas, lui, de payer votre dette. Car, pourvu que le juif coupe assez profondément, je vais la payer sur-le-champ de tout mon cœur.

BASSANIO. — Antonio, je suis marié à une femme qui m'est aussi chère que ma vie même; mais ma vie même, ma femme, le monde entier, ne sont pas pour moi plus précieux que ta vie : je suis prêt à perdre tout, oui, à sacrifier tout, à ce démon que voici pour te sauver.

PORTIA. — Votre femme vous remercierait peu, si elle vous entendait faire une pareille offre.

GRATIANO. — J'ai une femme que j'aime, je le jure; eh bien, je voudrais qu'elle fût au ciel, si elle pouvait décider quelque puissance à changer ce juif hargneux.

NÉRISSA. — Vous faites bien de le souhaiter en arrière d'elle; autrement ce vœu-là mettrait le trouble dans votre ménage.

SHYLOCK, *à part.* — Voilà bien ces époux chrétiens. J'ai une fille : plût à Dieu qu'elle eût un descendant de Barabbas pour mari, plutôt qu'un chrétien! *(Haut, à Portia.)* Nous gaspillons le temps. Je t'en prie, procède à la sentence.

PORTIA. — Tu as droit à une livre de la chair de ce marchand. La Cour te l'adjuge et la loi te la donne.

SHYLOCK. — O le juge émérite!

PORTIA. — Et tu dois la couper de son sein; la loi le permet, et la cour le concède.

SHYLOCK. — O le savant juge! Voilà une sentence! Allons! préparez-vous.

PORTIA. — Arrête un peu. Ce n'est pas tout. Ce billet-ci ne t'accorde pas une goutte de sang. Les termes exprès sont : *une livre de chair.* Prends donc ce qui t'est dû, prends ta livre de chair, mais si, en la coupant, tu verses une seule goutte de sang chrétien, tes terres et tes biens sont, de par les lois de Venise, confisqués au profit de l'Etat de Venise.

GRATIANO. — O juge émérite! Attention, juif!... O le savant juge!

SHYLOCK. — Est-ce là la loi?

PORTIA. — Tu verras toi-même le texte. Puisque tu réclames justice, sois sûr que tu obtiendras justice, plus même que tu ne le désires.

GRATIANO. — O le savant juge!... Attention, juif!... O le savant juge!

SHYLOCK. — Alors j'accepte l'offre... Payez-moi trois fois le billet, et que le chrétien s'en aille!

BASSANIO. — Voici l'argent.

PORTIA. — Doucement! Le juif aura justice complète... Doucement!... Pas de hâte! Il n'aura rien que la pénalité prévue.

GRATIANO. — O juif! Quel juge émérite! Quel savant juge!

PORTIA. — Ainsi, prépare-toi à couper la chair. Ne verse pas de sang; ne coupe ni plus ni moins, mais tout juste une livre de chair. Si tu en prends plus ou moins que la juste livre, si tu diminues ou augmentes le poids convenu, ne fût-ce que de la vingtième partie d'un seul pauvre grain, si même la balance incline de l'épaisseur d'un cheveu, tu meurs, et tous tes biens sont confisqués.

GRATIANO. — Un second Daniel! Un Daniel, juif! Maintenant, infidèle, je te tiens.

PORTIA. — Qu'attends-tu, juif? Prends ce qui te revient.

SHYLOCK. — Donnez-moi mon principal, et laissez-moi aller.

BASSANIO. — Je l'ai tout prêt : prends-le.

PORTIA. — Il l'a refusé en pleine Cour. Il n'aura que ce qui lui est dû en stricte justice.

GRATIANO. — Un Daniel, je le répète! un second Daniel! Je te remercie, juif, de m'avoir soufflé ce mot.

SHYLOCK. — Quoi! je n'aurai pas même mon principal?

PORTIA. — Tu n'auras rien que le dédit stipulé. Prends-le à tes risques et périls, juif.

SHYLOCK. — En ce cas, que le diable se charge du remboursement! Je ne resterai pas plus longtemps à discuter.

PORTIA. — Arrête, juif. La justice ne te lâche pas encore. Il est écrit dans les lois de Venise que, s'il est prouvé qu'un étranger, par des manœuvres directes ou indirectes, attente à la vie d'un citoyen, la personne menacée saisira la moitié des biens du coupable; l'autre moitié rentrera dans la caisse spéciale de l'Etat; et la vie de l'offenseur sera livrée à la merci du doge qui aura voix souveraine. Or je dis que tu te trouves dans le cas prévu, car il est établi par preuve manifeste qu'indirectement et même directement tu as attenté à la vie même du défendant; et tu as encouru la peine que je viens de mentionner. A genoux, donc! et implore la merci du doge.

GRATIANO. — Implore la permission de t'aller pendre. Mais, tes biens faisant retour à l'Etat, tu n'as plus de quoi acheter une corde : il faut donc que tu sois pendu aux frais de l'Etat.

LE DOGE. — Pour que tu voies combien nos sentiments diffèrent, je te fais grâce de la vie avant que tu l'aies demandée. La moitié de ta fortune est à Antonio, l'autre moitié revient à l'Etat; mais ton repentir peut encore commuer la confiscation en une amende.

PORTIA. — Soit, pour la part de l'Etat; non, pour celle d'Antonio.

SHYLOCK. — Eh! prenez ma vie et tout, ne me faites grâce de rien. Vous m'enlevez ma maison en m'enlevant ce qui soutient ma maison; vous m'ôtez la vie en m'ôtant les ressources dont je vis.

PORTIA. — Que lui accorde votre pitié, Antonio?

GRATIANO. — Une hart gratis, rien de plus, au nom du ciel!

ANTONIO. — Que monseigneur le doge et toute la Cour daignent lui abandonner sans amende la moitié de ses biens. Je consens, pourvu qu'il me prête, à intérêt, l'autre moitié, à la restituer, après sa mort, au gentilhomme qui dernièrement a enlevé sa fille. A cette faveur deux conditions : l'une, c'est qu'il se fera chrétien sur-le-champ; l'autre, c'est qu'il fera donation, par acte passé devant la Cour, de tout ce qu'il possédera en mourant à son fils Lorenzo et à sa fille.

LE DOGE. — Il fera cela, ou je révoque la grâce que je viens de lui accorder.

PORTIA. — Y consens-tu, juif? Que dis-tu?

SHYLOCK. — J'y consens.

PORTIA. — Clerc, dressez l'acte de donation.

SHYLOCK. — Je vous prie de me laisser partir d'ici : je ne suis pas bien. Envoyez-moi l'acte, et je le signerai.

LE DOGE. — Pars, mais ne manque pas de signer.

GRATIANO. — A ton baptême, tu auras deux parrains. Si j'avais été juge, tu en aurais eu dix de plus pour te mener, non au baptistère, mais à la potence. *(Sort Shylock.)*

LE DOGE, *à Portia*. — Monsieur, je vous conjure de venir dîner chez moi.

PORTIA. — Je demande humblement pardon à Votre Grâce : je dois retourner ce soir à Padoue, et il convient que je parte sur-le-champ.

LE DOGE. — Je suis fâché que vos loisirs ne vous laissent pas libre. Antonio, rétribuez bien ce gentilhomme, car vous lui êtes, selon moi, grandement obligé. *(Le doge, les magnifiques et leur suite sortent.)*

BASSANIO, *à Portia*. — Très digne gentilhomme, mon ami et moi nous venons d'être soustraits par votre sagesse à une pénalité cruelle... Comme honoraires, acceptez les trois mille ducats qui étaient dus au juif; nous nous empressons de vous les offrir pour un si gracieux service.

ANTONIO. — Et de plus nous restons vos débiteurs pour toujours, en affection et dévouement.

PORTIA. — Est bien payé qui est bien satisfait. Moi, je suis satisfait de vous avoir délivrés, et par conséquent je me tiens pour bien payé. Mon âme n'a jamais été plus mercenaire que ça. Je vous prie seulement de me reconnaître quand nous nous rencontrerons : je vous souhaite le bonjour, et, sur ce, je prends congé de vous.

BASSANIO. — Cher monsieur, il faut absolument que j'insiste auprès de vous. Acceptez quelque souvenir de nous, comme tribut, sinon comme salaire. Accordez-moi deux choses, je vous prie : l'une, c'est de ne pas me refuser; l'autre, c'est de me pardonner.

PORTIA. — Vous me pressez si fort que je cède. *(A Antonio.)* Donnez-moi vos gants, je les porterai en mémoire de vous. *(A Bassanio.)* Et pour l'amour

de vous, j'accepterai cet anneau... Ne retirez pas votre
main : je ne prendrai rien de plus ; votre amitié ne
me refusera pas cela.

BASSANIO. — Cet anneau, cher monsieur ! Hélas !
c'est une bagatelle ! Je serais honteux de vous donner
cela.

PORTIA. — Je ne veux avoir que cela ; et maintenant,
voyez-vous, j'en ai la fantaisie.

BASSANIO. — Il a pour moi une importance bien
au-dessus de sa valeur. Je ferai chercher par procla-
mation la plus riche bague de Venise, et je vous la
donnerai : quant à celle-ci, je vous prie, excusez-moi.

PORTIA. — Je le vois, monsieur, vous êtes libéral...
en offres. Vous m'avez appris d'abord à mendier ; et
maintenant, ce me semble, vous m'apprenez comment
il faut répondre au mendiant.

BASSANIO. — Cher monsieur, cet anneau m'a été
donné par ma femme ; et, quand elle me l'a mis au
doigt, elle m'a fait jurer de ne jamais ni le vendre, ni
le donner, ni le perdre.

PORTIA. — Cette excuse-là économise aux hommes
bien des cadeaux. A moins que votre femme ne fût
folle, sachant combien j'ai mérité cette bague, elle ne
saurait vous garder une éternelle rancune de me l'avoir
donnée. C'est bon. La paix soit avec vous ! *(Portia et
Nérissa sortent.)*

ANTONIO. — Monseigneur Bassanio, donnez-lui la
bague. Que ses services et mon amitié soient mis en
balance avec la recommandation de votre femme !

BASSANIO. — Va, Gratiano, cours et rattrape-le ;
donne-lui la bague, et ramène-le, si tu peux, à la
maison d'Antonio. Cours, dépêche-toi. *(Gratiano sort.)*
Allons chez vous de ce pas. Demain matin de bonne
heure, nous volerons tous deux vers Belmont. Venez,
Antonio. *(Ils sortent.)*

SCÈNE II

Une rue de Venise.

Entrent PORTIA *et* NÉRISSA.

PORTIA. — Informe-toi de la demeure du juif; présente-lui cet acte, et fais-le-lui signer. Nous partirons ce soir, et nous serons chez nous un jour avant nos maris. Cet acte-là sera le bienvenu auprès de Lorenzo.

Entre Gratiano.

GRATIANO. — Mon beau monsieur, vous voilà heureusement rattrapé : monseigneur Bassanio, toute réflexion faite, vous envoie cette bague, et implore votre compagnie à dîner.

PORTIA. — C'est impossible. Pour la bague, je l'accepte avec une vive reconnaissance; dites-le-lui bien, je vous prie. Ah! je vous prie aussi de montrer à mon jeune clerc la maison du vieux juif.

GRATIANO. — Très volontiers.

NÉRISSA, *à Portia.* — Monsieur, je voudrais vous dire un mot. *(Bas.)* Je vais voir si je puis obtenir de mon mari la bague que je lui ai fait jurer de garder toujours.

PORTIA. — Tu l'obtiendras, je te le garantis. Ils nous donneront leur antique parole d'honneur que c'est à des hommes qu'ils ont offert leurs bagues; mais nous leur tiendrons tête, en jurant plus haut qu'eux le contraire. Pars, dépêche-toi! Tu sais où je t'attends.

NÉRISSA, *à Gratiano.* — Allons, cher monsieur, voulez-vous me montrer cette maison? *(Ils sortent.)*

ACTE V

SCÈNE PREMIÈRE

Belmont. Une avenue menant au palais de Portia.

Entrent LORENZO *et* JESSICA.

LORENZO. — La lune resplendit. Dans une nuit pareille à celle-ci, tandis que le suave zéphyr baisait doucement les arbres, sans qu'ils fissent du bruit; dans une nuit pareille, Troylus a dû monter sur les murs de Troie et exhaler son âme vers les tentes grecques où reposait Cressida!

JESSICA. — Dans une nuit pareille, Thisbé, effleurant la rosée d'un pas timide, aperçut l'ombre du lion avant le lion même, et s'enfuit effarée.

LORENZO. — Dans une nuit pareille, Didon, une branche de saule à la main, se tenait debout sur la plage déserte et faisait signe à son bien-aimé de revenir à Carthage.

JESSICA. — Dans une nuit pareille, Médée cueillait les herbes enchantées qui rajeunirent le vieil Éson.

LORENZO. — Dans une nuit pareille, Jessica se déroba de chez le juif opulent, et, avec un amant prodigue, courut de Venise jusqu'à Belmont.

JESSICA. — Et dans une nuit pareille, le jeune Lorenzo jurait de bien l'aimer, et lui dérobait son âme par mille vœux de constance dont pas un n'était sincère!

LORENZO. — Et dans une nuit pareille, la jolie Jessica, comme une petite taquine, calomniait son amant, qui le lui pardonnait.

JESSICA. — Je vous tiendrais tête toute la nuit, si personne ne venait. Mais, écoutez! J'entends le pas d'un homme.

Entre Stephano.

LORENZO. — Qui s'avance si vite dans le silence de la nuit?

STEPHANO. — Un ami.

LORENZO. — Un ami! Quel ami? Votre nom, je vous prie, mon ami?

STEPHANO. — Stephano est mon nom, et j'apporte la nouvelle qu'avant le lever du jour, ma maîtresse sera ici à Belmont: elle chemine dans les environs, pliant le genou devant les croix saintes et priant pour le bonheur de son mariage.

LORENZO. — Qui vient avec elle?

STEPHANO. — Un saint ermite et sa suivante : voilà tout. Dites-moi, je vous prie, si mon maître est de retour.

LORENZO. — Pas encore. Nous n'avons pas eu de ses nouvelles. Rentrons, je t'en prie, Jessica, et préparons-nous pour recevoir avec quelque cérémonie la maîtresse de la maison.

Entre Lancelot.

LANCELOT. — Sol, la! Sol, la! Ho! ha! ho! Sol, la! Sol, la!

LORENZO. — Qui appelle?

LANCELOT. — Sol, la! avez-vous vu maître Lorenzo et dame Lorenzo? Sol, la! Holà!

LORENZO. — Cesse tes holà, l'ami! Ici.

LANCELOT. — Holà! Où? où?

LORENZO. — Ici.

LANCELOT. — Ici. Dites-lui qu'un courrier est arrivé de la part de mon maître, la trompe pleine de bonnes nouvelles. Mon maître sera ici avant le matin. *(Il sort.)*

LORENZO. — Rentrons, ma chère âme, pour attendre leur arrivée. Non, ce n'est pas la peine, pourquoi rentrerions-nous? Ami Stephano, annoncez, je vous prie, à la maison que votre maîtresse va arriver, et faites jouer votre orchestre en plein air. *(Stephano sort.)* Comme le clair de lune dort doucement sur ce banc! Venons nous y asseoir, et que les sons de la musique glissent jusqu'à nos oreilles! Le calme, le silence et la nuit conviennent aux accents de la suave harmonie. Assieds-toi, Jessica. Vois comme le parquet du ciel est partout incrusté de disques d'or lumineux. De tous ces globules que tu contemples, il n'est pas jusqu'au plus petit, qui, dans son mouvement, ne chante comme un ange, en perpétuel accord avec les chérubins aux jeunes yeux! Une harmonie pareille existe dans les âmes immortelles; mais, tant que cette argile périssable la couvre de son vêtement grossier, nous ne pouvons l'entendre.

Entrent les musiciens.

Allons! éveillez Diane par un hymne. Que vos plus suaves accents atteignent l'oreille de votre maîtresse! et attirez-la chez elle par la musique.

Musique.

Jessica. — Je ne suis jamais gaie quand j'entends une musique douce.

Lorenzo. — La raison est que vos esprits sont absorbés. Remarquez seulement un troupeau sauvage et vagabond, une horde de jeunes poulains indomptés : ils essaient des bonds effrénés, ils mugissent, ils hennissent, emportés par l'ardeur de leur sang. Mais que par hasard ils entendent le son d'une trompette, ou que toute autre musique frappe leurs oreilles, vous les verrez soudain s'arrêter tous, leur farouche regard changé en une timide extase, sous le doux charme de la musique! Aussi les poètes ont-ils feint qu'Orphée attirait les arbres, les pierres et les flots, parce qu'il n'est point d'être si brut, si dur, si furieux, dont la musique ne change pour un moment la nature. L'homme qui n'a pas de musique en lui et qui n'est pas ému par le concert des sons harmonieux est propre aux trahisons, aux stratagèmes et aux rapines. Les mouvements de son âme sont mornes comme la nuit, et ses affections noires comme l'Érèbe. Défiez-vous d'un tel homme!... Ecoutons la musique.

Portia et Nérissa entrent et se tiennent
à distance.

PORTIA. — Cette lumière que nous voyons brûle
dans mon vestibule. Que ce petit flambeau jette loin
ses rayons! Ainsi brille une bonne action dans un
monde méchant.

NÉRISSA. — Quand la lune brillait, nous ne voyions
pas le flambeau.

PORTIA. — Ainsi la plus grande gloire obscurcit la
moindre. Un ministre brille autant qu'un roi jusqu'à ce
que le roi paraisse; et alors tout son prestige s'évanouit, comme un ruisseau des champs dans l'immensité
des mers... Une musique! Ecoute!

NÉRISSA. — C'est votre musique, madame, celle de
la maison.

PORTIA. — Rien n'est parfait, je le vois, qu'à sa
place : il me semble qu'elle est bien plus harmonieuse
que le jour.

NÉRISSA. — C'est le silence qui lui donne ce charme,
madame.

PORTIA. — Le corbeau chante aussi bien que
l'alouette pour qui n'y fait pas attention, et je crois
que, si le rossignol chantait le jour, quand les oies
croassent, il ne passerait pas pour meilleur musicien
que le roitelet. Que de choses n'obtiennent qu'à leur
saison leur juste assaisonnement de louange et de
perfection! Oh, silence! la lune dort avec Endymion,
et ne veut pas être éveillée!

La musique cesse.

LORENZO. — C'est la voix de Portia, ou je me trompe
fort.

PORTIA. — Il me reconnaît, comme l'aveugle reconnaît le coucou, à la vilaine voix.

LORENZO. — Chère dame, soyez la bienvenue chez
vous.

PORTIA. — Nous venons de prier pour le succès de
nos maris, que nous espérons bien avoir hâté par
notre intercession. Sont-ils de retour?

LORENZO. — Pas encore, madame! mais il est venu
tout à l'heure un courrier pour signifier leur arrivée.

PORTIA. — Rentre, Nérissa. Donne à mes gens l'ordre de ne faire aucune remarque sur notre absence. N'en parlez pas, Lorenzo; ni vous, Jessica.

On entend une fanfare.

LORENZO. — Votre mari n'est pas loin. J'entends sa trompette. Nous ne sommes pas bavards, madame : ne craignez rien.

PORTIA. — Cette nuit me fait simplement l'effet du jour malade; elle n'est qu'un peu plus pâle. C'est un jour comme est le jour quand le soleil est caché.

Entrent Bassanio, Antonio, Gratiano et leur suite.

BASSANIO, *à Portia.* — Nous aurions le jour en même temps que les antipodes, si vous apparaissiez toujours en l'absence du soleil.

PORTIA. — Puissé-je être brillante comme la lumière, sans être légère comme elle! La légèreté de la femme fait l'accablement du mari : puisse Bassanio ne jamais être accablé de la mienne! Du reste, à la grâce de Dieu!... Soyez le bienvenu chez vous, monseigneur.

BASSANIO. — Je vous remercie, madame. Faites fête à mon ami : voici Antonio, l'homme auquel je suis si infiniment obligé.

PORTIA. — Vous lui avez, en effet, toutes sortes d'obligations : car pour vous il en avait contracté de bien grandes.

ANTONIO. — Aucune dont il ne se soit parfaitement acquitté!

PORTIA, *à Antonio.* — Monsieur, vous êtes le très bien venu en notre maison. Il faut vous le prouver autrement qu'en paroles : aussi j'abrège ces courtoisies verbales. *(Gratiano et Nérissa se parlent avec animation.)*

GRATIANO. — Par cette lune que voilà, je jure que vous me faites tort. Sur ma foi, je l'ai donnée au clerc du juge. Je voudrais que celui qui l'a fût eunuque, puisque vous prenez la chose si fort à cœur, mon amour!

PORTIA. — Une querelle! Ah, déjà! De quoi s'agit-il?

GRATIANO. — D'un cercle d'or, d'une misérable bague qu'elle m'a donnée et dont la devise, s'adressant à tout le monde comme la poésie du coutelier sur un couteau, disait : *Aimez-moi et ne me quittez pas.*

NÉRISSA. — Que parlez-vous de devise ou de valeur? Quand je vous l'ai donnée, vous m'avez juré que vous la porteriez jusqu'à l'heure de votre mort et qu'elle ne vous quitterait pas même dans la tombe. Sinon pour moi, du moins pour des serments si pathétiques, vous auriez dû avoir plus d'égard, et la conserver. Vous l'avez donnée au clerc du juge!... Mais je suis bien sûre que ce clerc-là n'aura jamais de poil au menton.

GRATIANO. — Il en aura, s'il peut devenir homme.

NÉRISSA. — Oui, si une femme peut devenir homme.

GRATIANO, *levant le bras.* — Par cette main levée! je l'ai donnée à un enfant, une espèce de gars, un méchant freluquet, pas plus haut que toi, le clerc du juge, un petit bavard qui me l'a demandée pour ses honoraires. En conscience, je ne pouvais la lui refuser.

PORTIA. — Je dois être franche avec vous, vous étiez à blâmer de vous séparer si légèrement du premier présent de votre femme : un objet scellé à votre doigt par tant de serments et rivé à votre chair par la foi jurée! J'ai donné une bague à mon bien-aimé, et je lui ai fait jurer de ne jamais s'en séparer. Le voici. Eh bien, j'ose jurer pour lui qu'il ne voudrait pas la quitter ni l'ôter de son doigt, pour tous les trésors que possède le monde. En vérité, Gratiano, vous donnez à votre femme un trop cruel grief. Si pareille chose m'arrivait, j'en deviendrais folle.

BASSANIO, *à part.* — Ma foi, ce que j'aurais de mieux à faire, ce serait de me couper la main gauche et de jurer que j'ai perdu la bague en la défendant.

GRATIANO. — Monseigneur Bassanio a donné sa bague au juge qui la lui demandait et qui, vraiment, la méritait bien. Et c'est alors que le garçon, son clerc, qui avait eu la peine de faire les écritures, m'a demandé la mienne : ni le serviteur, ni le maître n'ont voulu accepter autre chose que nos deux bagues.

PORTIA, *à Bassanio*. — Quelle bague avez-vous donnée, monseigneur? Ce n'est pas celle, j'espère, que vous aviez reçue de moi?

BASSANIO. — Si je pouvais ajouter le mensonge à la faute, je nierais; mais, vous voyez, la bague n'est plus à mon doigt, je ne l'ai plus.

PORTIA. — La foi n'est pas davantage dans votre cœur. Par le ciel, je n'entrerai jamais dans votre lit que je n'aie revu la bague.

NÉRISSA, *à Gratiano*. — Ni moi dans le vôtre, que je n'aie revu la mienne.

BASSANIO. — Charmante Portia, si vous saviez à qui j'ai donné la bague, si vous saviez pour qui j'ai donné la bague, si vous pouviez concevoir pourquoi j'ai donné la bague, avec quelle répugnance j'ai abandonné la bague, lorsqu'on ne voulait accepter que la bague, vous calmeriez la vivacité de votre déplaisir.

PORTIA. — Si vous aviez connu la vertu de la bague, ou soupçonné la valeur de celle qui vous donna la bague, ou attaché votre honneur à garder la bague, vous ne vous seriez jamais séparé de la bague. Quel homme eût été assez déraisonnable, s'il vous avait plu de la défendre avec un semblant de zèle, pour réclamer avec cette outrecuidance un objet regardé comme sacré? Nérissa m'apprend ce que je dois penser. Que je meure, si ce n'est pas une femme qui a la bague!

BASSANIO. — Non, sur mon honneur, madame, sur ma vie! Ce n'est point une femme, mais un docteur fort civil, qui a refusé de moi trois mille ducats et m'a demandé cet anneau. J'ai commencé par le lui refuser, et je l'ai laissé partir mécontent, lui qui avait sauvé la vie même de mon plus cher ami. Que pourrais-je dire, ma charmante dame? Je me suis vu contraint de le lui envoyer; j'ai dû céder au remords et à la bienséance; mon honneur n'a pu se laisser souiller par tant d'ingratitude. Pardonnez-moi, généreuse dame : car, par ces flambeaux bénis de la nuit, si vous aviez été là, je crois que vous m'eussiez demandé la bague pour la donner à ce digne docteur.

PORTIA. — Ne laissez jamais ce docteur-là approcher de ma maison. Puisqu'il a le joyau que j'aimais et que vous aviez juré de garder en souvenir de moi, je veux être aussi libérale que vous. Je ne lui refuserai rien de ce qui m'appartient, non, pas même mon corps, pas même le lit de mon mari! Ah! je me lierai avec lui, j'y suis bien décidée; ne découchez pas une seule nuit, surveillez-moi, comme un argus. Sinon, pour peu que vous me laissiez seule, sur mon honneur, que j'ai encore, moi! j'aurai ce docteur-là pour camarade de lit.

NÉRISSA, *à Gratiano*. — Et moi, son clerc! Ainsi, prenez bien garde au moment où vous me laisserez à ma propre protection.

GRATIANO. — Soit! faites comme vous voudrez! Seulement, que je ne le surprenne pas, car j'écraserai la plume du jeune clerc!

ANTONIO. — Et c'est moi qui suis le malheureux sujet de ces querelles!

PORTIA, *à Antonio*. — Monsieur, ne vous affligez pas : vous n'en êtes pas moins le bienvenu.

BASSANIO. — Portia, pardonne-moi ce tort obligé. Et, devant tous ces amis qui m'écoutent, je te jure, par tes beaux yeux, où je me vois...

PORTIA. — Remarquez bien ça! Il se voit double dans mes deux yeux, une fois dans chaque œil!... Donnez votre parole d'homme double : voilà un serment qui mérite crédit!

BASSANIO. — Voyons, écoute-moi seulement. Pardonne cette faute, et, sur mon âme, je jure de ne jamais être coupable à ton égard d'un seul manque de foi.

ANTONIO, *à Portia*. — J'avais engagé mon corps pour les intérêts de votre mari, et, sans celui qui a maintenant la bague, il me serait arrivé malheur; j'ose répondre, cette fois, sur la garantie de mon âme, que votre seigneur ne violera jamais volontairement sa foi.

PORTIA, *détachant un anneau de son doigt et le tendant à Antonio*. — Ainsi, vous serez sa caution. Donnez-lui cette bague et dites-lui de la garder mieux que l'autre.

ANTONIO, *remettant l'anneau à Bassanio*. — Tenez, seigneur Bassanio. Jurez de garder cette bague.

BASSANIO. — Par le ciel! c'est la même que j'ai donnée au docteur.

PORTIA. — Je l'ai eue de lui. Pardonnez-moi, Bassanio... Pour cette bague, le docteur a couché avec moi.

NÉRISSA. — Pardonnez-moi aussi, mon gentil Gratiano : ce méchant freluquet, vous savez, le clerc du docteur, a couché avec moi la nuit dernière au prix de cette bague-ci.

GRATIANO. — Ah çà, répare-t-on les grandes routes en été, quand elles sont parfaitement bonnes? Quoi! nous serions cocus avant de l'avoir mérité!

PORTIA. — Ne parlez pas si grossièrement... Vous êtes tous ébahis. Eh bien, prenez cette lettre, lisez-la à loisir : elle vient de Padoue, de Bellario. Vous y découvrirez que Portia était le docteur en question, et Nérissa, que voici, son clerc. Lorenzo vous attestera que je suis partie d'ici aussitôt que vous, et que je suis revenue il n'y a qu'un moment : je ne suis pas même encore rentrée chez moi... Antonio, vous êtes le bienvenu. J'ai pour vous des nouvelles meilleures que vous ne l'espérez. Décachetez vite cette lettre. Vous y verrez que trois de vos navires viennent d'arriver au port richement chargés. Je ne vous apprendrai pas par quel étrange hasard j'ai trouvé cette lettre.
(Elle remet un papier à Antonio.)

ANTONIO. — Je suis muet!

BASSANIO. — Comment! vous étiez le docteur, et je ne vous ai pas reconnue!

GRATIANO. — Comment! vous étiez le clerc qui doit me faire cocu!

NÉRISSA. — Oui, mais le clerc qui ne le voudra jamais, qu'il ne soit devenu un homme.

BASSANIO, *à Portia*. — Charmant docteur, vous serez mon camarade de lit; et, quand je serai absent, vous coucherez avec ma femme.

ANTONIO. — Charmante dame, vous m'avez rendu l'être et le bien-être; car j'apprends ici comme chose certaine que mes navires sont arrivés à bon port.

PORTIA. — Comment va Lorenzo? Mon clerc a pour vous aussi des nouvelles réconfortantes.

NÉRISSA. — Oui, et je les lui donnerai sans rétribution. *(Remettant un papier à Lorenzo.)* Voici, pour vous et pour Jessica, un acte formel par lequel le riche juif vous lègue tout ce qu'il possédera à sa mort.

LORENZO. — Belles dames, vous versez la manne sur le chemin des gens affamés.

PORTIA. — Il est presque jour, et pourtant, j'en suis sûre, vous n'êtes pas encore pleinement édifiés sur ces événements. Rentrons donc, et alors pressez-nous de questions. Nous répondrons à toutes fidèlement.

GRATIANO. — Soit! Pour commencer l'interrogatoire auquel ma Nérissa répondra sous serment, je lui demanderai ce qu'elle aime mieux : rester sur pied jusqu'à la nuit prochaine; ou aller au lit de ce pas, deux heures avant le jour. Pour moi, quand il serait jour, je souhaiterais les ténèbres afin d'aller me coucher avec le clerc du docteur. Du reste, tant que je vivrai, je mettrai ma sollicitude la plus tendre à garder scrupuleusement l'anneau de Nérissa. *(Ils sortent.)*

BEAUCOUP DE BRUIT POUR RIEN

Nous sommes ici, comme dans *Peines d'amour perdues*, au milieu d'une jeunesse gaie et brillante dont les dialogues sont vifs et spirituels. C'est la noblesse turbulente et frivole de la Cour d'Angleterre, dont le jeune comte de Southampton, Henry Wriothesley — à qui, pense-t-on assez généralement, la plupart des *Sonnets* sont adressés — était sans doute un échantillon éminent. L'atmosphère était la même sur le continent, la même aussi probablement à Messine, où se passe l'action. Les conversations de la pièce, charmantes et alambiquées, ressemblent beaucoup à celles que nous entendons dans les forêts françaises de *Comme il vous plaira* et sur les rivages de l'Illyrie dans *la Nuit des Rois*. A cause de cette ressemblance, et parce que *Beaucoup de bruit pour rien* a été inscrite au Registre des Libraires en 1600, on pense qu'elle fut créée en 1599 ou 1600.

Il y a entre *Beaucoup de bruit pour rien*, *Comme il vous plaira*, *la Nuit des Rois*, qui forment une sorte de trilogie à la fin de la période de jeunesse de Shakespeare, juste avant les pièces plus graves, un autre point de ressemblance. Sur toutes plane une ombre de mélancolie : menace d'un danger, qui existe dans chacune d'elles, mais se dissipe heureusement; présence d'un personnage méchant, ou sombre et désabusé; ou seulement vagues craintes devant la vie, chez ceux-là mêmes dont la jeunesse devrait être aveugle ou insoucieuse. Du contraste entre cette fougue spirituelle, allègre, et cette gravité, naît un charme subtil.

Dans cette comédie, il est vrai, les héros sont moins jeunes que dans *Comme il vous plaira*. Bénédict a plus de trente ans, Béatrice semble avoir du monde une expérience plus grande que Rosalinde. Si Héro est plus jeune, le traître Don Juan, n'est sûrement pas un jeune premier.

Pourtant, le premier acte est rempli d'une allégresse que l'Angleterre associait à l'Italie, et qui pour nous évoque plus encore la Cour d'Elisabeth. Si l'on peut déceler sous l'ironie, légère par endroits, âpre et dure ailleurs, la lucidité d'êtres qui percent à jour les sottises et les prétentions de l'humanité, on sent qu'ils exercent cette lucidité plus pour le plaisir de se répandre en sarcasmes brillants que pour exprimer quelque haine ou quelque mépris.

Le mal est cependant là, chez Don Juan, ce bâtard qui aime se venger, comme l'Edmond du *Roi Lear*, et qui machinera une calomnie odieuse contre la pauvre Héro. Héro mourra, non pas vraiment, sans doute — nous sommes dans le secret — mais le stratagème pourrait mal finir comme dans *Roméo et Juliette*. Le fiancé, Claudio, trop vite convaincu du déshonneur de celle qu'il devrait mieux aimer, va-t-il se consoler?

On a fait remarquer, pour expliquer la tendance de *Beaucoup de bruit pour rien* à tourner au mélodrame, que Shakespeare s'était servi de sources plus tragiques que joyeuses : l'Arioste, dans les chants V et VI du *Roland Furieux* [1] nous conte la lamentable histoire de *Geneviève et Ariodant :* un amant, dont l'amour est partagé, découvre soudain que celle qu'il aime est indigne de lui. De désespoir il tente de se donner la mort. Il passe en vérité pour mort pendant quelque temps et réussit finalement à venger l'honneur de celle qui en fait avait été injustement calomniée. Bandello, le conteur italien, avait repris le thème dans sa vingt-deuxième nouvelle [2]. Il avait placé son récit à Messine mais avait gardé à l'histoire son tour tra-

---

1. John HARINGTON avait donné une traduction anglaise de cette œuvre en 1591.
2. Les *Nouvelles de Bandello* avaient été traduites en français

gique. Spencer avait également traité le thème dans le deuxième livre de sa *Reine des Fées*.

A la trame qu'il avait trouvée chez ses prédécesseurs Shakespeare a ajouté une intrigue secondaire qui retient l'intérêt plus que l'autre, bien que l'action y soit mince. Il s'agit des amours de Bénédict et de Béatrice, intrigue légère, avec danses et chants, et un décor à peine indiqué de l'Italie du Sud. Point de détails historiques, bien que la pièce se passe à l'époque des Vêpres Siciliennes. Tout respire la joie de vivre dans cette Messine qui est aussi calme que l'Angleterre de Shakespeare. Parmi ces pères de comédie, ces princes guerriers dont on ne sait à qui ils viennent de faire la guerre, ces douces amantes prêtes à se pâmer, Béatrice et Bénédict dominent et mènent le jeu. Ils font penser à cet autre couple charmant, Rosaline et Biron des *Peines d'amour perdues*. Ils sont gais, fiers de leur esprit et de leur force. Les qualités que chacun trouve chez son partenaire, loin de les unir, les dressent l'un contre l'autre dans des joutes malicieuses jusqu'à la dureté. Finiront-ils par s'avouer vaincus et par se tendre la main ? On a souvent sujet de craindre que non. Et ne sont-ils que de brillants escrimeurs ? N'y a-t-il pas autre chose dans leur défiance de l'amour ? Bénédict, partisan obstiné du célibat, se convertit finalement au mariage. Béatrice, découvre la fragilité de son cœur. L'amour doit triompher, puisque la pièce est une comédie. Est-ce pour l'inquiétude qui passe dans l'air que, malgré ses beautés, malgré l'adaptation musicale de Berlioz, la pièce est si peu connue en France ? Ces lumières et ces ombres, ces hésitations, ce ton mélangé, devraient pourtant être un attrait supplémentaire.

par BELLEFOREST (1569) et ce dernier avait été à son tour traduit par l'anglais Geoffrey PAYNTER.

PERSONNAGES

DON PEDRO, prince d'Aragon.
DON JUAN, frère naturel de don Pedro.
CLAUDIO, jeune seigneur de Florence, favori de don Pedro.
BÉNÉDICT, jeune seigneur de Padoue, autre favori de don Pedro.
LÉONATO, gouverneur de Messine.
ANTONIO, frère de Léonato.
BALTHAZAR, serviteur de don Pedro.
LE FRÈRE FRANCIS.
BORACHIO, \
CONRAD,   } de la suite de don Juan.
DOGBERRY, \
VERGÈS,   } officiers municipaux imbéciles.
UN SACRISTAIN.
UN PAGE.

HÉRO, fille de Léonato.
BÉATRICE, nièce de Léonato.
MARGUERITE, \
URSULE,   } suivantes d'Héro.

MESSAGERS, GARDES DE NUIT ET GENS DE SERVICE.

La scène est à Messine.

ACTE PREMIER

SCÈNE PREMIÈRE

Messine. Dans le palais de Léonato.

Entrent LÉONATO, HÉRO, BÉATRICE, *suivis d'*UN MES-
SAGER. *Des gens de service se placent au fond du
théâtre.*

LÉONATO, *un papier à la main.* — J'apprends dans
cette lettre que don Pedro d'Aragon arrive ce soir à
Messine.

LE MESSAGER. — Il est tout près d'ici maintenant; il
n'était pas à trois lieues quand je l'ai quitté.

LÉONATO. — Combien de gentilshommes avez-vous
perdus dans cette action?

LE MESSAGER. — Peu d'hommes de qualité, et pas
un de renom.

LÉONATO. — La victoire est double quand le triom-
phateur ramène ses bandes au complet. Je vois ici
que don Pedro a conféré de grands honneurs à un
jeune Florentin nommé Claudio.

LE MESSAGER. — Récompense grandement méritée
par lui, et aussi grandement accordée par don Pedro.
Claudio a été au-dessus de ce que promettait son âge;
il a accompli, avec la figure d'un agneau, les exploits
d'un lion; il a dépassé toute espérance par une supé-
riorité que je désespère de vous exprimer.

LÉONATO. — Il y a ici à Messine un oncle qui en
sera bien content.

LE MESSAGER. — Je lui ai déjà remis des lettres, et il
en a paru bien joyeux, à ce point que sa joie, perdant
toute modestie, a pris les insignes de la tristesse.

LÉONATO. — A-t-il fondu en larmes?

LE MESSAGER. — Par torrents!

LÉONATO. — Doux débordement de tendresse! Il n'est pas de visages plus vrais que ceux qui sont ainsi inondés. Ah! qu'il vaut mieux pleurer de joie que se réjouir des pleurs!

BÉATRICE, *au messager*. — Dites-moi, je vous prie, le signor Tranche-Montagne est-il, oui ou non, revenu de la guerre?

LE MESSAGER. — Je ne connais personne de ce nom, madame : nul homme de qualité ne s'appelle ainsi dans l'armée.

LÉONATO. — De qui vous informez-vous, ma nièce?

HÉRO. — Ma cousine veut parler du signor Bénédict de Padoue.

LE MESSAGER. — Oh! il est de retour, et aussi agréable que jamais.

BÉATRICE. — Il a affiché ses cartels ici même à Messine, et a défié Cupidon à l'arc; le fou de mon oncle, ayant lu ce défi, a répondu pour Cupidon, et l'a défié à l'arbalète. Dites-moi! combien d'êtres a-t-il tués et mangés dans cette guerre? Mais, d'abord, combien en a-t-il tué? Car j'ai promis de manger tout ce qu'il tuerait.

LÉONATO. — Ma foi, nièce, vous chargez trop le signor Bénédict; mais il vous ripostera, je n'en doute pas.

LE MESSAGER. — Il a rendu de grands services, madame, dans cette guerre.

BÉATRICE. — Vous aviez des vivres moisis, et il a aidé à les manger. C'est un vaillant écuyer... tranchant. Il a un excellent estomac.

LE MESSAGER. — C'est aussi un bon combattant, belle dame.

BÉATRICE. — Oui, un bon combattant devant une belle! Mais qu'est-il devant un brave?

LE MESSAGER. — Brave devant un brave, homme devant un homme; il est rempli de toutes les vertus honorables.

BÉATRICE. — Farci, vous voulez dire, ces vertus-là ne sont que de la farce... Après tout, nous sommes tous de simples mortels.

Léonato, *au messager*. — Monsieur, ne méjugez pas ma nièce : il y a une espèce de guerre joyeuse entre le signor Bénédict et elle ; ils ne se rencontrent jamais, qu'il n'y ait entre eux escarmouche d'esprit.

Béatrice. — Hélas! il n'y gagne rien. Dans notre dernier combat, quatre de ses cinq esprits s'en sont allés tout éclopés, et maintenant il n'en reste qu'un pour gouverner tout l'homme. Si celui-là suffit pour lui tenir chaud, qu'il le garde comme une distinction entre lui et son cheval! car c'est le seul insigne qu'il ait encore pour être reconnu créature raisonnable. Qui donc est son compagnon à présent? Il a tous les mois un nouveau frère d'armes!

Le Messager. — Est-il possible?

Béatrice. — Très aisément possible. Il porte sa foi comme son chapeau : la façon en change toujours avec la mode nouvelle.

Le Messager. — Je vois, madame, que ce gentil-homme n'est pas dans vos papiers.

Béatrice. — Non! S'il y était, je brûlerais mon bureau. Mais, dites-moi, qui est son compagnon? En a-t-il trouvé un plus pointu qui veuille faire avec lui un voyage chez le diable?

Le Messager. — Il est le plus souvent dans la compagnie du très noble Claudio.

Béatrice. — O mon Dieu! il s'attachera à lui comme une maladie : il est plus vite gagné que la peste, et le gagnant perd immédiatement la tête. Dieu garde le noble Claudio! S'il a attrapé le Bénédict, il lui en coûtera mille livres avant d'être guéri!

Le Messager. — Je tâcherai d'être de vos amis, madame.

Béatrice. — Tâchez, mon bon ami.

Léonato. — Ce n'est pas vous, ma nièce, qui perdrez la tête.

Béatrice. — Non, pas avant la canicule de janvier.

Le Messager. — Voici don Pedro qui arrive.

Entrent don Pedro, Claudio, Bénédict,
Balthazar, puis don Juan.

Don Pedro. — Bon signor Léonato, vous êtes venu

au-devant de votre embarras. L'habitude du monde
est d'éviter les dépenses, et vous, vous les cherchez.

LÉONATO. — Jamais l'embarras n'est entré dans ma
maison sous la figure de Votre Grâce. L'embarras
parti, reste un soulagement : or, quand vous me
quitterez, la tristesse sera ici à demeure, et le bonheur
m'aura dit adieu.

DON PEDRO. — Vous endossez votre fardeau avec
trop d'empressement. *(Montrant Héro.)* Je pense
que voici votre fille?

LÉONATO. — Sa mère me l'a dit maintes fois.

BÉNÉDICT. — En doutiez-vous, monsieur, que vous
le lui demandiez?

LÉONATO. — Non, signor Bénédict, car alors vous
n'étiez qu'un enfant.

DON PEDRO. — A vous cette botte, Bénédict! Nous
pouvons deviner par là ce que vous valez, maintenant
que vous êtes un homme... Vraiment, la fille nomme
le père. *(A Héro.)* Soyez heureuse, madame, car vous
êtes le portrait d'un père honorable.

BÉNÉDICT. — Le signor Léonato aurait beau être
son père, j'en jure par tout Messine, ce ne serait pas
une raison pour qu'elle eût sur ses épaules la même
tête que lui.

BÉATRICE. — Je m'étonne que vous jasiez toujours,
signor Bénédict : personne ne vous écoute. *(Pendant
le reste du dialogue entre Béatrice et Bénédict, don Pedro
cause à part avec Léonato.)*

BÉNÉDICT. — Eh quoi! chère madame Dédain!
vous êtes encore vivante?

BÉATRICE. — Est-il possible que Dédain meure, ayant
pour se nourrir un aliment aussi inépuisable que le
signor Bénédict? Courtoisie elle-même se travestirait
en Dédain, si vous paraissiez en sa présence.

BÉNÉDICT. — Courtoisie serait donc une comé-
dienne!... Il est certain que je suis aimé de toutes les
dames, vous seule exceptée; et je voudrais pour elles
trouver dans mon cœur un cœur plus tendre, car
vraiment je n'en aime aucune.

BÉATRICE. — Bonheur précieux pour les femmes!
autrement, elles seraient importunées par un insipide

soupirant. Grâce à Dieu et à la froideur de mon sang, je suis en cela de votre humeur. J'aimerais mieux entendre mon chien aboyer aux corneilles, qu'un homme me jurer qu'il m'adore.

BÉNÉDICT. — Dieu maintienne Votre Grâce dans cette disposition! La figure de tel ou tel gentilhomme échappera ainsi à de fatales égratignures.

BÉATRICE. — Si cette figure était comme la vôtre, les égratignures ne la rendraient pas pire.

BÉNÉDICT. — En vérité, vous feriez un perroquet modèle.

BÉATRICE. — Un oiseau parlant comme moi vaut mieux qu'une bête parlant comme vous.

BÉNÉDICT. — Je voudrais que mon cheval eût la vitesse de votre langue et cette longue haleine. Au nom du ciel, continuez votre course! Moi, je m'arrête.

BÉATRICE. — Vous finissez toujours par une malice de haridelle : je vous connais depuis longtemps.

DON PEDRO, *survenant.* — Voici le résumé de tout notre entretien. Signor Claudio! signor Bénédict! Léonato, mon cher ami Léonato, nous a tous invités. Je lui ai dit que nous resterions ici au moins un mois; et il a cordialement souhaité une occasion qui nous retînt plus longtemps. J'ose jurer qu'il n'est point hypocrite, et que ce souhait part du cœur.

LÉONATO. — Jurez, monseigneur, et vous ne ferez pas un faux serment. *(A don Juan.)* Laissez-moi vous saluer comme le bienvenu, monseigneur : maintenant que vous êtes réconcilié avec le prince votre frère, je vous dois mes hommages.

DON JUAN. — Je vous remercie; je ne suis pas grand parleur, mais je vous remercie.

LÉONATO, *à don Pedro.* — Votre Grâce daignera-t-elle ouvrir la marche?

DON PEDRO. — Votre bras, Léonato! Nous marcherons ensemble. *(Tous sortent, excepté Bénédict et Claudio.)*

CLAUDIO. — Bénédict, as-tu remarqué la fille du signor Léonato?

BÉNÉDICT. — Je ne l'ai pas remarquée, mais je l'ai regardée.

CLAUDIO. — N'est-ce pas une jeune personne bien modeste?

BÉNÉDICT. — Me demandes-tu, comme doit le faire tout honnête homme, une opinion simple et franche; ou veux-tu que je te parle, selon mon habitude, comme le bourreau déclaré du beau sexe?

CLAUDIO. — Dis-moi, je t'en prie, ton opinion sérieuse.

BÉNÉDICT. — Eh bien! ma foi, il me semble qu'elle est trop chétive pour un éloge exalté, trop brune pour un éloge brillant, et trop petite pour un grand éloge. Tout ce que je puis dire en sa faveur, c'est que, fût-elle autre qu'elle n'est, elle ne serait pas jolie, et que, telle qu'elle est, elle ne me plaît pas.

CLAUDIO. — Tu penses que je veux badiner; je t'en prie, dis-moi vraiment comment tu la trouves.

BÉNÉDICT. — Veux-tu donc l'acheter, que tu t'informes de ce qu'elle vaut?

CLAUDIO. — Est-ce que l'univers pourrait payer un pareil bijou!

BÉNÉDICT. — Oui, certes, et un étui pour l'y fourrer. Ah çà! me parles-tu avec un front grave? Ou joues-tu de l'ironie pour nous dire que Cupidon est un habile tueur de lièvres, et Vulcain un excellent charpentier? Voyons, sur quel ton faut-il le prendre pour chanter d'accord avec toi?

CLAUDIO. — Elle est à mes yeux la plus charmante femme que j'aie jamais vue.

BÉNÉDICT. — Je puis encore voir sans lunettes, et je ne vois pas cela. Tiens! sa cousine, si elle n'était pas possédée d'une furie, l'emporterait autant sur elle en beauté que le 1er mai sur le dernier jour de décembre. Mais j'espère que vous n'avez pas l'intention de tourner au mariage, n'est-ce pas?

CLAUDIO. — Quand j'aurais juré que non, je ne répondrais pas de moi si Héro voulait être ma femme.

BÉNÉDICT. — En est-ce déjà là? Quoi! il ne se trouvera pas un homme au monde qui tienne à mettre son chapeau sans inquiétude? Je ne verrai jamais un célibataire de soixante ans? Allons, soit! Puisque tu veux absolument te mettre le joug sur le cou, portesen la marque et essouffle-toi, même les dimanches. Tiens! don Pedro revient te chercher.

Don Pedro rentre.

DON PEDRO. — Quel secret vous a donc retenus ici, que vous ne nous avez pas suivis chez Léonato?

BÉNÉDICT. — Je voudrais que Votre Grâce m'enjoignît de le dire.

DON PEDRO. — Je te l'ordonne, sur ton allégeance!

BÉNÉDICT. — Vous entendez, comte Claudio : je puis être, croyez-le bien, aussi discret qu'un muet; mais, sur mon allégeance!... Faites bien attention, sur mon allégeance! *(A don Pedro.)* Il est amoureux!... De qui? demande ici Votre Altesse... Remarquez comme la réponse est courte : de Héro, la fille courte de Léonato.

CLAUDIO, *à don Pedro.* — Si c'était vrai, cela serait aussitôt dit.

BÉNÉDICT. — Il parle comme dans le vieux conte, monseigneur : *Ce n'est pas vrai! ce n'est pas vrai! Mais, en vérité, à Dieu ne plaise que ce soit vrai!*

CLAUDIO. — Si ma passion ne change pas bientôt, à Dieu ne plaise que ce ne soit pas vrai!

DON PEDRO. — Si vous l'aimez, ainsi soit-il! Car c'est une fort digne personne.

CLAUDIO. — Vous dites ça pour me sonder, monseigneur.

DON PEDRO. — Sur mon honneur, je dis ma pensée.

CLAUDIO. — Et sur ma foi, monseigneur, j'ai dit la mienne.

BÉNÉDICT. — Et moi, sur ma foi double et sur mon double honneur, j'ai dit la mienne.

CLAUDIO. — Que je l'aime, je le sens.

DON PEDRO. — Qu'elle en est digne, je le sais.

BÉNÉDICT. — Que je ne sens pas comment elle peut être aimée, que je ne sais pas pourquoi elle en est digne, voilà ce que je déclare. Le feu même ne ferait pas fondre sur mes lèvres cette opinion. Je mourrais pour elle sur le bûcher.

DON PEDRO. — Tu as toujours été un hérétique têtu à l'encontre de la beauté.

CLAUDIO. — Il ne pourrait pas maintenir aujourd'hui son rôle, sans cette obstination-là.

BÉNÉDICT. — Qu'une femme m'ait conçu, je l'en remercie; qu'elle m'ait élevé, je lui en suis aussi bien humblement reconnaissant. Mais je ne veux pas plus sonner l'hallali au-dessus de ma tête qu'accrocher piteusement une corne de chasse à quelque invisible ceinturon; et toutes les femmes doivent me le pardonner. C'est parce que je ne veux pas avoir ce tort de me méfier d'une d'elles, que je veux avoir ce tort de ne me fier à aucune. La conclusion, et je n'en serai que plus accompli, c'est que je vivrai garçon.

DON PEDRO. — Avant que je meure, je te verrai pâle d'amour.

BÉNÉDICT. — De colère, de maladie, ou de faim, monseigneur, mais d'amour, jamais! Prouvez-moi que l'amour me fait plus perdre de sang que le vin ne m'en rend, et je veux bien qu'on me crève les yeux avec la plume d'un faiseur de ballades, ou qu'on m'accroche à la porte d'un bordel en guise de Cupidon aveugle!

DON PEDRO. — Soit! Si jamais tu manques à ce vœu-là, tu seras cité comme un fameux exemple.

BÉNÉDICT. — Si j'y manque, qu'on me suspende dans une cruche comme un chat, et qu'on me prenne pour cible : et quant à celui qui m'atteindra, qu'on lui frappe sur l'épaule, en l'appelant Adam l'Archer!

DON PEDRO. — C'est bon. Qui vivra verra.

Le sauvage taureau porte à la fin le joug!

BÉNÉDICT. — Le sauvage taureau, c'est possible! Mais si jamais le sage Bénédict le porte, qu'on arrache au taureau ses cornes, et qu'on les plante sur ma tête! Qu'on fasse de moi un affreux portrait, et qu'en grosses lettres, comme on écrirait : *Ici, bon cheval à louer*, on mette sous mon enseigne cet avis : *Ici vous pouvez voir Bénédict, l'homme marié!*

CLAUDIO. — Si jamais la chose t'arrive, quelle bête à cornes tu feras!

DON PEDRO. — Ah! si Cupidon n'a pas épuisé à Venise tout son carquois, prépare-toi à trembler bientôt.

BÉNÉDICT. — C'est qu'il y aura ce jour-là un tremblement de terre!

DON PEDRO. — Soit! vous vous plierez toujours aux circonstances. En attendant, cher signor Bénédict, rendez-vous près de Léonato, faites-lui mes compliments, et dites-lui que je ne manquerai pas à son souper; car, vraiment, il a fait de grands préparatifs.

BÉNÉDICT. — J'ai, à peu de chose près, l'étoffe nécessaire pour un pareil message; et, sur ce, je vous laisse.

CLAUDIO, *contrefaisant Bénédict.* — *A la garde de Dieu! De ma maison* (si j'en avais une).

DON PEDRO. — *Ce six juillet; votre ami dévoué, Bénédict.*

BÉNÉDICT. — Allons! ne raillez pas! ne raillez pas! Le corps de votre discours est parfois ourlé de morceaux qui sont trop légèrement cousus; avant de narguer les autres à coups de vieilles formules, faites votre examen de conscience; et, sur ce, je vous quitte. *(Bénédict sort.)*

CLAUDIO, *à don Pedro.* — Mon suzerain, Votre Altesse peut me rendre un service.

DON PEDRO. — Mon affection te reconnaît pour maître : instruis-la de ce que tu veux, et tu verras avec quelle aptitude elle apprend la plus difficile leçon, quand il s'agit de ton bonheur.

CLAUDIO. — Léonato a-t-il des fils, monseigneur?

DON PEDRO. — Pas d'autre enfant qu'Héro. Elle est son unique héritière. Serais-tu épris d'elle, Claudio?

CLAUDIO. — Oh! monseigneur, quand nous sommes partis pour la guerre qui vient de finir, je regardais Héro avec l'œil d'un soldat, déjà tendre, mais ayant sur les bras une trop rude tâche pour élever cette tendresse jusqu'au titre d'amour. Mais maintenant que je suis de retour et que les pensées belliqueuses ont laissé leur place vide, une foule de désirs doux et délicats viennent s'y substituer, tous me rappelant la beauté de la jeune Héro et me parlant de ma tendresse pour elle avant notre départ pour la guerre.

DON PEDRO. — Tu vas être bien vite un parfait amoureux, car déjà tu fatigues ton confident d'un

volume de mots. Si tu aimes la belle Héro, eh bien!
fais ta cour; je m'en expliquerai avec elle et avec son
père, et tu l'obtiendras. N'est-ce pas pour en arriver
là que tu as commencé à me dévider cette superbe
histoire?

CLAUDIO. — Quel doux remède vous prescrivez à
l'amour, après avoir reconnu son mal à première vue!
C'est de peur que mon affection ne vous parût trop
soudaine, que j'y appliquais le calmant d'une longue
conversation.

DON PEDRO. — Quel besoin y a-t-il que le pont soit
plus large que la rivière? Le nécessaire est toujours
la plus juste des concessions. Ecoute. Tout ce qui va
au but est bon. Une fois pour toutes, tu aimes : eh
bien, je vais préparer pour toi le vrai remède. Je sais
qu'on nous donne une fête cette nuit; je jouerai ton
rôle sous un déguisement, et je dirai à la belle Héro
que je suis Claudio. Je dégraferai mon cœur dans son
sein; et je tiendrai son oreille captive par la force et
par le charme surprenant de mon amoureux récit.
Ensuite je m'expliquerai avec son père, et, pour
conclusion, Héro t'appartiendra. Mettons-nous à
l'œuvre immédiatement. *(Ils sortent.)*

SCÈNE II

Une salle dans le palais de Léonato.

Entrent LÉONATO *et* ANTONIO.

LÉONATO. — Eh bien, frère! où est mon neveu,
votre fils? S'est-il procuré la musique?

ANTONIO. — Il s'en occupe activement. Mais, frère,
je vais vous dire des nouvelles auxquelles vous ne
songiez guère.

LÉONATO. — Sont-elles bonnes?

ANTONIO. — C'est selon le coin auquel l'événement
les frappera; jusqu'ici, elles ont bonne apparence, et
elles sont brillantes. Le prince et le comte Claudio, se

promenant dans une allée touffue de mon parc, ont été entendus par un de mes gens. Le prince a confié à Claudio qu'il aimait ma nièce, votre fille, et qu'il se proposait de lui faire une déclaration, ce soir, au bal; il a ajouté que, s'il obtenait son consentement, il saisirait l'occasion aux cheveux et s'en ouvrirait immédiatement à vous.

LÉONATO. — Le garçon qui vous a dit ça a-t-il quelque intelligence?

ANTONIO. — C'est un gaillard très fin. Je vais l'envoyer chercher, et vous le questionnerez vous-même.

LÉONATO. — Non, non! Traitons la chose comme un rêve, jusqu'à ce qu'elle se réalise... Mais je désire la faire savoir à ma fille, afin qu'elle soit bien préparée pour la réponse, si par aventure la nouvelle était vraie. Allez lui en parler, vous.

Diverses personnes traversent le théâtre;
Léonato leur adresse successivement la parole.

Cousins, vous savez ce que vous avez à faire... Oh! je vous demande bien pardon, mon ami : venez avec moi, et je vais employer vos talents... Mes bons cousins, montrez tout votre zèle à cette heure urgente. *(Ils sortent.)*

SCÈNE III

Une autre salle.

Entrent DON JUAN *et* CONRAD.

CONRAD. — Seriez-vous indisposé, monseigneur? D'où vous vient cette tristesse sans mesure?

DON JUAN. — Les causes qui la produisent étant sans mesure, ma tristesse est sans limite.

CONRAD. — Vous devriez écouter la raison.

DON JUAN. — Et quand je l'aurai écoutée, quel bienfait m'en reviendra-t-il?

CONRAD. — Sinon un remède immédiat du moins patiente résignation.

Don Juan. — Je m'étonne que toi, né, comme tu prétends l'être, sous la constellation de Saturne, tu essaies d'appliquer un remède imaginaire à un mal incurable. Je ne sais pas cacher ce que je suis. J'ai bien le droit, quand j'en ai le sujet, d'être triste et de ne sourire aux plaisanteries de personne; quand j'ai faim, de manger et de n'attendre la permission de personne; quand j'ai sommeil, de dormir et de ne m'occuper des affaires de personne; quand je suis gai, de rire et de ne caresser l'humeur de personne.

Conrad. — D'accord; mais vous ne devriez pas montrer pleinement vos impressions, avant de pouvoir le faire en maître. Vous vous êtes récemment soulevé contre votre frère, et il vous a tout nouvellement replacé dans sa faveur : or, vous ne pourrez y prendre vraiment racine que si vous maintenez le beau temps. Il faut que vous fassiez la saison nécessaire à votre récolte.

Don Juan. — J'aimerais mieux être un ver sur une ronce qu'une rose épanouie dans sa faveur. Je m'accommode mieux d'être dédaigné de tous que de contraindre mes allures pour extorquer leur sympathie. S'il est impossible de dire que je suis un honnête homme flatteur, il sera du moins avéré que je suis un franc coquin. On me lâche avec une muselière! On me fait voler à l'attache! Eh bien, je suis décidé à ne pas chanter dans ma cage. Si j'étais démuselé, je mordrais; si j'avais ma liberté, je ferais ce qui me plairait. Jusque-là, laisse-moi être ce que je suis, et ne cherche pas à me changer.

Conrad. — Ne pourriez-vous pas faire quelque emploi de votre mécontentement?

Don Juan. — J'en fais tout l'emploi possible, car je ne fais rien qu'avec lui... Qui vient ici? Quelle nouvelle, Borachio?

Borachio, *entrant*. — J'arrive d'un grand souper qui se donne là-bas. Le prince votre frère est traité royalement par Léonato, et je puis vous donner des nouvelles d'un mariage en projet.

Don Juan. — Peut-il servir de patron pour bâtir quelque méchanceté? Quel est le fou qui s'est ainsi fiancé à la tribulation?

BORACHIO. — Eh bien, c'est le bras droit de votre frère.

DON JUAN. — Qui? le très précieux Claudio?

BORACHIO. — Lui-même.

DON JUAN. — Un chevalier parfait! Et l'autre? et l'autre? Sur qui a-t-il jeté les yeux?

BORACHIO. — Eh! sur Héro, la fille et l'héritière de Léonato.

DON JUAN. — Une poule assez précoce! Comment as-tu su cela?

BORACHIO. — J'étais occupé à brûler des parfums dans une salle mal aérée, quand le prince et Claudio sont arrivés, bras dessus, bras dessous, en conférence sérieuse; je me suis fourré derrière la tapisserie, et là je les ai entendus convenir entre eux que le prince rechercherait Héro comme pour lui-même, et, que, quand il l'aurait obtenue, il la donnerait au comte Claudio.

DON JUAN. — Allons! allons! rendons-nous là-bas! Ceci peut fournir un aliment à ma rancune. C'est à ce jeune parvenu que revient toute la gloire de ma chute. Si je puis le traverser par quelque chemin, je m'ouvre tous les chemins du bonheur. Je suis sûr de vous deux : vous m'assisterez?

CONRAD. — Jusqu'à la mort, monseigneur.

DON JUAN. — Rendons-nous à ce grand souper : leur joie s'accroît de mon abaissement... Si le cuisinier pensait comme moi!... Irons-nous voir ce qu'il y a à faire?

BORACHIO. — Nous suivrons Votre Seigneurie. *(Ils sortent).*

ACTE II

SCÈNE PREMIÈRE

Un salon attenant à la salle de bal, dans la maison de Léonato.

Entrent LÉONATO, ANTONIO, HÉRO, BÉATRICE, *et d'autres.* LÉONATO *et* ANTONIO *ont un déguisement de bal, et tiennent un masque à la main.*

LÉONATO. — Est-ce que le comte Juan n'était pas ici au souper?

ANTONIO. — Je ne l'ai pas vu.

BÉATRICE. — Quel air aigre a ce gentilhomme! Je ne puis jamais le voir sans me sentir le cœur serré pendant une heure.

HÉRO. — Il est de disposition fort mélancolique.

BÉATRICE. — Un homme accompli, ce serait celui qui tiendrait le milieu entre lui et Bénédict. L'un est trop comme une image, il ne dit rien; l'autre est trop comme le fils aîné de la maison, il bavarde toujours.

LÉONATO. — Ainsi la moitié de la langue du signor Bénédict dans la bouche du comte Juan, la moitié de la tristesse du comte Juan sur le visage du signor Bénédict...

BÉATRICE. — De plus une belle jambe, le pied sûr, un oncle, et une bourse suffisamment garnie : avec tout cela, un homme pourra séduire n'importe quelle femme... pourvu toutefois qu'il lui plaise.

LÉONATO. — Sur ma foi, nièce, jamais tu ne trouveras de mari, si tu as la parole aussi malicieuse.

ANTONIO. — Sous ce rapport, c'est une fille damnée.

BÉATRICE. — Etre damné, c'est plus qu'être maudit. Ainsi, j'ai trouvé le moyen d'amoindrir le mal envoyé par Dieu, car le proverbe dit : *A vache maudite Dieu envoie courte corne.* Mais à vache damnée il n'en envoie pas.

LÉONATO. — Ainsi, parce que tu es damnée, Dieu ne t'enverra pas de cornes?

BÉATRICE. — Non, s'il ne m'envoie pas de mari. Et c'est la grâce que je lui demande à genoux matin et soir. Seigneur! je ne pourrais pas supporter un mari avec de la barbe au visage; j'aimerais mieux coucher dans de la laine.

LÉONATO. — Tu pourrais tomber sur un mari imberbe.

BÉATRICE. — Qu'en pourrais-je faire? L'habiller de mes robes, et le prendre pour femme de chambre? Celui qui a de la barbe est plus qu'un jouvenceau, et celui qui n'en a pas est moins qu'un homme. Or, celui qui est plus qu'un jouvenceau n'est pas pour moi; et celui qui est moins qu'un homme, je ne suis pas pour lui. Aussi je consens à prendre pour douze sols toute la ménagerie des barbus, et à conduire tous ces singes-là en enfer.

LÉONATO. — Eh bien! tu iras donc en enfer?

BÉATRICE. — Non, seulement jusqu'à la porte. Là, le diable viendra au-devant de moi avec des cornes sur la tête, comme un vieux cocu qu'il est, et il me dira : *Allez au ciel, Béatrice, allez au ciel, il n'y a pas de place ici pour vous autres vierges.* Sur ce, je lui remets mes singes, et je pars pour le ciel! Saint Pierre m'indique où demeurent les célibataires, et nous vivons là aussi gais que le jour est long.

ANTONIO, *à Héro.* — Eh bien, ma nièce, j'espère que vous, du moins, vous vous laisserez diriger par votre père.

BÉATRICE. — Oui, certes, c'est le devoir de ma cousine de faire la révérence, en disant : *Comme il vous plaira, mon père!...* Mais néanmoins, cousine, que ce soit un beau garçon! Sinon, faites une autre révérence et dites : *Mon père, comme il vous plaira.*

LÉONATO, *à Béatrice.* — Allons, ma nièce, j'espère bien vous voir un jour pourvue d'un mari.

BÉATRICE. — Non, pas avant que Dieu ait fait des hommes d'un autre métal que la terre. N'est-il pas affligeant pour une femme d'être écrasée par un tas d'insolente poussière? de rendre compte de sa vie à une motte de méchante marne? Non, mon oncle, je n'y consens pas. Les fils d'Adam sont mes frères, et, vraiment, je regarde comme un péché de prendre un mari dans ma famille.

LÉONATO, à Héro. — Ma fille, souvenez-vous de ce que je vous ai dit. Si le prince vous fait une proposition pareille, vous savez votre réponse.

BÉATRICE. — Prenez-vous-en à la musique, cousine, si votre soupirant ne va pas en mesure. Pour peu que le prince aille trop vite, dites-lui qu'il y a temps pour toute chose, et cadencez bien votre réponse. Car, voyez-vous, Héro, la déclaration, la noce et le repentir se suivent comme la gigue écossaise, le menuet et le pas de cinq : la déclaration est ardente et vive comme la gigue écossaise, et tout aussi échevelée; la noce est grave et digne comme le menuet antique et solennel; et alors vient le repentir qui, avec ses mauvaises jambes, s'embrouille vite dans le pas de cinq, jusqu'à ce qu'il fasse la culbute dans le tombeau.

LÉONATO. — Ma nièce, vous voyez les choses en noir.

BÉATRICE. — J'ai de bons yeux, mon oncle : je puis apercevoir une église en plein jour.

LÉONATO. — Voici la bande joyeuse qui arrive. Frère, laissons-lui le champ libre.

> *Léonato et Antonio remettent leurs masques et se retirent à l'écart.*
> *Entrent don Pedro, don Juan, Claudio, Bénédict, Balthazar, Borachio, Marguerite, Ursule et autres personnages, tous masqués.*

DON PEDRO, abordant Héro. — Madame, voudrez-vous vous promener avec un amoureux?

HÉRO. — Pourvu qu'on marche doucement, qu'on regarde gentiment et qu'on ne dise rien, je consens à me promener, surtout si c'est pour aller dehors.

DON PEDRO. — Avec moi pour compagnon?

HÉRO. — Je vous le dirai quand cela me plaira.

DON PEDRO. — Et quand vous plaira-t-il de me le dire?

HÉRO. — Quand vos traits me plairont. Car Dieu veuille que le luth ne ressemble pas à l'étui!

DON PEDRO. — Mon masque est le toit de Philémon : Jupiter est dessous.

HÉRO. — Alors votre masque devrait être en chaume.

DON PEDRO. — Parlez bas, si vous parlez amour. *(Ils s'éloignent.)*

Balthazar et Marguerite passent sur le devant du théâtre, en causant.

BALTHAZAR. — Ah! je souhaite que vous m'aimiez.

MARGUERITE. — Je ne le souhaite pas pour vous-même, car j'ai bien des défauts.

BALTHAZAR. — Dites-en un?

MARGUERITE. — Je dis mes prières tout haut.

BALTHAZAR. — Je ne vous en aime que plus! Vos fidèles n'auront qu'à crier *amen*.

MARGUERITE. — Dieu m'accorde un bon danseur!

BALTHAZAR. — *Amen!*

MARGUERITE. — Et que Dieu le tienne éloigné de ma vue, une fois la danse finie!... Allons! mon clerc, votre réplique!

BALTHAZAR. — Plus un mot! Le clerc a eu sa réplique! *(Ils s'éloignent.)*

Antonio et Ursule passent, en causant.

URSULE. — Je vous reconnais bien : vous êtes le signor Antonio.

ANTONIO. — En un mot, non.

URSULE. — Je vous reconnais à votre branlement de tête.

ANTONIO. — A vous dire vrai, je le contrefais.

URSULE. — Vous ne pourriez pas l'imiter aussi horriblement bien, si vous n'étiez le personnage même. Voici exactement sa main sèche. Vous êtes lui, vous êtes lui!

ANTONIO. — En un mot, non.

URSULE. — Allons, allons! Croyez-vous que je ne vous reconnaisse pas à votre excellent esprit? Est-ce

que le mérite peut se cacher? Ne niez plus : vous êtes
Antonio; les grâces se décèlent toujours, et voilà qui
suffit. *(Ils s'éloignent.)*

*Bénédict et Béatrice, qui ont causé tous deux
depuis le commencement de la scène, viennent
en se promenant sur le devant du théâtre.*

BÉATRICE. — Vous ne voulez donc pas me dire qui
vous a dit ça?

BÉNÉDICT. — Non. Vous me pardonnerez.

BÉATRICE. — Ni me dire qui vous êtes?

BÉNÉDICT. — Pas maintenant.

BÉATRICE. — Que je fais la dédaigneuse, et que je
tire tout mon esprit des *Cent Nouvelles nouvelles* ? Eh
bien! c'est le signor Bénédict qui a dit ça.

BÉNÉDICT. — Qu'est-ce que ce Bénédict?

BÉATRICE. — Je suis sûre que vous le connaissez
suffisamment.

BÉNÉDICT. — Pas du tout, croyez-moi.

BÉATRICE. — Est-ce qu'il ne vous a jamais fait rire?

BÉNÉDICT. — Voyons, dites-moi ce qu'il est.

BÉATRICE. — Eh bien! c'est le bouffon du prince :
un fou fort assommant! Le seul don qu'il ait est de
débiter d'impossibles calomnies; il n'y a que les libertins
qui le prennent en goût, et encore ce n'est pas à son
esprit qu'il doit son succès, c'est à sa méchanceté :
car il amuse les hommes en même temps qu'il les fâche;
aussi, ils commencent par rire de lui et ils finissent
par le battre. Je suis sûre qu'il louvoie par ici; je voudrais qu'il m'abordât.

BÉNÉDICT. — Quand je connaîtrai ce gentilhomme,
je lui répéterai ce que vous dites.

BÉATRICE. — Faites, faites! Il lâchera une ou
deux comparaisons contre moi, et si, par aventure,
personne ne le remarque ou n'en rit, cela suffira pour
le frapper de mélancolie, et ce sera pour ce soir une
aile de perdrix d'épargnée, car le fou n'en soupera pas.
*(L'orchestre se fait entendre dans la salle de bal. Toute
la procession des invités se dirige vers la porte. En-
traînant Bénédict.)* Suivons nos chefs de file.

BÉNÉDICT. — Dans toute chose bonne.

BÉATRICE. — Certainement. S'ils nous menaient au mal, je les quitterais au prochain détour. *(Air de danse. Tous sortent, excepté don Juan, Claudio et Borachio.)*

DON JUAN. — Pour sûr mon frère est amoureux d'Héro : il a pris son père à part pour s'en ouvrir à lui. Toutes les dames ont suivi Héro, et il ne reste plus qu'un masque.

BORACHIO. — C'est Claudio : je reconnais sa tournure.

DON JUAN, *s'avançant vers Claudio*. — N'êtes-vous pas le signor Bénédict?

CLAUDIO. — Lui-même : vous me reconnaissez bien.

DON JUAN. — Signor, vous êtes l'ami fort intime de mon frère. Il s'est amouraché d'Héro. Je vous en prie, tâchez de le détourner d'elle. Elle n'est pas d'une naissance égale à la sienne. Vous pouvez prendre là le rôle d'un honnête homme.

CLAUDIO. — Comment savez-vous qu'il l'aime?

DON JUAN. — Je l'ai entendu lui jurer son affection.

BORACHIO. — Et moi aussi; et il lui jurait de l'épouser cette nuit.

DON JUAN. — Allons, rejoignons la fête. *(Don Juan et Borachio sortent.)*

CLAUDIO, *seul*. — Ainsi, je réponds sous le nom de Bénédict, mais c'est avec l'oreille de Claudio que j'entends cette triste nouvelle. Voilà qui est certain : le prince la courtise pour son compte. L'amitié est constante en toute chose, excepté dans les intérêts et les affaires d'amour. En amour, tout cœur doit être son propre interprète, tout regard doit parler pour lui-même, et ne se fier à aucun agent : car la beauté est une sorcière sous les charmes de laquelle la bonne foi se fond en convoitise; c'est là un accident de continuelle occurrence, dont je ne me suis pas défié. Adieu donc, Héro!

Bénédict revient.

BÉNÉDICT. — Le comte Claudio?

CLAUDIO. — Lui-même.

BÉNÉDICT. — Allons, voulez-vous venir avec moi?

CLAUDIO. — Où?

BÉNÉDICT. — Au saule pleureur le plus prochain, pour affaire qui vous concerne, comte. De quelle façon porterez-vous votre couronne? Autour du cou, comme une chaîne d'usurier? ou sous le bras, comme une écharpe de lieutenant? Il faut que vous en portiez, de manière ou d'autre : car le prince a conquis votre Héro.

CLAUDIO. — Je lui souhaite beaucoup de jouissance avec elle.

BÉNÉDICT. — Voilà vraiment le langage des bons ouvriers; c'est là leur mot quand ils vendent un taureau. Mais croyez-vous que le prince vous ait ainsi servi?

CLAUDIO, *impatienté.* — Je vous en prie, laissez-moi.

BÉNÉDICT. — Oui-da, vous frappez comme l'aveugle : c'est un gamin qui a volé votre dîner, et vous battez le poteau!

CLAUDIO. — Si ce n'est pas vous, c'est moi qui sortirai. *(Il s'en va).*

BÉNÉDICT. — Hélas! pauvre oiseau blessé! Le voilà qui va se réfugier dans les joncs... Mais que madame Béatrice m'ait ainsi désigné sans me connaître! Le bouffon du prince! Ah! je pourrais bien avoir vraiment ce sobriquet-là : je suis si gai!... Mais non, je suis trop prompt à me faire injure : je n'ai pas une telle réputation; Béatrice a cette habitude fort vulgaire, quoique fort ridicule, de prendre sa personne pour le monde entier, et c'est elle seule qui m'appelle ainsi. C'est bon. Je me vengerai comme je pourrai.

Don Pedro revient.

DON PEDRO, *à Bénédict.* — Dites-moi, signor! où est le comte? L'avez-vous vu?

BÉNÉDICT. — Ma foi, monseigneur, je viens de jouer pour lui le rôle de dame Renommée. Je l'ai trouvé aussi mélancolique qu'une guérite dans un bois. Je lui ai dit, et je pense lui avoir dit vrai, que Votre Altesse avait obtenu les bonnes grâces de cette demoiselle; et je lui ai offert de l'accompagner jusqu'à un saule, soit pour lui tresser une couronne, comme à un

pauvre délaissé, soit pour lui faire une poignée de
verges, comme ayant mérité le fouet.

DON PEDRO. — Le fouet! Quelle est sa faute?

BÉNÉDICT. — Le tort d'un écolier niais qui, dans sa
joie d'avoir trouvé un nid, le montre à son camarade
qui le vole.

DON PEDRO. — Prétends-tu faire d'un acte de
confiance un tort? Tout le tort est au voleur.

BÉNÉDICT. — Pourtant il n'eût pas été mal de préparer les verges et la couronne : car, la couronne,
Claudio l'aurait prise pour lui-même, et les verges, il
les aurait réservées pour vous qui, je le crois, lui avez
volé son nid.

DON PEDRO. — J'ai voulu simplement apprendre à
chanter à l'oiseau, pour le restituer ensuite à son vrai
maître.

BÉNÉDICT. — Si son chant ne dément pas votre
langage, ma foi, vous avez honnêtement parlé.

DON PEDRO. — Madame Béatrice vous en veut.
Le gentilhomme qui dansait avec elle lui a dit qu'elle
était grandement desservie par vous.

BÉNÉDICT. — Oh! c'est elle qui m'a maltraité à
lasser la patience d'une bûche! Un chêne, n'ayant
qu'une feuille verte, lui aurait répliqué! Mon masque
même commençait à prendre vie et à maugréer contre
elle. Elle m'a dit, sans penser qu'elle s'adressait à
moi, que j'étais le bouffon du prince! que j'étais plus
ennuyeux qu'un grand dégel!... Elle m'a lancé railleries
sur railleries avec une si impossible dextérité, que je
restais coi, comme l'homme à la cible visé par toute une
armée. Elle parle des poignards, et chaque mot frappe.
Si son haleine était aussi terrible que ses épithètes, il
n'y aurait pas moyen de vivre auprès d'elle, elle infec-
terait jusqu'à l'étoile du Nord. Je ne voudrais pas
l'épouser quand elle aurait en dot tout l'héritage
d'Adam avant la faute. Elle aurait fait tourner la
broche à Hercule... oui, et elle lui aurait fait fendre
sa massue pour allumer le feu. Allez, ne parlez plus
d'elle. Vous découvrirez que c'est l'infernale Mégère
en grande toilette. Plût à Dieu que quelque savant
l'exorcisât! Car, certainement, tant qu'elle sera dans

ce monde, on pourra vivre en enfer aussi tranquille que dans un lieu saint, et les gens pécheront tout exprès pour y aller. C'est que, vraiment, il n'est pas de désordre, pas d'horreur, pas de discorde qu'elle ne traîne après elle.

Don Pedro, *apercevant Béatrice.* — Tenez, la voici qui vient.

Bénédict. — Votre Altesse voudrait-elle me donner du service au bout du monde? Je suis prêt à aller aux antipodes pour la moindre commission qu'elle puisse imaginer de me confier. J'irai lui chercher un cure-dent au dernier pouce de terre de l'Asie; je lui apporterai la mesure du pied du Prestre Jehan; j'irai lui chercher un poil de la barbe du grand Cham; je remplirai quelque ambassade chez les Pygmées, plutôt que de supporter trois mots de conférence avec cette harpie. Vous n'avez pas d'emploi pour moi?

Don Pedro. — Aucun : je ne veux que votre compagnie.

Bénédict. — O Dieu! voici un plat que je n'aime pas, seigneur : je ne puis supporter madame La Langue. *(Il sort.)*

> *Entrent Béatrice, Héro, Claudio et Léonato.*

Don Pedro, *à Béatrice.* — Allons, belle dame, allons, vous avez perdu le cœur du signor Bénédict.

Béatrice. — Il est vrai, monseigneur, qu'il me l'avait prêté pour quelque temps; et moi, je lui avais donné, en guise d'intérêt, un cœur double pour ce simple cœur. Mais, ma foi, il me l'a regagné avec des dés pipés. Votre Altesse a donc raison de dire que je l'ai perdu.

Don Pedro. — Vous l'avez terrassé, madame, vous l'avez terrassé.

Béatrice. — Je ne voudrais pas qu'il m'en fît autant, monseigneur, j'aurais peur de devenir mère d'une famille de fous... Je vous amène le comte Claudio que vous m'aviez envoyé chercher.

Don Pedro, *à Claudio.* — Eh bien, qu'avez-vous, comte? Pourquoi êtes-vous triste?

CLAUDIO. — Je ne suis pas triste, monseigneur.

DON PEDRO. — Vous êtes donc malade?

CLAUDIO. — Non plus, monseigneur.

BÉATRICE. — Le comte n'est ni triste, ni malade; ni gai, ni bien portant. C'est un seigneur civilisé... comme une orange de Séville : sa mine jalouse en a un peu la couleur.

DON PEDRO. — En vérité, madame, je crois que votre portrait est juste; mais, s'il en est ainsi, je jure qu'il est dans l'erreur... Tiens, Claudio, j'ai fait ma cour en ton nom, et la belle Héro est conquise; je m'en suis expliqué avec son père, et j'ai obtenu son consentement. Fixe le jour du mariage, et que Dieu t'accorde la joie!

LÉONATO. — Comte, prenez ma fille, et avec elle ma fortune. *(Montrant le prince.)* C'est Sa Grâce qui a fait cette union, et toutes les grâces la béniront.

BÉATRICE. — Parlez, donc, comte! A vous la réplique!

CLAUDIO. — Le silence est le plus éloquent héraut de la joie. Mon bonheur ne serait pas bien grand, si je pouvais dire combien il l'est. *(A Héro.)* Madame, je suis à vous, comme vous êtes à moi. Je me donne en retour de vous, et je raffole de l'échange.

BÉATRICE, *à Héro.* — Parlez donc, cousine; ou, si vous ne pouvez pas, fermez-lui la bouche avec un baiser, pour qu'il n'ait plus rien à dire.

DON PEDRO, *à Béatrice.* — En vérité, belle dame, vous avez le cœur joyeux.

BÉATRICE. — Oui, monseigneur; je l'en remercie, le pauvre hère, il louvoie bien contre le souci. *(Montrant Héro qui cause avec Claudio.)* Ma cousine lui dit à l'oreille qu'elle le porte dans son cœur.

CLAUDIO, *se retournant vers Béatrice.* — Vous avez deviné, cousine.

BÉATRICE. — Vive le mariage!... Ainsi, tout le monde se met en ménage, excepté moi. Moi seule, je reste à la belle étoile. Je n'ai plus qu'à m'asseoir dans un coin, et qu'à crier : *Un mari, s'il vous plaît!*

DON PEDRO. — Madame Béatrice, vous en aurez un de ma façon.

BÉATRICE. — J'en aimerais mieux un de la façon de votre père. Votre Grâce n'a-t-elle pas un frère qui lui ressemble? Les enfants de votre père seraient d'excellents maris pour des filles de leur rang.

DON PEDRO. — Voulez-vous de moi, belle dame?

BÉATRICE. — Non, monseigneur, à moins que je n'en aie un autre pour les jours ouvrables. Votre Grâce est trop magnifique pour être portée chaque jour... Mais je supplie Votre Grâce de me pardonner. Je suis née pour ne dire que des folies sans conséquence.

DON PEDRO. — C'est votre silence qui me déplairait, et la joie est ce qui vous va le mieux. Oui, sûrement, vous êtes née dans une heure joyeuse.

BÉATRICE. — Non, certes, monseigneur, car ma mère criait fort; mais alors il y avait une étoile qui dansait, et c'est sous cette étoile que je suis née... Cousins, Dieu vous tienne en joie!

LÉONATO. — Nièce, voudrez-vous veiller à ce que je vous ai dit?

BÉATRICE. — Ah! je vous demande pardon, mon oncle. *(A Don Pedro.)* Votre Grâce m'excusera. *(Elle sort.)*

DON PEDRO. — Voilà, sur ma parole, une femme de plaisante humeur.

LÉONATO. — L'élément mélancolique existe peu en elle, monseigneur; elle n'est jamais sérieuse que quand elle dort, et même alors elle ne l'est pas toujours : car j'ai ouï dire à ma fille que souvent Béatrice, au milieu d'un mauvais rêve, se réveillait avec des éclats de rire.

DON PEDRO. — Elle ne peut pas souffrir qu'on lui parle de mari.

LÉONATO. — Oh! pas du tout. La moqueuse décourage tous ses galants.

DON PEDRO. — Ce serait une excellente femme pour Bénédict.

LÉONATO. — Seigneur Dieu! monseigneur, ils ne seraient pas mariés depuis huit jours qu'ils se chamailleraient à devenir fous.

DON PEDRO. — Comte Claudio, quand entendez-vous allez à l'église?

CLAUDIO. — Demain, monseigneur. Le temps marche sur des béquilles jusqu'à ce que l'amour ait vu tous ses rites accomplis.

LÉONATO. — Non! pas avant lundi; c'est dans huit jours, mon cher fils, et c'est encore un temps bien court pour que tous les apprêts répondent à mes désirs.

DON PEDRO. — Allons! ce délai de longue haleine vous fait secouer la tête à tous deux. Mais je te garantis, Claudio, que le temps ne se passera pas tristement pour nous. Je veux, dans l'intervalle, entreprendre un des travaux d'Hercule : il s'agira d'amener le signor Bénédict et la dame Béatrice à une montagne d'affection réciproque. Je voudrais faire ce mariage, et je ne doute pas de le former, si vous voulez tous trois prêter assistance à mon plan.

LÉONATO. — Monseigneur, je suis à vous, dût-il m'en coûter dix nuits de veille.

CLAUDIO. — Et moi aussi, monseigneur.

DON PEDRO. — Et vous aussi, gentille Héro?

HÉRO. — J'accepte tous les emplois convenables, monseigneur, pour donner ma cousine à un bon mari.

DON PEDRO. — Bénédict n'est pas, que je sache, le moins attrayant des maris; c'est une justice que je puis lui rendre : il est de noble race, d'une valeur éprouvée et d'une loyauté reconnue. Je vous indiquerai comment il faudra circonvenir votre cousine, pour qu'elle s'éprenne de Bénédict. *(Se tournant vers Claudio et vers Léonato.)* Et moi, aidé de vous deux, j'agirai si bien sur Bénédict qu'en dépit des boutades de son esprit et des répugnances de son cœur, il s'éprendra de Béatrice. Si nous faisons cela, Cupidon n'est plus un archer près de nous : sa gloire nous appartiendra, et nous seuls serons dieux d'amour. Venez avec moi, et je vous dirai mon projet. *(Ils sortent.)*

SCÈNE II

Le même endroit.

Entrent DON JUAN *et* BORACHIO.

DON JUAN. — C'est décidé : le comte Claudio épousera la fille de Léonato.

BORACHIO. — Oui, monseigneur; mais je puis empêcher cela.

DON JUAN. — Tout obstacle, tout empêchement, toute entrave sera un soulagement pour moi. Je suis malade d'aversion pour cet homme; tout ce qui traversera ses désirs secondera les miens. Comment peux-tu empêcher ce mariage?

BORACHIO. — Par une voie peu honnête, monseigneur, mais par une voie si couverte qu'on ne verra en moi rien de déshonnête.

DON JUAN. — Indique-moi vite comment.

BORACHIO. — Je crois avoir dit à Votre Seigneurie, il y a un an, à quel point je suis dans les faveurs de Marguerite, la suivante d'Héro.

DON JUAN. — Je m'en souviens.

BORACHIO. — Je puis, à telle heure indue de la nuit, la poster en évidence à la fenêtre de sa maîtresse.

DON JUAN. — Que vois-tu là qui soit de force à tuer ce mariage?

BORACHIO. — C'est à vous de composer le poison. Allez trouver le prince votre frère; n'hésitez pas à lui dire qu'il a compromis son honneur en mariant l'illustre Claudio, que vous vanterez hautement, à une catin tarée comme Héro.

DON JUAN. — Quelle preuve donnerai-je de cela?

BORACHIO. — Une preuve suffisante pour abuser le prince, torturer Claudio, perdre Héro, et tuer Léonato! Vous faut-il un autre résultat?

DON JUAN. — Rien que pour les dépiter, je tenterais n'importe quoi.

BORACHIO. — Marchez donc! Trouvez-moi un bon moment pour prendre à part don Pedro et le comte Claudio. Dites-leur que vous êtes sûr que je suis aimé d'Héro. Affectez une sorte de zèle et pour le prince et pour Claudio; prétendez que, si vous avez fait une pareille révélation, c'est que vous étiez inquiet pour l'honneur de votre frère, auteur de cette alliance, et pour la réputation de son ami, ainsi exposé à être dupé par une fausse vertu. Ils auront peine à vous croire sans preuve convaincante. Comme présomption, offrez-leur de venir me voir à la fenêtre de la belle. Là, ils m'entendront appeler Marguerite Héro, et ils entendront Marguerite m'appeler Borachio. Amenez-les voir ça, la nuit même qui précédera la noce projetée. — D'ici là je ferai en sorte qu'Héro s'absente; et la preuve de sa déloyauté paraîtra si concluante que le soupçon passera pour certitude, et que tous leurs projets seront renversés.

DON JUAN. — Advienne que pourra, je veux exécuter ton idée. Mets en œuvre toutes tes ruses, et il y a mille ducats pour toi.

BORACHIO. — Persistez bien dans l'accusation, et ma ruse ne sera pas en défaut.

DON JUAN. — Je vais immédiatement m'informer du jour de leur mariage. *(Ils sortent.)*

SCÈNE III

Le jardin de Léonato.

Entre BÉNÉDICT, *suivi d'*UN PAGE.

BÉNÉDICT. — Page!

LE PAGE. — Signor?

BÉNÉDICT. — Sur la fenêtre de ma chambre il y a un livre qui traîne : apporte-le-moi ici dans le verger.

LE PAGE. — J'y suis, monsieur.

BÉNÉDICT. — Je sais cela : ce que je veux, c'est que tu t'en ailles d'ici et que tu y reviennes. *(Le page sort.)*

Je m'étonne qu'un homme, ayant vu le ridicule de tous ceux qui se consacrent à l'amour, après avoir ri des folles niaiseries des autres, puisse servir de thème à ses propres railleries, en devenant amoureux; et pourtant tel est Claudio. J'ai vu le temps où il n'y avait pas pour lui d'autre musique que le tambour et le fifre; et maintenant il leur préfère le tambourin et les pipeaux. J'ai vu le temps où il aurait fait dix milles à pied pour voir une bonne armure; et maintenant il restera dix nuits éveillé pour esquisser la façon d'un nouveau pourpoint. Il avait l'habitude de parler simplement et clairement comme un honnête homme et comme un soldat; et maintenant il tourne au pédant : sa conversation est un banquet fantasque où chaque mot est un mets étrange. Se pourrait-il qu'ayant toujours les yeux que voici, je subisse pareille fascination? Je ne puis rien dire, mais je ne le crois pas. Je ne jurerais pas qu'il est impossible à l'amour de me transformer en huître; mais je fais le serment qu'avant d'avoir fait de moi une huître, il ne fera jamais de moi un fou pareil. Une femme est jolie, je n'en suis pas plus mal; une autre est spirituelle, je n'en suis pas plus mal; une troisième vertueuse, je n'en suis toujours pas plus mal. Il n'est pas de femme qui puisse trouver grâce devant moi, jusqu'à ce que toutes les grâces soient rassemblées dans une femme unique. Celle-ci devra être riche, c'est certain; spirituelle, ou je ne voudrai pas d'elle; vertueuse, ou je ne la marchanderai jamais; jolie, ou je ne la regarderai jamais; douce, ou elle ne m'approchera pas; noble, ou je ne la prends pas, fût-elle un ange! avec cela, d'une élocution parfaite, excellente musicienne; et quant à ses cheveux, ils devront être de la couleur que Dieu leur aura donnée... Ah! Voici le prince et monsieur Cupidon! Cachons-nous sous cette tonnelle. *(Il se retire à l'écart.)*

Entrent don Pedro, Léonato et Claudio,
puis Balthazar et des musiciens.

Don Pedro. — Eh bien! entendrons-nous cette musique?

Claudio. — Oui, mon bon seigneur... Comme la

soirée est calme! On dirait que par son silence elle
veut préluder à l'harmonie!

DON PEDRO, *bas, à Claudio.* — Voyez-vous où
Bénédict s'est caché?

CLAUDIO. — Oh! très bien, monseigneur; la musique
finie nous aurons bon marché de ce renard-là.

DON PEDRO. — Allons, Balthazar, répète-nous cette
chanson.

BALTHAZAR. — Oh! mon bon seigneur, ne forcez
pas une si mauvaise voix à calomnier plus d'une fois
la musique.

DON PEDRO. — Le talent se dénonce par cela même
qu'il dissimule ses perfections. Je t'en conjure, chante,
ne te fais pas prier plus longtemps.

BALTHAZAR. — Puisque vous parlez de prière, je
vais chanter. N'a-t-on pas vu plus d'un galant faire
la cour à celle qu'il en croit indigne? Et il la prie pourtant! Et pourtant il lui jure qu'il l'aime!

DON PEDRO. — Allons, commence. Ou, si tu veux
nous tenir un plus long discours, note-le.

BALTHAZAR. — Avant d'écouter mes notes, notez
que pas une de mes notes ne vaut la peine d'être notée.

DON PEDRO. — Ce garçon-là ne parle qu'entre
parenthèses : tout ce qu'il dit est en note. *(La musique
commence.)*

BÉNÉDICT, *bas, à l'écart.* — Tout à l'heure la musique
sera *divine!* Son âme en est déjà ravie... N'est-il pas
étrange que des boyaux de mouton puissent ainsi
enlever l'âme du corps des hommes!... Peut-on payer
si cher des cornes... muse!

BALTHAZAR, *chantant.*

Assez de soupirs, assez de soupirs!
Les hommes furent trompeurs toujours :
Un pied à la mer, un pied sur la rive,
Jamais fidèles à la même chose.
    Donc ne soupirez plus,
    Et laissez-les aller.
    Soyez pimpantes et gaies.
    Finissez tous vos airs lugubres
        En tra la la!

Ne chantez plus, non, ne chantez plus
D'élégies si tristes, si pénibles.
La fraude des hommes fut toujours la même.
Depuis la feuille du premier été.
Donc ne soupirez plus, etc.

Don Pedro. — Sur ma parole, voilà une bonne chanson.

Balthazar. — Et un mauvais chanteur, mon prince.

Don Pedro. — Oh! non! non, vraiment : tu chantes assez bien pour un amateur. *(Il cause à voix basse avec Claudio.)*

Bénédict, *à part.* — Si un chien avait hurlé ainsi, on l'aurait pendu : je prie Dieu que ce vilain chant ne présage pas de malheur. J'aurais autant aimé entendre la chouette, quelque désastre qui s'en fût suivi.

Don Pedro, *à Claudio.* — Bonne idée, pardieu!... Ecoute-moi, Balthazar. Procure-nous, je te prie, un excellent orchestre : car demain soir nous voulons le faire jouer sous la fenêtre de madame Héro.

Balthazar. — Je ferai de mon mieux, monseigneur.

Don Pedro. — C'est bon : adieu! *(Balthazar et les musiciens sortent.)* Approchez, Léonato. Que me disiez-vous donc tantôt? Que votre nièce Béatrice est amoureuse du signor Bénédict?

Claudio, *à part, à don Pedro.* — Oh! à l'affût! à l'affût! l'oiseau est posé! *(Haut).* Je n'aurais jamais cru que cette dame pût aimer un homme.

Léonato. — Ni moi non plus. Mais le plus surprenant, c'est qu'elle raffole ainsi du signor Bénédict que, dans tous ses procédés apparents, elle a toujours semblé détester.

Bénédict, *à part.* — Est-il possible? Le vent soufflerait-il de ce côté?

Léonato. — Ma foi, monseigneur, je ne sais qu'en penser; qu'elle l'aime de cette affection enragée, cela me passe.

Don Pedro. — Ce n'est peut-être qu'un jeu.

Claudio. — Oui, c'est probable.

LÉONATO. — Un jeu, Dieu du ciel! Alors, jamais passion jouée n'a ressemblé plus visiblement à une passion réelle!

DON PEDRO. — Comment? Quels symptômes de passion montre-t-elle?

CLAUDIO, *bas*. — Amorcez bien l'hameçon : le poisson va mordre.

LÉONATO. — Quels effets, monseigneur? Elle vous restera assise... *(A Claudio.)* Ma fille vous a dit comment.

CLAUDIO. — Oui, certes.

DON PEDRO. — Comment? Dites-moi donc comment! Vous m'intriguez. J'aurais cru son cœur inaccessible à toutes les attaques de l'amour.

LÉONATO. — Je l'aurais juré, monseigneur : surtout à celles de Bénédict.

BÉNÉDICT, *à part*. — Je prendrais la chose pour une duperie, si elle n'était pas dite par le bonhomme à barbe blanche : à coup sûr la fourberie ne peut pas se cacher sous tant de majesté.

CLAUDIO, *bas*. — Il a mordu : enlevez!

DON PEDRO. — A-t-elle fait connaître son affection à Bénédict?

LÉONATO. — Non, elle a juré de ne jamais le faire : c'est là sa nature.

CLAUDIO. — C'est parfaitement vrai; votre fille le déclare : *Quoi!* dit-elle, *après l'avoir si souvent accablé de mes dédains, je lui écrirais que je l'aime!*

LÉONATO. — C'est ce qu'elle dit chaque fois qu'elle se met à lui écrire; car il lui arrivera de se lever vingt fois dans une nuit, et de rester assise en chemise, jusqu'à ce qu'elle ait écrit une page... Ma fille nous a tout dit.

CLAUDIO. — Vous parlez de page écrite : cela me rappelle une plaisante histoire qu'elle nous a racontée.

LÉONATO. — Oh! oui. Une fois qu'elle avait fermé sa sa lettre, elle voulut la relire, et, sous la couverture, elle trouva Bénédict et Béatrice pliés l'un sur l'autre!

CLAUDIO. — C'est ça.

LÉONATO. — Oh! alors elle déchira le billet en mille morceaux, se reprochant d'avoir été assez immodeste pour écrire à un homme qui, elle le savait bien, se moquerait d'elle : *Je mesure son sentiment sur le mien*, dit-elle : *eh bien, je me rirais de lui s'il m'écrivait; oui, bien que je l'aime, je rirais.*

CLAUDIO. — Sur ce, elle tombe à genoux, pleure, sanglote, se frappe le cœur, s'arrache les cheveux, et joint aux prières les imprécations : *O mon doux Bénédict!... Que Dieu m'accorde la patience!*

LÉONATO. — Voilà la vérité, à ce que dit ma fille. Et elle est en proie à une telle exaltation, que parfois ma fille a peur qu'elle ne commette sur elle-même quelque attentat de désespoir. C'est certain.

DON PEDRO. — Il serait bon que Bénédict sût cela par un autre, si elle ne veut pas elle-même le lui révéler.

CLAUDIO. — A quoi bon? Il s'en ferait un jeu, et il n'en tourmenterait que plus cruellement la pauvre fille.

DON PEDRO. — S'il agissait ainsi, ce serait charité de le pendre : une femme si charmante! une vertu au-dessus de tout soupçon!

CLAUDIO. — Et puis, une raison supérieure!

DON PEDRO. — En tout, excepté dans cet amour pour Bénédict.

LÉONATO. — Ah! monseigneur, quand la raison et la passion combattent dans une nature aussi tendre, nous avons dix preuves pour une que la passion est la plus forte. J'en suis désolé pour elle à juste titre, étant à la fois son oncle et son tuteur.

DON PEDRO. — Si c'était à moi qu'elle eût accordé cet amour! J'aurais rejeté toute autre considération, et j'aurais fait d'elle la moitié de moi-même. *(A Léonato.)* Je vous en prie, parlez-en à Bénédict, et sachons ce qu'il dira.

LÉONATO. — Serait-ce utile, croyez-vous?

CLAUDIO. — Héro pense que sûrement sa cousine en mourra : car Béatrice dit qu'elle mourra si Bénédict ne l'aime pas, et elle mourra plutôt que de lui révéler son amour; enfin, s'il lui fait la cour, elle aimera mieux mourir que de rabattre un mot de son ironie accoutumée.

DON PEDRO. — Elle a raison. Si elle lui faisait l'offre de son amour, il serait très possible qu'il la rebutât : car l'homme, vous le savez tous, est d'humeur sardonique.

CLAUDIO. — Oh! c'est un homme fort convenable.

DON PEDRO. — Il a, il est vrai, une physionomie heureuse.

CLAUDIO. — Oui, pardieu! et, à mon avis, un grand sens.

DON PEDRO. — Il laisse échapper, il est vrai, quelques étincelles qui ressemblent à de l'esprit.

LÉONATO. — Et puis je le crois vaillant.

DON PEDRO. — Comme Hector, je vous le certifie. Vous pouvez dire qu'il montre son esprit dans la conduite des querelles : en effet, ou il les évite avec une grande discrétion, ou il s'y engage avec une crainte toute chrétienne.

LÉONATO. — S'il craint Dieu, il faut nécessairement qu'il garde la paix, ou qu'ayant rompu la paix, il entre dans la querelle avec crainte et tremblement.

DON PEDRO. — Et c'est ainsi qu'il agit : car c'est un homme qui craint Dieu, quoiqu'on puisse croire le contraire par quelques grosses plaisanteries qu'il fera. N'importe, je plains beaucoup votre nièce. Irons-nous à la recherche de Bénédict, pour lui parler de cet amour?

CLAUDIO. — Ne lui en parlons pas, monseigneur. Qu'aidée de bons conseils, Béatrice s'arrache cet amour!

LÉONATO. — Ah! c'est impossible : elle s'arracherait plutôt le cœur.

DON PEDRO. — Eh bien! nous reparlerons de cela avec votre fille : laissons la chose se refroidir en attendant. J'aime bien Bénédict, mais je souhaiterais que, par un examen modeste de lui-même, il vît combien il est indigne d'une femme si parfaite.

LÉONATO. — Voulez-vous venir, monseigneur? le dîner est prêt.

CLAUDIO, *bas*. — Si, après cela, il ne raffole pas d'elle, je ne veux plus compter sur rien.

DON PEDRO, *bas*. — Maintenant, qu'on tende pour Béatrice le même filet! C'est l'affaire de votre fille et de sa suivante. Ce sera réjouissant quand chacun d'eux croira à la passion de l'autre, sans qu'il en soit rien : c'est une scène, toute de pantomime, que je veux voir. Envoyons Béatrice l'appeler pour dîner. *(Sortent don Pedro, Claudio et Léonato.)*

Bénédict, *sortant de sa cachette.* — Ceci ne peut pas être une plaisanterie : la conversation était sérieuse... C'est d'Héro qu'ils tiennent le fait. Ils semblent plaindre Béatrice : il paraît que son affection est en pleine intensité. Elle m'aime! Allons il faut qu'elle soit payée de retour... Je viens d'entendre à quel point je suis blâmé : ils disent que je ferai le dédaigneux, si je m'aperçois de son amour; ils disent aussi qu'elle mourra plutôt que de me donner aucun signe d'affection... Je n'ai jamais pensé à me marier... Je ne dois pas faire le fier... Heureux ceux qui s'entendent critiquer et qui sont mis à même de se corriger! Ils disent que la dame est jolie!... C'est une vérité dont je puis moi-même déposer; vertueuse..., c'est vrai, je ne puis pas le contester; spirituelle, excepté dans son amour pour moi!... en effet, ce n'est pas de sa part un grand signe d'esprit..., ni une grande preuve de folie non plus, car je vais devenir horriblement amoureux d'elle... Il se peut qu'on casse encore sur moi quelque énorme sarcasme et quelque poignée d'ironies, parce que je me suis moqué si longtemps du mariage. Mais est-ce que les appétits ne changent pas? On aime dans sa jeunesse le plat qu'on ne peut souffrir sur ses vieux jours. Est-ce que des quolibets, des phrases, et toutes les boulettes de papier lancées par la cervelle, doivent faire reculer un homme de la carrière de son goût? Non! Il faut que le monde soit peuplé. Quand j'ai dit que je mourrais garçon, je ne croyais pas devoir vivre jusqu'à ce que je fusse marié... Voici Béatrice qui vient. Par le jour! c'est une jolie femme... Je vais épier en elle quelques marques d'amour...

Entre Béatrice.

Béatrice. — Bon gré, mal gré, je suis envoyée pour vous dire de venir dîner.

Bénédict. — Jolie Béatrice, je vous remercie pour votre peine.

BÉATRICE. — Je n'ai pas pris plus de peine pour avoir ces remerciements que vous n'en prenez pour me remercier : si cela m'avait été si pénible, je ne serais pas venue.

BÉNÉDICT. — Vous prenez donc du plaisir à ce message?

BÉATRICE. — Oui, juste autant que vous en prendriez à égorger une grue avec la pointe d'un couteau... Vous n'avez pas d'appétit, signor? Portez-vous bien. *(Elle sort.)*

BÉNÉDICT. — Ah! *Bon gré, mal gré, je suis envoyée pour vous dire de venir dîner :* il y a là un double sens. *Je n'ai pas pris plus de peine pour avoir ces remerciements que vous n'en avez pris pour me remercier :* c'est me dire en d'autres termes : Toute peine que je prends pour vous est aussi aisée qu'un remerciement... Si je ne la prends pas en pitié, je suis un manant; si je ne l'aime pas, je suis un juif! Je vais me procurer son portrait. *(Il sort.)*

ACTE III

SCÈNE PREMIÈRE

Une allée de parc.

Entrent HÉRO, MARGUERITE *et* URSULE.

HÉRO. — Bonne Marguerite, cours au salon; tu y trouveras ma cousine Béatrice causant avec le prince et Claudio; insinue-lui à l'oreille que moi et Ursule nous nous promenons dans le jardin, et que notre conversation est tout entière sur elle; dis-lui que tu nous as surprises; et engage-la à se glisser dans le bosquet en treillage dont le chèvrefeuille, mûri par le soleil, interdit au soleil l'entrée, pareil à ces favoris, grandis par les princes, qui opposent leur grandeur au pouvoir même qui l'a créée! Dis-lui de s'y cacher pour écouter nos propos. Voilà ta mission, remplis-la bien, et laisse-nous seules.

MARGUERITE. — Je la ferai venir ici, je vous jure, immédiatement. *(Elle sort.)*

HÉRO. — Maintenant, Ursule, quand Béatrice sera venue, il faudra qu'en nous promenant dans cette allée nous parlions uniquement de Bénédict : quand je le nommerai, ce sera ton rôle de faire de lui le plus grand éloge que jamais homme ait mérité. Moi, je dois me borner à te répéter que Bénédict languit d'amour pour Béatrice. Ainsi est faite la flèche dangereuse du petit Cupidon, qu'elle blesse simplement par ouï-dire. Commence maintenant. Car, tu vois, voici Béatrice, qui comme un vanneau, rase la terre pour venir entendre ce que nous disons.

Béatrice entre et se cache dans un bosquet,
de l'autre côté de la scène.

URSULE. — Le plus grand plaisir de la pêche est
de voir le poisson fendre le flot d'argent de ses rames
d'or et mordre avidement à l'hameçon traître. Ainsi,
nous tendons la ligne à Béatrice qui vient de se cacher
à l'ombre du chèvrefeuille. Soyez sans crainte, je
jouerai bien mon rôle dans le dialogue.

HÉRO. — Eh bien, rapprochons-nous d'elle, pour
que son oreille ne perde rien de la douce et perfide
amorce que nous lui destinons. *(Elles vont se placer*
près du bosquet, tout en causant.) Non vraiment,
Ursule, elle est trop dédaigneuse; crois-moi, elle est
d'une humeur aussi farouche et aussi sauvage que le
faucon fauve des rochers.

URSULE. — Mais êtes-vous sûre que Bénédict aime
si profondément Béatrice?

HÉRO. — C'est ce que disent le prince et le seigneur
mon fiancé.

URSULE. — Et ils vous ont chargée de lui en parler,
madame?

HÉRO. — Ils m'ont priée de l'en instruire; mais je
leur ai conseillé, s'ils aimaient Bénédict, de l'engager
à lutter contre cette affection, sans jamais la faire
connaître à Béatrice.

URSULE. — Pourquoi cela? Ce gentilhomme n'est-il
pas digne d'un lit aussi privilégié que la couche de
Béatrice?

HÉRO. — O Dieu d'amour! je sais qu'il est digne
de tout ce qui peut être accordé à un homme. Mais
la nature n'a jamais fait un cœur de femme d'une
étoffe plus fière que celui de Béatrice; le dédain et la
morgue étincellent dans ses yeux qui méprisent tout
ce qu'ils regardent, et son esprit s'estime si haut que
pour elle toute autre chose est chétive : elle ne peut
aimer, ni concevoir aucune impression, aucune pensée
affectueuse, tant elle est éprise d'elle-même!

URSULE. — Je pense bien comme vous; et conséquemment il ne serait pas bon sans doute qu'elle connût
l'amour de Bénédict : elle s'en ferait un jeu.

HÉRO. — Oui, tu dis vrai. Je n'ai pas encore vu un

homme, si spirituel, si noble, si jeune, si parfaitement
beau qu'il fût, qu'elle n'ait repoussé de ses maléfices.
Est-il blond, elle jure qu'on prendrait le galant pour
sa sœur; est-il brun, c'est un grotesque que la nature
en dessinant a barbouillé de noir; grand, c'est une
lance à tête biscornue; petit, c'est un camée négligemment taillé; parleur, c'est une girouette tournant à
tout vent; silencieux, alors c'est une bûche que rien
n'émeut. Il n'est pas d'homme qu'elle ne retourne
ainsi à l'envers, et jamais elle n'accorde à la vérité
et à la vertu ce que réclament la franchise et le mérite.

Ursule. — Bien sûr, bien sûr, ce dénigrement n'a
rien de louable.

Héro. — Non, sans doute, cette manie bizarre de
Béatrice n'a rien de louable. Mais qui osera le lui
dire? Si je lui en parlais, elle me bernerait; oh! elle
me désarçonnerait d'un éclat de rire, elle m'écraserait
d'esprit. Aussi, que Bénédict, comme un feu qu'on
recouvre, se consume en soupirs et s'épuise intérieurement, cette fin-là vaut mieux que de mourir bafoué,
chose aussi cruelle que de mourir chatouillé.

Ursule. — Pourtant parlez-lui-en; écoutez ce qu'elle
dira.

Héro. — Non; j'aime mieux aller trouver Bénédict, et lui conseiller de combattre sa passion; j'inven-
terai même quelque honnête calomnie pour en ternir
ma cousine : on ne sait pas combien une méchante
parole peut empoisonner l'amour.

Ursule. — Oh! ne faites pas à votre cousine un
pareil tort. Elle ne doit pas manquer de jugement,
pour peu qu'elle ait l'esprit vif et supérieur qu'on lui
reconnaît, au point de refuser un gentilhomme aussi
accompli que le signor Bénédict.

Héro. — Il est le premier homme d'Italie, toujours
excepté mon cher Claudio.

Ursule. — De grâce, ne vous fâchez pas contre
moi, madame, si je vous dis ma pensée : le signor
Bénédict, pour la tournure, pour les manières, pour
l'esprit, pour la valeur, est placé le plus haut dans
l'opinion de l'Italie.

Héro. — Il a, il est vrai, une réputation parfaite.

URSULE. — Il l'a méritée par ses perfections, avant de l'obtenir. A quand votre mariage, madame?

HÉRO. — Toujours à demain. Viens, rentrons. Je veux te montrer quelques parures pour avoir ton avis sur celle qui doit le mieux m'habiller demain.

URSULE, *bas.* — Elle est prise, je vous le garantis : nous l'avons attrapée, madame.

HÉRO. — S'il en est ainsi, c'est que l'amour procède par le hasard. Cupidon fait tomber les uns avec la flèche, les autres avec le piège. *(Héro et Ursule sortent.)*

BÉATRICE, *s'avançant sur le théâtre.* — Quel feu dans mes oreilles? Serait-ce vrai? Suis-je donc si fort condamnée pour ma fierté et pour mon dédain? Adieu, mépris! Virginale fierté, adieu! Les orgueilleux ne laissent pas de gloire derrière eux. Va, Bénédict, aime : je te paierai de retour, en apprivoisant mon cœur sauvage à ta main caressante. Si tu aimes, ma tendresse t'autorisera à resserrer nos amours par un lien sacré. Car on dit que tu le mérites; et moi, j'ai, pour le croire, mieux que des rapports. *(Elle sort.)*

SCÈNE II

Une salle dans le palais de Léonato.

Entrent DON PEDRO, CLAUDIO, BÉNÉDICT *et* LÉONATO. *Bénédict a coupé sa barbe et est habillé à la dernière mode.*

DON PEDRO. — Je reste seulement jusqu'à ce que votre mariage soit consommé, et alors je pars pour l'Aragon.

CLAUDIO. — Je vous reconduirai jusque-là, monseigneur, si vous me le permettez.

DON PEDRO. — Non, ce serait tacher votre mariage dans l'éclat de sa nouveauté; ce serait vous traiter comme l'enfant à qui l'on montre son habit neuf en lui défendant de le porter. J'oserai seulement prier Bénédict de m'accompagner : car, du sommet de la tête jusqu'à la semelle de son pied, il est la gaieté même ; il a deux ou trois fois coupé la corde de l'arc de Cupidon, et le petit bourreau n'ose pas tirer sur lui. Son cœur est sonore comme une cloche, et sa langue en est le marteau. Car ce que son cœur pense, sa langue le dit.

BÉNÉDICT. — Ah! mes vaillants, je ne suis plus ce que j'étais.

LÉONATO. — Je le crois : il me semble que vous êtes plus grave.

CLAUDIO. — J'espère qu'il est amoureux.

DON PEDRO. — Il se ferait plutôt pendre, le truand! Il n'y a pas en lui une goutte de sang pur qui puisse être agitée par l'amour : s'il est triste, c'est qu'il est sans argent.

BÉNÉDICT. — Je souffre d'une dent.

DON PEDRO. — Arrachez-la.

BÉNÉDICT. — Le diable l'emporte!

CLAUDIO. — Arrachez-la d'abord, vous l'enverrez au diable après.

DON PEDRO. — Quoi! vous soupirez pour un mal de dent?

LÉONATO. — Ce n'est rien qu'un peu d'humeur, ou un ver.

BÉNÉDICT. — A votre aise! Tout le monde peut maîtriser une douleur excepté celui qui l'a.

CLAUDIO. — Mais, je dis, moi, qu'il est amoureux.

DON PEDRO. — Il n'y a pas en lui apparence de passion, à moins que ce ne soit une passion pour les déguisements étrangers : par exemple, il est Hollandais aujourd'hui; demain, il sera Français; ou bien, portant à la fois le costume de deux pays, il sera Allemand au-dessous de la ceinture, par les longues culottes, et Espagnol au-dessus de la hanche, par le petit pourpoint. A moins que ce ne soit la passion qu'il paraît avoir pour ces folies, il n'a pas de passion folle, comme vous voulez le croire.

CLAUDIO. — S'il n'est pas amoureux de quelque femme, il ne faut plus se fier aux vieux signes. Il brosse son chapeau tous les matins : qu'est-ce que cela annonce?

DON PEDRO. — Quelqu'un l'a-t-il vu chez le barbier?

CLAUDIO. — Non; mais le garçon du barbier a été vu chez lui, et l'antique ornement de sa joue a déjà rembourré les balles du jeu de paume.

LÉONATO. — C'est vrai, la perte de sa barbe lui donne l'air plus jeune.

DON PEDRO. — Ajoutez qu'il se frotte de musc : cela peut-il vous mettre sur la piste?

CLAUDIO. — Autant dire que le damoiseau est amoureux.

DON PEDRO. — Le plus grand symptôme, c'est sa mélancolie.

CLAUDIO. — Et quand l'a-t-on vu si souvent se laver la figure?

DON PEDRO. — Voire même se peindre, comme j'ai ouï dire qu'il le fait.

CLAUDIO. — Et son esprit, si pétillant naguère, qui n'est plus qu'une corde de guitare, serrée par une clef!

DON PEDRO. — Rien que cela le dénonce d'une façon accablante. Concluons! concluons : il est amoureux.

CLAUDIO. — Ce n'est pas tout. Je connais celle qui l'aime.

DON PEDRO. — Je voudrais bien la connaître, moi aussi. Je suis sûr que c'est une femme qui ne le connaît pas.

CLAUDIO. — Si fait, et tous ses défauts! Mais en dépit de tout, elle se meurt pour lui.

DON PEDRO. — Il faudra l'enterrer la face vers le ciel.

BÉNÉDICT. — Dans ce que vous dites, je ne vois pas de charme contre le mal de dents. *(A Léonato.)* Mon vieil ami, faisons quelques pas à l'écart : j'ai médité, pour vous les dire, huit ou neuf paroles sages que ces dadas-là ne doivent pas entendre. *(Bénédict et Léonato sortent.)*

DON PEDRO. — Je parie ma vie que c'est pour s'ouvrir à Léonato au sujet de Béatrice.

CLAUDIO. — C'est certain. Héro et Marguerite doivent avoir déjà joué leur comédie pour Béatrice.

Aussi, je prédis que les deux oursons ne se mordront plus quand ils se rencontreront.

Entre don Juan.

Don Juan. — Mon seigneur et frère, Dieu vous garde!

Don Pedro. — Bonsoir, frère!

Don Juan. — Si vos loisirs le permettaient, je voudrais vous parler.

Don Pedro. — En particulier?

Don Juan. — Si vous le trouvez bon... Pourtant le comte Claudio peut entendre, car ce que j'ai à dire le concerne.

Don Pedro. — De quoi s'agit-il?

Don Juan, *à Claudio.* — Avez-vous, seigneur, l'intention de vous marier demain?

Don Pedro. — Oui, vous le savez.

Don Juan. — C'est ce que je ne sais pas... quand il saura ce que je sais!

Claudio. — S'il y a quelque obstacle, découvrez-nous-le, je vous en prie.

Don Juan. — Vous pouvez croire que je ne vous aime pas : attendez l'avenir, et apprenez à me mieux juger par la révélation que je viens vous faire. Quant à mon frère, il vous a, je crois, en grande affection, et c'est par tendresse pour vous qu'il a aidé à la conclusion de votre prochain mariage : avances bien mal placées, à coup sûr, peines bien mal employées!

Don Pedro. — Comment! qu'y a-t-il?

Don Juan. — Je suis venu ici pour vous le dire. Abrégeons, car il y a trop longtemps qu'elle fait parler d'elle. Elle est déloyale.

Claudio. — Qui? Héro?

Don Juan. — Elle-même. L'Héro de Léonato, votre Héro, l'Héro de tout le monde.

Claudio. — Déloyale!

Don Juan. — Le mot est trop doux pour peindre sa corruption. Je pourrais la qualifier plus durement : imaginez un nom plus dégradant, et je le lui approprierai. Avant de vous étonner, attendez de plus amples renseignements. Venez avec moi cette nuit. Vous verrez escalader la fenêtre de sa chambre, la veille même de ses noces... Si vous l'aimez alors, épousez-la demain; mais, pour votre honneur, mieux vaudrait changer d'idée.

CLAUDIO. — Est-il possible?

DON PEDRO. — Je ne veux pas le croire.

DON JUAN. — Si vous n'osez pas croire ce que vous voyez, n'avouez pas ce que vous savez. Si vous voulez me suivre, je vous en montrerai assez; et, quand vous en aurez vu et entendu plus long, agissez en conséquence.

CLAUDIO. — Si, cette nuit, je vois quelque chose qui me décide à ne pas l'épouser, je veux la confondre devant tous, à l'église où nous devions nous marier.

DON PEDRO. — Et, comme je me suis entremis pour te l'obtenir, je me joindrai à toi pour la flétrir.

DON JUAN. — Je ne veux pas la décrier davantage, avant que vous soyez mes témoins : supportez la chose froidement jusqu'à ce soir, et qu'alors la vérité se prouve!

DON PEDRO. — O journée tristement finie!

CLAUDIO. — O étrange catastrophe!

DON JUAN. — O malheur prévenu à temps! Voilà ce que vous direz quand vous aurez vu la suite.

SCÈNE III

Une place au fond de laquelle est une église.

Entrent DOGBERRY *et* VERGÈS, *suivis des gardes de nuit.*

DOGBERRY, *aux gardes de nuit.* — Etes-vous des hommes honnêtes et fidèles?

VERGÈS. — Oui; autrement ils risqueraient fort le salut de leur corps et de leur âme, et ce serait dommage.

DOGBERRY. — Non, ce serait encore une punition trop douce, s'il est vrai qu'ils doivent avoir en eux quelque allégeance, étant choisis pour faire le guet du prince.

VERGÈS. — C'est bon. Donnez-leur la consigne, voisin Dogberry.

DOGBERRY. — Voyons, d'abord, qui de vous est le plus indigne d'être officier de paix!

PREMIER GARDE. — Hugues Brindavoine, monsieur, ou bien Georges Charbondemer, car tous deux savent lire et écrire.

DOGBERRY. — Venez ici, voisin Charbondemer. Dieu vous a gratifié d'un beau nom. Être homme d'un beau physique, c'est un don de la fortune; mais savoir lire et écrire, voilà qui vient de la nature.

DEUXIÈME GARDE. — Et ces deux facultés, monsieur l'officier de paix...

DOGBERRY. — Vous les possédez; je devine votre réponse. A merveille! Pour votre physique, monsieur, eh bien! rendez-en grâces à Dieu, et ne vous en vantez pas; et quant à votre talent de lire et d'écrire, prouvez-le quand nul besoin ne sera de cette vanité. Vous êtes ici regardé comme l'homme le plus inepte et le mieux fait pour être officier de paix : chargez-vous donc de la lanterne. Voici votre fonction : vous appréhenderez tous les vagabonds; vous commanderez à tout passant de faire halte, au nom du prince...

DEUXIÈME GARDE. — Et s'il ne veut pas faire halte?

DOGBERRY. — Eh bien! ne faites pas attention à lui et laissez-le partir; puis appelez le reste du guet, et remerciez Dieu d'être débarrassé d'un chenapan.

VERGÈS. — S'il refuse de faire halte quand on le lui commande, c'est qu'il n'est pas soumis au prince.

DOGBERRY. — C'est vrai, et le guet ne doit s'occuper que des sujets du prince. En outre, vous ne devrez pas faire de bruit dans les rues : car, qu'un guetteur de nuit jase et bavarde, cela est parfaitement tolérable et ne peut se supporter.

DEUXIÈME GARDE. — Nous aimerions mieux dormir que bavarder. Nous connaissons les devoirs du guet.

DOGBERRY. — Allons, vous parlez comme un vétéran, comme un fort paisible guetteur de nuit; je ne saurais voir, en effet, ce qu'il y a de mal à dormir; seulement, ayez soin qu'on ne vous vole pas vos pertuisanes. Maintenant, vous aurez à visiter tous les cabarets et à dire à ceux qui sont ivres d'aller se mettre au lit.

DEUXIÈME GARDE. — Et s'ils ne veulent pas?

DOGBERRY. — Eh bien! laissez-les tranquilles jusqu'à ce qu'ils soient dégrisés; si alors ils ne vous font pas une meilleure réponse, vous pourrez dire que ce ne sont pas des hommes comme vous les croyiez.

DEUXIÈME GARDE. — C'est bien, monsieur.

DOGBERRY. — Si vous rencontrez un voleur, vous pourrez le soupçonner, en vertu de votre office, de n'être pas un honnête homme; mais, pour les gens de cette espèce, moins vous aurez affaire à eux, mieux cela vaudra pour votre probité.

DEUXIÈME GARDE. — Si nous le connaissons pour un voleur, ne devrons-nous pas mettre la main sur lui?

DOGBERRY. — A vrai dire, votre charge vous en donne le droit; mais, dans mon opinion, ceux qui touchent à la poix se salissent : si vous prenez un voleur, le parti le plus pacifique pour vous est de le laisser se montrer ce qu'il est et voler hors de votre compagnie.

VERGÈS. — Vous avez toujours passé pour un homme clément, camarade.

DOGBERRY. — En vérité, je ne voudrais pas pendre un chien volontairement, à plus forte raison un homme qui a en lui quelque honnêteté.

VERGÈS. — Si vous entendez un enfant crier la nuit, vous devrez appeler la nourrice et lui dire de le calmer.

DEUXIÈME GARDE. — Mais si la nourrice dort et ne veut pas nous entendre?

DOGBERRY. — Eh bien, partez en paix, et laissez l'enfant la réveiller avec ses cris : car la brebis qui ne veut pas entendre son agneau quand il bêle ne répondra jamais à un veau qui mugit.

VERGÈS. — C'est très vrai.

DOGBERRY. — Ici finit votre consigne. Vous, officier de paix, vous devez représenter la personne même du prince : si vous rencontrez le prince, dans la nuit, vous pouvez l'arrêter.

VERGÈS. — Non, ça, par Notre-Dame, je ne crois pas qu'il le puisse.

DOGBERRY. — Cinq shellings contre un, avec quiconque connaît les statues, qu'il le peut. Parbleu, pas sans le consentement du prince! Car, en effet, le guet ne doit offenser personne, et c'est offenser un homme que de l'arrêter contre sa volonté.

VERGÈS. — Par Notre-Dame, je le crois bien.

DOGBERRY. — Ha! ha! ha! allons, mes maîtres, bonne nuit! S'il survient quelque affaire d'importance, appelez-moi. Que chacun de vous garde les secrets de ses camarades et les siens! Bonne nuit! *(A Vergès.)* Venez, voisin.

DEUXIÈME GARDE, *à ses camarades.* — Ainsi, mes maîtres, nous avons entendu notre consigne : allons nous asseoir là sur ce banc, à la porte de l'église, jusqu'à deux heures, et ensuite tous au lit!

DOGBERRY. — Un mot encore, honnêtes voisins! je vous en prie, surveillez la porte du signor Léonato; car, la noce étant pour demain, il y a là cette nuit un grand brouhaha. Adieu, soyez vigilants, je vous en supplie! *(Dogberry et Vergès sortent. Les gardes de nuit vont s'asseoir sous le porche de l'église.)*

Entrent Borachio et Conrad.

BORACHIO. — Holà! Conrad!

PREMIER GARDE, *à part.* — Silence! ne bougez pas.

BORACHIO. — Conrad! allons donc!

CONRAD. — Me voici, mon cher; à ton coude.

BORACHIO. — Par la messe! c'est donc pour ça que mon coude me démangeait : je croyais que j'allais avoir la gale.

CONRAD. — Je te dois une réponse à ce mot-là; pour le moment, entame ta narration.

BORACHIO. — Mets-toi donc près de moi sous ce hangar car il tombe du grésil, et, en véritable ivrogne, je vais tout te dire.

PREMIER GARDE, *à part.* — Quelque trahison! Tenons-nous aux aguets. *(Les gardes de nuit s'approchent du hangar où Borachio et Conrad se sont réfugiés.)*

Borachio. — Sache donc que j'ai gagné de don Juan mille ducats.

Conrad. — Est-il possible qu'il y ait des coquineries si chères?

Borachio. — Demande plutôt s'il est possible qu'il y ait des coquineries si riches : car, quand les coquins riches ont besoin des coquins pauvres, les pauvres peuvent faire le prix qu'ils veulent.

Conrad. — Tu m'étonnes.

Borachio. — Cela prouve combien tu es inexpérimenté; tu sais que la mode d'un pourpoint, d'un chapeau ou d'un manteau n'ajoute rien à un homme.

Conrad. — Oui, ce n'est que le vêtement.

Borachio. — Je te parle de la mode.

Conrad. — Oui, la mode n'est qu'une mode.

Borachio. — Bah! autant dire qu'un fou n'est pas fou. Ne vois-tu pas que la mode n'est qu'un fléau grotesque?

Premier Garde, *à part*. — Je connais ce *Grotesque*-là : c'est un affreux voleur qui depuis sept ans s'introduit partout comme un gentilhomme : je me rappelle son nom.

Borachio. — N'as-tu pas entendu quelqu'un?

Conrad. — Non; c'était la girouette sur le toit.

Borachio. — Ne vois-tu pas, dis-je, que la mode n'est qu'un fléau grotesque? Ah! vois comme elle étourdit toutes les têtes chaudes, de quatorze à trente-cinq ans! Tantôt elle les affuble comme les soldats de Pharaon peints sur une toile enfumée; tantôt, comme les prêtres du dieu Baal qu'on voit aux vitraux d'une vieille église; tantôt, comme ces Hercules rasés d'une tapisserie rongée de vers, qui ont la braguette aussi grosse que leur massue.

Conrad. — Je vois tout cela, et je vois aussi que la mode use plus d'habits que l'homme. La mode ne t'a-t-elle pas si bien tourné la tête, à toi-même, que, pour me parler d'elle, tu as laissé de côté ton récit?

Borachio. — Nullement. Sache donc que cette nuit j'ai courtisé Marguerite, la suivante d'Héro elle-même : penchée à la fenêtre de la chambre de sa maîtresse, elle m'a dit mille fois adieu. Je te raconte tout cela confusément. J'aurais dû te dire d'abord comment le prince et Claudio, postés, placés et prévenus par mon maître, don Juan, qui les accompagnait, ont assisté du jardin à notre aimable entrevue.

CONRAD. — Et ils ont pris Marguerite pour Héro?

BORACHIO. — Oui, deux d'entre eux, le prince et Claudio; mais mon diable de maître savait que c'était Marguerite. Enfin, grâce aux serments de don Juan qui tout d'abord les avaient ensorcelés, grâce à la nuit noire qui les avait trompés, grâce surtout à ma coquinerie qui avait confirmé toutes les calomnies inventées par mon maître, Claudio est parti exaspéré, jurant d'aller trouver Héro au temple, le lendemain matin, comme c'était convenu, et là, devant toute l'assemblée, de lui jeter à la face ce qu'il a vu cette nuit, et de la renvoyer chez elle sans mari.

PREMIER GARDE, *s'avançant*. — Au nom du prince, halte-là!

DEUXIÈME GARDE. — Appelons l'officier de paix. Nous venons de découvrir la plus dangereuse affaire de paillardise qui se soit jamais vue dans la république.

PREMIER GARDE. — Un certain *Grotesque* est l'un des coupables; je le connais : il porte des boucles.

CONRAD. — Messieurs! Messieurs!...

DEUXIÈME GARDE. — On vous forcera à produire ce *Grotesque*, je vous le garantis.

CONRAD. — Messieurs!

PREMIER GARDE. — Plus un mot! Au nom du prince, obéissons et partez avec nous.

BORACHIO, *à Conrad*. — Qu'allons-nous devenir au milieu de toutes ces hallebardes?

CONRAD, *à Borachio*. — Douloureuse question! *(Aux gardes de nuit.)* En marche, nous vous obéissons! *(Les gardes de nuit emmènent Conrad et Borachio.)*

SCÈNE IV

Une chambre à coucher dans le palais de Léonato.

Entrent HÉRO, MARGUERITE *et* URSULE.

HÉRO. — Bonne Ursule, éveille ma cousine Béatrice, prie-la de se lever.

URSULE. — J'y vais, madame.

HÉRO. — Et dis-lui de venir ici.

URSULE. — Bien. *(Ursule sort.)*

MARGUERITE, *à Héro.* — Ma foi, je trouve que votre autre fraise irait mieux.

HÉRO. — Non, laisse-moi faire, bonne Margot, je veux mettre celle-ci.

MARGUERITE. — Sur ma parole, elle n'est pas aussi belle, et je suis sûre que votre cousine vous le dira.

HÉRO. — Ma cousine est une folle, et tu en es une autre. Je ne veux mettre que celle-ci.

MARGUERITE. — J'aime fort votre nouvelle coiffure, je voudrais seulement les cheveux une idée plus bruns; quant à votre robe, elle est, ma foi, d'un goût exquis. J'ai vu la robe de la duchesse de Milan, cette robe tant vantée.

HÉRO. — Elle est la plus belle, à ce qu'on dit.

MARGUERITE. — Sur ma parole, ce n'est qu'un peignoir à côté de la vôtre. Du drap d'or avec crevés et dentelle d'argent, des perles le long des manches, les manches pendantes, et la jupe bordée de brocart bleuâtre. Mais, pour la beauté, pour la délicatesse, pour la grâce et l'excellence de la façon, votre robe vaut dix fois celle-là.

HÉRO. — Que Dieu me rende heureuse de la porter, car je me sens le cœur accablé!

MARGUERITE. — Il le sera bientôt davantage sous le poids d'un homme.

HÉRO. — Fi! tu n'as pas honte?

MARGUERITE. — De quoi, madame? De parler de
ce qui est honorable? Est-ce que le mariage n'est pas
honorable, dans un mendiant même? Et, mariage à
part, votre futur seigneur n'est-il pas honorable? Je
le vois, vous auriez voulu que, par déférence, au lieu
de dire *un homme*, je dise *un époux*. Si une pensée
mauvaise ne travestit pas une parole franche, je n'ai
offensé personne. Or, y a-t-il du mal à parler de ce que
pèse un mari? Aucun, je pense, s'il s'agit d'un légitime
mari uni à une femme légitime. Autrement, au lieu
d'être lourd, le poids serait par trop léger. Demandez
plutôt à madame Béatrice : la voici qui vient.

Entre Béatrice.

HÉRO. — Bonjour, ma petite cousine.

BÉATRICE. — Bonjour, ma douce Héro.

HÉRO. — Eh bien! qu'avez-vous donc? Vous parlez
d'un ton douloureux.

BÉATRICE. — C'est que je suis hors de tous les
autres, il me semble.

MARGUERITE. — Entonnez l'air de *Léger amour*. Il
n'a pas besoin de refrain. Chantez-le, vous; moi, je
le danserai.

BÉATRICE, *à Marguerite*. — Vous joueriez des
talons, ainsi accompagnée? Prenez garde! Quand on
s'aime sur ce chant-là, on est sûr d'une récolte.

MARGUERITE. — O la méchante interprétation! Je la
mets sous mes talons.

BÉATRICE. — Il est près de cinq heures, cousine;
vous devriez déjà être prête... En vérité, je suis excessivement malade. Oh!

MARGUERITE. — A qui adressez-vous ce soupir. Au
médecin ou au mari?

BÉATRICE. — A la lettre qui commence ces deux
mots, la lettre : *Aime*.

MARGUERITE. — Allons! s'il n'est pas vrai que vous
avez abjuré, il ne faut plus naviguer sur la foi des
étoiles.

BÉATRICE. — Que veut dire cette folle?

MARGUERITE. — Moi? rien! Je souhaite seulement
que Dieu envoie à chacun ce qu'il désire.

HÉRO. — Voici des gants que le comte m'a envoyés; ils ont un parfum exquis.

BÉATRICE. — Je suis enchifrenée, cousine; je ne puis rien sentir.

MARGUERITE. — Etre fille, et ne plus rien sentir! Il a fallu pour cela un rhume extraordinaire.

BÉATRICE. — Oh! Dieu me pardonne! Dieu me pardonne! Depuis quand avez-vous pris tant de verve?

MARGUERITE. — Depuis que vous n'en avez plus. Est-ce que mon esprit ne me sied pas à ravir?

BÉATRICE. — On ne le voit pas assez : vous devriez le mettre à votre chapeau... Sur ma parole, je suis mal disposée.

MARGUERITE. — Procurez-vous de l'essence de Carduus Benedictus, et appliquez-en sur votre cœur : c'est le seul remède contre les nausées.

HÉRO, *à Marguerite*. — Tu viens de la piquer avec un chardon.

BÉATRICE. — Benedictus? Pourquoi Benedictus? Vous cachez quelque apologue sous ce Benedictus.

MARGUERITE. — Un apologue! Non, ma foi, je n'ai aucune intention cachée; je parle du simple chardon béni. Vous croyez peut-être que je vous crois amoureuse? Non, par Notre-Dame, je ne suis pas assez folle pour croire même ce que je désire, et je ne désire pas toujours croire ce que je puis croire; et, en vérité, je ne pourrais pas croire, quand j'épuiserais toute la crédulité de mon cœur, que vous êtes amoureuse, que vous le serez, ou que vous pouvez l'être. Pourtant, Bénédict est bien changé : le voilà devenu comme un autre homme; il jurait de ne jamais se marier, et maintenant, en dépit de son cœur, il mangerait son plat sans grogner. Vous aussi, à quel point vous pouvez être convertie, je l'ignore; mais il me semble que vous regardez avec vos yeux comme les autres femmes.

BÉATRICE. — Quelle est donc l'allure à laquelle tu as mis ta langue?

MARGUERITE. — Ce n'est pas un faux galop.

Rentre Ursule.

URSULE. — Dépêchez-vous, madame, le prince, le comte, le signor Bénédict, don Juan et tous les galants de la ville, sont arrivés pour vous mener à l'église.

HÉRO. — Aidez-moi à m'habiller, bonne cousine, bonne Margot, bonne Ursule. *(Elles sortent.)*

SCÈNE V

Une salle dans le palais de Léonato.

Entrent LÉONATO, DOGBERRY, *et* VERGÈS.

LÉONATO, *à Dogberry*. — Que me voulez-vous, honnête voisin?

DOGBERRY. — Corbleu, monsieur, je voudrais vous faire part d'une affaire qui vous décerne.

LÉONATO. — Soyez bref, je vous prie : car vous voyez que je suis pressé.

DOGBERRY. — Corbleu, c'est vrai, monsieur.

VERGÈS. — Oui, c'est parfaitement vrai, monsieur.

LÉONATO. — De quoi s'agit-il, mes bons amis?

DOGBERRY. — Le bonhomme Vergès, monsieur, s'écarte un peu du sujet : c'est un vieillard, monsieur, et son esprit n'est pas aussi obtus que je le voudrais, Dieu le sait; mais, en vérité, il est honnête comme la peau qui est entre ses sourcils.

VERGÈS. — Oui, Dieu merci, je suis aussi honnête que tout homme vivant, j'entends tout homme aussi vieux et pas plus honnête que moi.

DOGBERRY. — La comparaison est rance : *palabras*, voisin Vergès.

LÉONATO. — Voisins, vous êtes fastidieux.

DOGBERRY. — Votre Seigneurie est bien bonne de le dire, mais nous ne sommes que de pauvres agents du duc. Ah! que n'ai-je tout le faste d'un roi! C'est surtout en votre faveur que je voudrais être fastidieux!

LÉONATO. — Fastidieux en ma faveur! Ah!

DOGBERRY. — Oui! que ne le suis-je mille fois plus! Car j'en ai entendu de belles sur le compte de Votre

Seigneurie; et, tout pauvre que je suis, cela me rend heureux!

VERGÈS. — Et moi aussi.

LÉONATO. — Je voudrais bien savoir ce que vous avez à me dire.

VERGÈS. — Corbleu, monsieur, notre patrouille a arrêté cette nuit les deux plus fieffés coquins de tout Messine, sauf Votre Révérence.

DOGBERRY. — Excusez le bonhomme, monsieur : il veut absolument parler; comme on dit, l'esprit s'en va quand vient l'âge. Dieu me pardonne, il faut le voir pour le croire... Bien dit, voisin Vergès... Après tout, Dieu est un bonhomme : quand deux hommes montent sur un cheval, il doit y en avoir un en arrière...*(A Léonato.)* C'est une âme honnête, allez, monsieur, une des meilleures, sur ma parole, qui aient jamais rompu le pain. Mais Dieu doit être adoré en tout. Tous les hommes ne sont pas pareils. Hélas! ce cher voisin!

LÉONATO. — En vérité, voisin, il n'est pas de votre calibre.

DOGBERRY. — Dieu dispose de ses dons.

LÉONATO. — Il faut que je vous quitte.

DOGBERRY. — Un mot seulement, monsieur! Notre patrouille, monsieur! a, en effet, appréhendé deux personnes iquivoques, et nous voudrions qu'elles fussent examinées ce matin devant Votre Seigneurie.

LÉONATO. — Examinez-les vous-mêmes, et apportez-moi le procès-verbal. Je suis fort pressé en ce moment, vous le voyez bien.

DOGBERRY. — Oui, cela sera suffigant.

LÉONATO. — Buvez une rasade avant de vous en aller. Adieu!

Entre un messager.

LE MESSAGER, *à Léonato.* — Monseigneur, vous êtes attendu pour donner votre fille à son mari.

LÉONATO. — J'y vais : me voici prêt. *(Léonato sort avec le messager.)*

DOGBERRY. — Allez, mon bon collègue, allez trouver François Charbondemer, et dites-lui d'apporter sa plume et son écritoire : nous allons procéder à l'examen de ces hommes.

VERGÈS. — Et nous devons le faire habilement.

DOGBERRY. — Nous n'épargnerons pas l'adresse, je vous le garantis ; j'ai là *(se frottant le front)* quelque chose qui les forcera bien à s'expliquer : allez seulement chercher le savant écrivain qui doit mettre par écrit ces excommunications, et venez me rejoindre à la geôle. *(Ils sortent.)*

ACTE IV

SCÈNE PREMIÈRE

L'intérieur d'une église.

Entrent DON PEDRO, DON JUAN, LÉONATO, UN MOINE, CLAUDIO, BÉNÉDICT, HÉRO *et* BÉATRICE, *suivis de la foule des invités.*

LÉONATO, *au moine.* — Allons, frère Francis, soyez bref : tenez-vous-en à la formule de mariage la plus simple, et vous énumérerez ensuite les devoirs mutuels des époux.

LE MOINE, *à Claudio.* — Vous venez ici, monseigneur, pour vous marier avec madame? *(Il montre Héro.)*

CLAUDIO. — Non.

LÉONATO. — Il vient pour être marié avec elle, et c'est vous qui venez pour le marier.

LE MOINE, *à Héro.* — Madame, vous venez ici pour être mariée au comte?

HÉRO. — Oui.

LE MOINE. — Si l'un de vous deux connaît quelque secret empêchement à cette union, je vous somme, sur le salut de vos âmes, de le révéler.

CLAUDIO. — En connaissez-vous, Héro?

HÉRO. — Aucun, monseigneur.

LE MOINE. — En connaissez-vous, comte?

LÉONATO. — J'ose répondre pour lui : aucun.

CLAUDIO. — Oh! que n'osent pas faire les hommes! Que ne peuvent-ils faire! Que ne font-ils pas journellement, sans savoir ce qu'il font!

BÉNÉDICT, *à Claudio.* — Eh quoi! des exclamations!

Mêlez-y du moins les cris de la joie, ha! ha! hé! hé!

CLAUDIO. — Arrête un peu, moine. *(A Léonato.)*
Permettez, mon père : est-ce librement, spontanément,
que vous consentez à me donner votre fille?

LÉONATO. — Aussi spontanément, mon fils, que
Dieu me l'a donnée.

CLAUDIO. — Et que puis-je vous donner en retour
qui équivaille à un don si riche et si précieux?

DON PEDRO. — Rien, à moins que vous ne la lui
rendiez.

CLAUDIO, *à don Pedro.* — Doux, prince, vous m'enseignez une noble gratitude... Tenez, Léonato, repre-
nez-la; ne donnez pas à un ami cette orange pourrie.
Elle n'a que le dehors et les semblants de l'honneur.
Regardez! la voici qui rougit comme une vierge! Oh!
quelle autorité, quelle apparence de candeur le vice
perfide peut revêtir! Ce sang ne vient-il pas, comme
un pudique témoin, déposer de son innocence? Vous
tous qui la voyez, ne jureriez-vous pas qu'elle est
vierge, d'après ces indices extérieurs? Eh bien! elle ne
l'est pas! Elle connaît la chaleur d'un lit luxurieux!
Sa rougeur est celle de la honte et non de la pudeur!

LÉONATO. — Que prétendez-vous, comte?

CLAUDIO. — Ne pas être marié, ne pas lier mon âme
à une impure avérée!

LÉONATO. — Cher seigneur, si, la mettant vous-même
à l'épreuve, vous avez vaincu les résistances de sa
jeunesse, et triomphé de sa virginité...

CLAUDIO. — Je vous comprends. Si je l'ai connue,
allez-vous dire, c'est comme son mari qu'elle m'a eu
dans ses bras, et vous excuserez cette anticipation
vénielle! Non, Léonato, je ne l'ai jamais tentée par
un propos trop libre : je lui ai toujours montré,
comme un frère à sa sœur, un dévouement timide,
une décente affection.

HÉRO. — Vous ai-je donc jamais semblé animée
d'autres sentiments?

CLAUDIO. — A bas les semblants! Je veux les dénon-
cer : vous me semblez telle que Diane dans sa sphère,
aussi chaste qu'un bouton de fleur non épanoui
encore; mais vous avez plus de fureurs dans votre sang

que Vénus ou que ces bêtes repues que met en rut une
sensualité sauvage.

HÉRO. — Monseigneur est-il malade pour divaguer
ainsi?

LÉONATO, *à don Pedro.* — Doux prince, pourquoi
ne parlez-vous pas?

DON PEDRO. — Que pourrais-je dire? Je suis déshonoré, moi qui me suis entremis pour unir mon plus
cher ami à une fille publique.

LÉONATO. — De telles paroles sont-elles réelles, ou
est-ce que je rêve?

DON JUAN. — Elle sont réelles, monsieur, et elles
sont justes.

BÉNÉDICT. — Ceci ne ressemble pas à des noces.

HÉRO. — Justes! mon Dieu!

CLAUDIO. — Léonato, est-ce bien moi qui suis ici?
Est-ce là le prince? Est-ce là le frère du prince? Est-ce
là le visage d'Héro? Nos yeux sont-ils bien nos yeux?

LÉONATO. — Tout cela est comme vous dites : eh
bien! après, monseigneur?

CLAUDIO. — Laissez-moi faire une seule question
à votre fille; et, au nom de ce pouvoir paternel que la
nature vous donne sur elle, sommez-la de répondre la
vérité.

LÉONATO, *à Héro.* — Je te l'ordonne, comme à mon
enfant.

HÉRO. — Oh! Dieu me protège! Suis-je assez
obsédée! Que me voulez-vous avec cet interrogatoire?

CLAUDIO. — Vous faire répondre à votre vrai nom.

HÉRO. — Ce nom n'est-il pas Héro? Qui donc
pourrait le flétrir d'un juste reproche?

CLAUDIO. — Héro le peut, morbleu! Héro, elle-
même, peut flétrir la vertu d'Héro. Quel est donc
l'homme qui causait avec vous hier soir à votre
fenêtre, entre minuit et une heure? Si vous êtes vierge,
répondez la vérité.

HÉRO. — Je n'ai parlé à aucun homme, à cette
heure-là, monseigneur.

DON PEDRO. — Ah! vous êtes sans pudeur!... Léonato, je suis désolé d'avoir à vous le dire : sur mon honneur, nous l'avons vue, moi, mon frère et ce comte

outragé, nous l'avons entendue, la nuit dernière, causer à sa fenêtre avec un ruffian qui a lui-même, comme un cynique scélérat, fait l'aveu des infâmes rendez-vous qu'ils ont eus mille fois en secret.

Don Juan. — Fi, fi! ce sont des choses sans nom, monseigneur, dont on ne doit pas parler : la langue n'est pas assez chaste pour pouvoir les révéler sans scandale. Vraiment, jolie femme, ton inconduite me fait peine.

Claudio. — O Héro! quelle héroïne tu eusses été, si la moitié seulement de tes grâces extérieures avait ennobli tes pensées et les inspirations de ton cœur!... Mais adieu! Adieu, toi, si affreuse et si belle! Adieu, pure impiété, pureté impie! Pour toi, je fermerai désormais toutes les portes de l'amour; le soupçon flottera sur mes paupières, pour changer toute beauté en symbole du mal et lui ôter la grâce.

Léonato. — Personne n'a-t-il ici un poignard qui ait une pointe pour moi? *(Héro s'évanouit.)*

Béatrice. — Qu'avez-vous donc, cousine? Vous ne vous tenez plus!

Don Juan. — Venez, partons; toutes ces révélations ont accablé ses esprits. *(Don Pedro, don Juan et Claudio sortent.)*

Bénédict. — Comment est-elle?

Béatrice. — Morte, je crois... Du secours, mon oncle!... Héro! eh bien, Héro!... Mon oncle!... Signor Bénédict!... Mon père!

Léonato. — O fatalité! ne retire pas ta main pesante. La mort est pour sa honte le meilleur voile qui se puisse souhaiter.

Béatrice. — Eh bien, cousine! Héro!

Le Moine. — Du courage, madame!

Léonato. — Quoi! tu rouvres les yeux?

Le Moine. — Oui : pourquoi pas?

Léonato. — Pourquoi pas? Est-ce que tout sur la terre ne crie pas : anathème sur elle? Pourrait-elle contester le récit imprimé dans le sang de ses joues? Ah! ne vis pas, Héro; n'ouvre pas les paupières : car, si je croyais que tu ne vas pas bientôt mourir, si je croyais ton souffle plus fort que ta honte, je viendrais

moi-même, à l'arrière-garde de tes remords, porter le
dernier coup à ta vie. Et moi qui me plaignais de
n'avoir qu'un enfant! Moi qui grondais la nature de
sa parcimonie! Oh! tu étais déjà de trop, fille unique!
Pourquoi t'ai-je eue? Pourquoi as-tu toujours été
adorable à mes yeux? Que n'ai-je plutôt, d'une main
charitable, ramassé à ma porte la fille d'un mendiant?
En la voyant ainsi salie et tout éclaboussée d'infamie,
j'aurais pu dire : *Elle n'est point une partie de moi-
même*; *c'est d'entrailles inconnues que sort toute cette
honte*. Mais ma fille, ma fille que j'aimais! ma fille que
je vantais! ma fille dont j'étais si fier, et qui était tellement mienne, que, ne m'appartenant plus moi-
même à moi-même, je n'estimais plus qu'elle! Ah!
c'est ma fille! c'est elle qui est tombée dans ce bour-
bier! en sorte que la vaste mer n'a pas assez de gouttes
pour la laver, ni assez de sel pour rendre la pureté à
sa chair souillée! ...

BÉNÉDICT. — Monsieur! monsieur! du calme! Pour
ma part, je suis tellement envahi par la surprise que
je ne sais que dire.

BÉATRICE. — Oh! sur mon âme, ma cousine est
calomniée!

BÉNÉDICT. — Madame, étiez-vous sa compagne de
lit, la nuit dernière?

BÉATRICE. — Non, vraiment non : c'est la seule
nuit, depuis un an, où je n'aie pas partagé son lit,

LÉONATO. — Tout se confirme! Tout se confirme!
Encore un étançon à ce qui déjà était soutenu par des
barreaux de fer! Les deux princes mentiraient-ils? Et
Claudio, mentirait-il? lui qui l'aimait tant, qu'en par-
lant de ses impuretés, il les lavait de ses larmes!
Eloignons-nous d'elle! Laissons-la mourir!

LE MOINE. — Ecoutez-moi un peu. Si j'ai été silencieux jusqu'ici et si j'ai laissé les choses suivre leur
cours, c'était pour observer cette jeune fille : j'ai vu
mille fois la rougeur apparaître brusquement sur son
visage et, par un effet de la honte innocente, faire
place mille fois à une angélique blancheur; son regard
faisait jaillir la flamme, comme pour brûler les soupçons que les deux princes jetaient contre sa candeur

virginale... Traitez-moi de fou, moquez-vous de mes interprétations et de mes remarques que garantit avec le sceau de l'expérience la teneur du livre que j'ai étudié; moquez-vous de mon âge, de ma dignité, de mon ministère, de ma profession sacrée, s'il n'est pas vrai que cette suave jeune fille est l'innocente victime de quelque erreur poignante.

LÉONATO. — Frère, cela ne peut être. Tu vois que la seule pudeur qui lui reste est de ne pas vouloir ajouter à sa damnation le péché du parjure. Elle ne nie rien : pourquoi donc cherches-tu à couvrir d'excuses la vérité qui apparaît franchement nue?

LE MOINE, *à Héro*. — Madame, quel est l'homme dont on vous accuse?

HÉRO. — Ils le connaissent, ceux qui m'accusent; je ne le connais pas. Si je connais d'un seul homme vivant rien de plus que ce qu'autorise la chasteté virginale, que la pitié soit refusée à tous mes péchés!... O mon père, prouvez qu'un homme s'est entretenu avec moi à des heures indues, ou que, la nuit dernière, j'ai échangé des paroles avec aucune créature; et alors reniez-moi, haïssez-moi, torturez-moi à mort.

LE MOINE. — Ces seigneurs auront fait quelque étrange méprise.

BÉNÉDICT. — Deux d'entre eux ont toute la droiture de l'honneur; et, si leur sagesse a été égarée cette fois, c'est l'œuvre de Juan le bâtard, dont l'esprit s'acharne à tramer des infamies.

LÉONATO. — Je n'en sais rien. S'ils ont dit vrai sur elle, ces mains la déchireront; mais, s'ils outragent son honneur, le plus fier d'entre eux aura de mes nouvelles. Le temps n'a pas encore desséché mon sang; l'âge, dévoré mon intelligence; la fortune, épuisé mes ressources; ma méchante vie, éloigné de moi les amis, à ce point que je ne puisse retrouver, éveillés pour une telle cause, un bras fort, un esprit sagace, des moyens féconds et des amis d'élite, qui m'acquittent pleinement envers eux.

LE MOINE. — Arrêtez un moment; laissez-vous diriger par mes conseils. Les princes ont laissé ici votre fille pour morte; qu'elle reste quelque temps secrète-

ment enfermée! et publiez qu'elle est morte en réalité;
gardez un deuil d'apparat, couvrez votre vieux monument de famille d'épitaphes, et observez tous les rites
qui conviennent aux funérailles.

Léonato. — Et qu'en adviendra-t-il? A quoi ceci
servira-t-il?

Le Moine. — D'abord ceci, bien mené, devra, à
l'égard de votre fille, changer la calomnie en remords;
c'est déjà un bien; mais l'étrange expédient que j'ima-
gine enfantera, je l'espère, de plus grands résultats.
Censée morte, grâce à nos affirmations, au moment
même où elle était accusée, elle sera pleurée, plainte,
excusée par tous; en effet, il arrive toujours que nous
n'estimons pas un bien à sa juste valeur, tant que nous
en jouissons; mais, dès qu'il nous manque, dès qu'il
est perdu, ah! alors nous en exagérons la valeur; alors
nous lui découvrons le mérite qu'il ne voulait pas nous
montrer quand il était à nous. C'est ce qui arrivera à
Claudio : lorsqu'il saura que ses paroles l'ont tuée,
l'idée d'Héro vivante se glissera doucement dans le
laboratoire de son imagination; tous les organes d'une
existence si gracieuse apparaîtront aux yeux de son
âme, plus splendides de forme, plus délicatement
touchants, plus vivants même que lorsqu'elle vivait en
réalité... Alors il se désolera, si jamais l'amour a eu
prise sur son foie, et il regrettera de l'avoir accusée, oui,
l'accusation lui parût-elle juste! Faites ce que je dis,
et ne doutez pas que l'avenir n'arrange mieux le
dénouement que je ne puis le faire par mes conjectures. Mais, quand même ce but ne serait pas atteint,
du moins la mort supposée de votre fille éteindra le
scandale de son infamie; et, cet espoir même fût-il
déçu, vous pourriez toujours (ce serait le meilleur
remède à sa réputation blessée) la cacher dans une
existence recluse et religieuse, à l'abri de tout regard,
de toute langue, de tout souvenir et de tout affront!

Bénédict. — Signor Léonato, laissez-vous convaincre
par ce moine. Quelque intime, vous le savez, que soit
l'amitié qui me lie au prince et à Claudio, je jure sur
l'honneur d'agir ici avec vous, aussi discrètement,
aussi loyalement que votre âme avec votre corps.

LÉONATO. — Au milieu de la douleur où je flotte, le moindre fil peut me conduire.

LE MOINE. — C'est donc chose convenue. Maintenant partons. A des maux étranges on applique d'étranges remèdes. *(A Héro.)* Venez, madame, venez mourir pour vivre : ces noces ne sont peut-être que différées; prenez patience et résignez-vous. *(Le moine, Héro et Léonato sortent.)*

BÉNÉDICT. — Avez-vous pleuré tout ce temps, madame Béatrice?

BÉATRICE. — Oui, et je pleurerai longtemps encore.

BÉNÉDICT. — Ce n'est pas ce que je désire.

BÉATRICE. — Qu'importe! C'est spontanément que je pleure.

BÉNÉDICT. — Je crois, en vérité, qu'on diffame votre cousine.

BÉATRICE. — Ah! combien il mériterait de moi, l'homme qui lui obtiendrait réparation!

BÉNÉDICT. — Y a-t-il un moyen de vous donner cette preuve d'amitié?

BÉATRICE. — Le moyen, un moyen bien simple, existe, mais non l'ami.

BÉNÉDICT. — Un homme peut-il faire cela?

BÉATRICE. — C'est l'office d'un homme, mais non le vôtre.

BÉNÉDICT. — Je n'aime rien au monde autant que vous : n'est-ce pas étrange?

BÉATRICE. — Aussi étrange que peut l'être ce que j'ignore. Il me serait aussi facile de vous dire que je n'aime rien autant que vous; mais ne me croyez pas... et pourtant je ne mens pas. Je n'avoue rien, et je ne nie rien... Je suis désolée pour ma cousine

BÉNÉDICT. — Par mon épée, Béatrice, tu m'aimes.

BÉATRICE. — Ne jurez pas par elle, et avalez-la.

BÉNÉDICT. — Je veux jurer par elle que vous m'aimez; et je veux la faire avaler à qui dira que je ne vous aime pas.

BÉATRICE. — Et vous ne voulez pas avaler votre parole?

BÉNÉDICT. — Non, quelque sauce qu'on puisse imaginer. Je déclare que je t'aime.

BÉATRICE. — Oh! alors, que Dieu me pardonne!

BÉNÉDICT. — Quelle offense, suave Béatrice?

BÉATRICE. — Vous m'avez interrompue au bon moment : j'allais déclarer... que je vous aime.

BÉNÉDICT. — Et déclarez-le de tout votre cœur.

BÉATRICE. — Je vous aime avec tant de cœur qu'il ne m'en reste plus pour le déclarer.

BÉNÉDICT. — Allons, dis-moi de faire quelque chose pour toi.

BÉATRICE. — Tuez Claudio!

BÉNÉDICT. — Ah! pas pour le monde entier!

BÉATRICE. — Vous me tuez par ce refus. Adieu!

BÉNÉDICT. — Arrête, ma douce Béatrice!

BÉATRICE. — J'ai beau être ici, je suis déjà partie... Il n'y a pas d'amour en vous... Voyons, je vous en prie, laissez-moi partir.

BÉNÉDICT. — Béatrice!

BÉATRICE. — En vérité, je veux partir.

BÉNÉDICT. — Soyons amis d'abord.

BÉATRICE. — L'audace vous est plus facile pour être mon ami que pour vous battre avec mon ennemi.

BÉNÉDICT. — Est-ce que Claudio est ton ennemi?

BÉATRICE. — N'a-t-il pas prouvé qu'il est le plus grand des scélérats, celui qui a calomnié, insulté, déshonoré ma parente?... Oh! si j'étais un homme!... Quoi! lui offrir la main jusqu'au moment où les mains vont se joindre, et alors surgir avec une accusation publique, avec un scandale éclatant, avec une rancune effrénée!... Mon Dieu, si j'étais un homme, je lui mangerais le cœur sur la place du Marché!

BÉNÉDICT. — Ecoute-moi, Béatrice...

BÉATRICE. — Elle, parler avec un homme à sa fenêtre! La belle histoire!

BÉNÉDICT. — Mais voyons, Béatrice...

BÉATRICE. — Cette chère Héro!... Elle est diffamée, elle est calomniée, elle est perdue!

BÉNÉDICT. — Béat...

BÉATRICE. — Eux, princes et comtes! Vraiment, voilà une accusation princière! Un magnifique comte! le beau comte confit! un galant fort sucré à coup sûr!

Oh! pour l'amour de lui, si j'étais un homme! Si du moins j'avais un ami qui voulût être un homme pour l'amour de moi!... Mais la virilité s'est fondue en courtoisies, la valeur en compliments, et les hommes ne sont plus que des langues, et des langues dorées, comme vous voyez! Aujourd'hui, pour être aussi vaillant qu'Hercule, il suffit de dire un mensonge et de le jurer! A force de désir je ne puis pas être homme, je mourrai donc femme à force de douleur.

BÉNÉDICT. — Arrête, ma bonne Béatrice : par ce bras, je t'aime.

BÉATRICE. — Employez-le pour l'amour de moi à autre chose qu'un serment.

BÉNÉDICT. — Croyez-vous en votre âme que le comte Claudio ait calomnié Héro?

BÉATRICE. — Oui, aussi vrai que j'ai une âme et une pensée.

BÉNÉDICT. — Il suffit. Je suis engagé... Je vais le provoquer. Je baise votre main, et je vous quitte. Par ce bras, Claudio me rendra un compte cher : attendez de mes nouvelles pour me juger. Allez consoler votre cousine. Il faut que je dise qu'elle est morte. Et maintenant, adieu! *(Ils sortent.)*

SCÈNE II

Une geôle.

Entrent DOGBERRY, VERGÈS *et* LE SACRISTAIN, *en grandes robes,* puis BORACHIO *et* CONRAD, *amenés par le guet.*

DOGBERRY. — La dissemblée est-elle au complet?

VERGÈS. — Ah! un tabouret et un coussin pour le sacristain!

LE SACRISTAIN. — Où sont les malfaiteurs?

DOGBERRY. — Nous voici, moi et mon collègue.

VERGÈS. — Oui, c'est certain; prêts à examiner l'exhibition.

LE SACRISTAIN. — Mais où donc sont les délinquants qui doivent être examinés? Qu'ils comparaissent devant monsieur l'officier de paix!

DOGBERRY. — Oui, qu'ils comparaissent devant moi! *(Les deux prévenus s'avancent.)* Quel est votre nom, l'ami?

BORACHIO. — Borachio.

DOGBERRY, *au sacristain.* — Ecrivez, je vous prie, *Borachio. (A Conrad.)* Et le vôtre, maraud?

CONRAD. — Je suis un gentilhomme, monsieur, et mon nom est Conrad.

DOGBERRY. — Ecrivez *monsieur le gentilhomme Conrad...* Servez-vous Dieu, mes maîtres?

CONRAD *et* BORACHIO. — Oui, monsieur, nous l'espérons bien.

DOGBERRY. — Ecrivez qu'*ils espèrent bien servir Dieu*, et écrivez *Dieu* d'abord : car à Dieu ne plaise que Dieu ne passe pas avant de pareils coquins!... Mes maîtres, il est déjà prouvé que vous êtes, à peu de chose près, de faux fripons; et bientôt on sera sur le point de le croire. Qu'avez-vous à répondre pour vous-mêmes?

CONRAD. — Pardieu, monsieur, que nous n'en sommes pas.

DOGBERRY. — Voilà un gaillard merveilleusement malin, je vous assure; mais je vais m'occuper de lui tout à l'heure. *(A Borachio.)* Venez ici, drôle : un mot dans votre oreille, monsieur! Je vous dis qu'on croit que vous êtes de faux coquins.

BORACHIO. — Monsieur, je vous dis que nous n'en sommes pas.

DOGBERRY. — C'est bien, rangez-vous... Devant Dieu, voilà deux imposteurs. *(Au sacristain.)* Avez-vous écrit que ce n'en sont pas?

LE SACRISTAIN. — Monsieur l'officier de paix, vous ne suivez pas la bonne voie pour une instruction : vous devriez faire comparaître les hommes du guet qui sont les accusateurs.

DOGBERRY. — Oui, morbleu, c'est la voie la plus expéditive. Que les hommes du guet comparaissent! *(Les gardes de nuit se rangent devant le tribunal.)*

Mes maîtres, je vous somme, au nom du prince,
d'accuser ces hommes.

PREMIER GARDE. — Cet homme a dit, monsieur,
que don Juan, le frère du prince, était un coquin.

DOGBERRY. — Ecrivez *le prince don Juan un coquin...*
Appeler coquin le frère d'un prince, c'est un parjure
clair.

BORACHIO. — Monsieur l'officier de paix...

DOGBERRY. — Silence, je t'en prie, l'ami! Je n'aime
pas ta mine, je te le promets.

LE SACRISTAIN, *aux gardes de nuit.* — Que lui avez-
vous entendu dire ensuite?

DEUXIÈME GARDE. — Morbleu, qu'il avait reçu mille
ducats de don Juan pour accuser injustement
madame Héro.

DOGBERRY. — C'est le plus clair brigandage qui
ait jamais été commis.

VERGÈS. — Oui, par la messe!

LE SACRISTAIN. — Et quoi encore, camarade?

PREMIER GARDE. — Ah! que le comte Claudio,
croyant à ses paroles, avait résolu de flétrir Héro devant
toute l'assemblée et de ne pas l'épouser.

DOGBERRY. — Ah! coquin! tu seras condamné pour
ça à la rédemption éternelle!

LE SACRISTAIN. — Quoi encore?

DEUXIÈME GARDE. — C'est tout.

LE SACRISTAIN, *aux deux prisonniers.* — Et c'est
plus, mes maîtres, que vous n'en pouvez nier. Le
prince Juan s'est évadé secrètement ce matin. Héro a
été accusée ainsi, refusée ainsi, et elle est morte de
douleur subitement... Monsieur l'officier de paix,
ordonnez qu'on attache ces hommes et qu'on les
mène à Léonato : je vais prendre les devants et lui
montrer l'interrogatoire. *(Il sort.)*

DOGBERRY. — Allons! qu'on les carrotte!

VERGÈS. — Qu'on leur lie les mains!

CONRAD. — Faquin!

DOGBERRY. — Dieu me pardonne! Où est le sacristain? Qu'il écrive que l'officier du prince est
un faquin! Allons, qu'on les attache!... Méchant
varlet!

CONRAD. — Foin! Vous êtes un âne! vous êtes un âne!

DOGBERRY. — Est-ce ainsi que tu suspectes ma dignité? que tu suspectes ma vieillesse? Oh! que l'autre n'est-il ici pour m'inscrire comme *âne ?* Çà, messieurs, souvenez-vous que je suis un *âne;* quoique ce ne soit pas écrit, n'oubliez pas au moins que je suis un *âne!*... Non, coquin, c'est toi qui es un monstre de piété, ainsi qu'on te le prouvera par de bons témoignages. Je suis, moi, un sage compagnon, et, qui plus est, un fonctionnaire, et, qui plus est, père de famille, et, qui plus est, le plus joli morceau de chair qui existe à Messine; un homme qui connaît les lois, vois-tu! et qui est assez riche, vois-tu! un gaillard qui a fait des pertes, ce qui ne l'empêche pas d'avoir deux robes et de ne porter que du beau!... Emmenez-le!... Ah! que ne suis-je inscrit comme *âne! (Tous sortent.)*

ACTE V

SCÈNE PREMIÈRE

Dans le palais de Léonato.

Entrent LÉONATO *et* ANTONIO.

ANTONIO. — Si vous continuez ainsi, vous vous tuerez : il n'est pas sage de seconder ainsi la douleur contre vous-même.

LÉONATO. — Je t'en prie, épargne-moi tes conseils qui tombent dans mon oreille sans plus de profit que de l'eau dans un crible. Ne me donne plus de conseils. Qu'aucun consolateur n'essaie de charmer mon oreille, si ses souffrances ne sont pas conformes aux miennes! Amène-moi un homme ayant aimé autant que moi son enfant, et dont la joie paternelle ait été brisée comme la mienne, puis dis-lui de parler de patience. Mesure son mal à la longueur et à la largeur du mien : qu'il y réponde effort pour effort, détail pour détail, douleur pour douleur! qu'il ait mêmes linéaments, mêmes ramifications, même aspect, même forme! Si un tel homme peut sourire et se caresser la barbe, dire au chagrin : Décampe! et crier *hem* au lieu de sangloter; s'il peut raccommoder sa douleur avec des proverbes et soûler son infortune en compagnie de brûleurs de chandelle, amène-le-moi, et je gagnerai de lui la patience. Mais un tel homme n'existe pas. Vois-tu, frère, les gens peuvent donner des conseils et parler de calme à une douleur qu'ils ne ressentent pas; mais, dès qu'ils l'éprouvent eux-mêmes, vite elle se change en passion, cette sagesse qui prétendait donner à la rage une médecine de préceptes, enchaîner la folie furieuse avec un fil de soie, charmer l'angoisse avec du vent et l'agonie avec des mots! Non! Non! C'est le métier de tout homme de parler de patience à ceux qui se tordent sous le poids de la souffrance; mais nul n'a la vertu ni le pouvoir d'être si moral, quand il endure lui-même la pareille. Donc ne me donne plus de conseils : ma douleur crie plus fort que les maximes.

ANTONIO. — Ainsi les hommes ne diffèrent en rien des enfants!

LÉONATO. — Paix, je te prie! Je veux être de chair et de sang. Il n'y a jamais eu de philosophe qui ait pu endurer avec patience le mal de dents, bien que tous aient écrit dans le style des dieux, et fait la nique à l'accident et à la souffrance.

ANTONIO. — Au moins ne faites pas peser sur vous-même toute la douleur; faites souffrir ceux aussi qui vous offensent.

LÉONATO. — Pour cela, tu as raison; c'est juste, je vais le faire. Mon âme me dit qu'Héro est calomniée; c'est ce que j'apprendrai à Claudio, et au prince, et à tous ceux qui la déshonorent.

ANTONIO. — Voici le prince et Claudio qui viennent à grands pas.

Don Pedro et Claudio entrent précipitamment.

DON PEDRO. — Bonsoir! Bonsoir!

CLAUDIO. — Salut à vous deux!

LÉONATO. — Un mot, messeigneurs...

DON PEDRO. — Nous sommes un peu pressés, Léonato.

LÉONATO. — Un peu pressés, monseigneur!... Soit! Adieu, monseigneur! Etes-vous à ce point pressés? Soit! Cela m'est égal.

DON PEDRO. — Voyons, ne nous cherchez pas querelle, bon vieillard.

ANTONIO. — S'il pouvait obtenir satisfaction par une querelle, il y en aurait parmi nous de couchés un peu bas.

CLAUDIO. — Et qui donc l'offense?

LÉONATO, *à Claudio.* — Morbleu, c'est toi qui m'offenses, toi, imposteur, toi!... Va, ne mets pas ta main à ton épée, je ne te crains pas.

CLAUDIO. — Morbleu, maudite ma main, si elle donnait à votre âge un tel motif de crainte! En vérité, ma main n'avait pas affaire à mon épée.

LÉONATO. — Bah! bah! l'ami! ne raillez pas, ne vous moquez pas de moi! Je ne parle pas comme un radoteur ou comme un niais, pour me targuer, sous le privilège de l'âge, de ce que j'ai fait étant jeune et de ce que je ferais si je n'étais pas vieux... Apprends-le sur ta tête, Claudio : tu as outragé mon innocente enfant, tu m'as outragé à ce point que je suis forcé de laisser là le respect de moi-même : sous mes cheveux gris, sous le poids écrasant des années, je te provoque à l'épreuve d'un homme. Je dis que tu as outragé ma fille innocente; ta calomnie lui a percé le cœur, et elle gît ensevelie avec ses ancêtres, hélas! dans une tombe où nul déshonneur ne dormit jamais, excepté le sien, œuvre de ton infamie!

CLAUDIO. — Mon infamie!

LÉONATO. — Ton infamie, Claudio, la tienne, dis-je!

DON PEDRO. — Vous ne dites pas vrai, vieillard.

LÉONATO. — Monseigneur! monseigneur! je le prouverai sur son corps, s'il ne recule pas, en dépit de son adresse et de sa pratique active de l'escrime, malgré sa jeunesse de mai et la floraison de sa vigueur.

CLAUDIO. — Arrière! je ne veux pas avoir affaire à vous!

LÉONATO. — Est-ce que tu peux me repousser ainsi? Tu as tué mon enfant : si tu me tues, garçon, tu tueras un homme.

ANTONIO. — Alors il en tuera deux, deux hommes vraiment. Mais peu importe! Qu'il en tue d'abord un! Qu'il commence par me vaincre et par m'anéantir! Qu'il me rende raison! (A Claudio.) Allons, suivez-moi, marmouset! Allons, messire marmouset, allons, suivez-moi. Je vous ferai rompre à coups de fouet, mon petit escrimeur! Oui, foi de gentilhomme, je m'y engage.

LÉONATO. — Mon frère!

ANTONIO. — Soyez calme... Dieu sait combien j'aimais ma nièce, et elle est morte! Elle a été calomniée à mort par des misérables qui sont aussi hardis à rendre raison à un homme que je le serais à prendre un serpent par la langue; des moutards, des magots, des fanfarons, des Jeannots, des soupes au lait!

LÉONATO. — Frère! Antony...

ANTONIO. — Restez donc calme. Ah! mon cher, je les connais bien; ce qu'ils pèsent, je le sais jusqu'au dernier scrupule : des tapageurs, des bravaches, de petits singes à la mode, qui mentent, et cajolent, et raillent, et souillent, et calomnient, grotesques ambulants qui affectent des airs terribles, et qui disent en une demi-douzaine de mots dangereux tout le mal qu'ils pourraient faire à leurs ennemis, s'ils osaient! Voilà tout!

LÉONATO. — Mais, mon frère, Antony...

ANTONIO. — Allons, ceci me regarde seul; ne vous en mêlez pas, laissez-moi faire.

DON PEDRO. — Messieurs, nous ne voulons pas irriter votre patience. *(A Léonato.)* Mon cœur est affligé de la mort de votre fille; mais, sur mon honneur, elle n'a été accusée de rien qui ne fût vrai et parfaitement prouvé.

LÉONATO. — Monseigneur! monseigneur!

DON PEDRO. — Je ne veux plus vous écouter.

LÉONATO. — Non? Allons, frère, partons! Je veux être écouté, moi.

ANTONIO. — Et vous le serez, ou il en cuira à plusieurs d'entre nous. *(Léonato et Antonio sortent.)*

Entre Bénédict.

DON PEDRO. — Voyez, voyez : voici l'homme que nous allions chercher.

CLAUDIO. — Eh bien! signor, quoi de nouveau?

BÉNÉDICT, *gravement*. — Bonjour, monseigneur.

DON PEDRO. — Salut, signor. Vous arrivez presque pour séparer presque des combattants.

CLAUDIO. — Nous avons failli avoir nos deux nez rompus par deux vieux hommes sans dents.

DON PEDRO. — Léonato et son frère! Qu'en dis-tu, Bénédict? Si nous nous étions battus, je doute que nous eussions été trop jeunes pour eux.

BÉNÉDICT. — Il n'y a pas de vraie valeur dans une querelle injuste. Je vous cherchais tous deux.

CLAUDIO. — Et nous, nous t'avons cherché partout : nous sommes en proie à une mélancolie opiniâtre, et nous voudrions la chasser. Veux-tu y employer ton esprit?

BÉNÉDICT. — Il est dans mon fourreau : dois-je l'en tirer?

DON PEDRO. — Est-ce que tu portes ton esprit au côté?

CLAUDIO. — C'est ce qui ne s'est jamais fait, quoique bien des gens aient l'esprit de travers. N'importe! je veux voir la pointe du tien, et je ne te demande, comme à un ménestrel, qu'une pointe amusante.

DON PEDRO. — Foi d'honnête homme, il pâlit.

A Bénédict.

Es-tu malade, ou furieux?

CLAUDIO. — Allons! du courage, l'ami! Le chagrin a beau tuer un chat, tu as assez de fermeté pour tuer le chagrin.

BÉNÉDICT. — Monsieur, je riposterai à votre esprit sur le terrain, si vous pressez ainsi l'attaque... Choisissez, je vous prie, un autre sujet.

CLAUDIO. — Allons! qu'on lui donne une autre lance! Celle-ci vient de se rompre.

DON PEDRO. — Sur ma parole, il change de plus en plus. Je crois qu'il est réellement furieux.

CLAUDIO. — S'il l'est, il sait comment retourner sa ceinture.

BÉNÉDICT. — Puis-je vous dire un mot à l'oreille?

CLAUDIO. — Dieu me préserve d'un cartel!

BÉNÉDICT, *bas, à Claudio.* — Vous êtes un misérable. Je ne plaisante pas. Je vous le prouverai comme vous voudrez, avec ce que vous voudrez, et quand vous voudrez. Rendez-moi raison, ou je déclarerai que vous êtes un lâche : vous avez tué une femme charmante, sa mort doit retomber sur vous. Il faut que j'aie de vos nouvelles!

CLAUDIO, *tout haut.* — C'est bien, j'irai à votre rendez-vous, à condition que j'y trouverai bonne chère.

Don Pedro. — Quoi! un festin? un festin?

Claudio. — Oui, ma foi, et je l'en remercie : il veut me régaler d'une tête de veau et d'un chapon; si je ne les découpe pas très galamment, dites que mon couteau ne vaut rien... Est-ce que je ne trouverai pas une bécasse aussi?

Bénédict. — Monsieur, votre esprit va l'amble parfaitement; il a l'allure aisée.

Don Pedro, *à Bénédict*. — Je vais te répéter l'éloge que Béatrice faisait l'autre jour de ton esprit. Je disais que tu avais l'esprit fin. — *C'est vrai*, dit-elle, *il l'a si mince*. — *Non*, disais-je, *il a un esprit profond*. — *C'est juste*, dit-elle, *il l'a si épais!* — *Nullement*, disais-je, *il a un bon esprit*. — *C'est exact*, dit-elle, *il l'a si inoffensif!* — *Point!* disais-je, *il a tant de raison*. — *C'est certain*, dit-elle, *il a tant de prudence!* — *Il possède plusieurs langues*, disais-je. — *Ça, je le crois*, dit-elle : *il m'a affirmé lundi soir ce qu'il m'a nié mardi matin; il a la langue double, il a deux langues*... C'est ainsi qu'une heure durant, elle a travesti en détail toutes tes qualités; pourtant, à la fin, elle a conclu, avec un soupir, que tu étais l'homme le plus accompli de l'Italie.

Claudio. — Et elle en a pleuré de tout son cœur, en disant qu'elle ne s'en souciait pas.

Don Pedro. — Oui, elle a dit cela; mais je soutiens, en dépit de tout, que, si elle ne le hait pas mortellement, elle doit l'aimer follement. La fille du vieillard nous a tout dit.

Claudio. — Tout, tout; et d'ailleurs, comme dit l'Ecriture : *Dieu le vit quand il était caché dans le jardin*.

Don Pedro. — Ah çà! quand mettrons-nous les cornes du taureau sauvage sur la tête du sensible Bénédict?

Claudio. — Oui, avec cet écriteau au-dessous : *Ici demeure Bénédict, l'homme marié*.

Bénédict, *à Claudio*. — Au revoir, enfant! Vous savez ce que je veux dire. Je vous laisse pour le moment à votre humeur causeuse : vous brisez les mots comme un fanfaron les lames, sans faire de mal, Dieu merci!

(A don Pedro.) Monseigneur, je vous remercie de vos nombreuses courtoisies, je dois renoncer à votre compagnie : votre frère, le bâtard, s'est enfui de Messine ; vous avez, entre vous, tué une femme charmante et pure. Quant à Monseigneur Sans barbe que voilà, lui et moi, nous nous reverrons ; jusqu'alors, la paix soit avec lui ! *(Bénédict sort.)*

Don Pedro. — Il parle sérieusement.

Claudio. — Le plus sérieusement du monde : et c'est, j'en suis sûr, pour l'amour de Béatrice.

Don Pedro. — Et il t'a provoqué ?

Claudio. — Tout de bon.

Don Pedro. — Quelle jolie créature que l'homme, quand il erre en pourpoint et en haut-de-chausses, sans avoir sa raison !

Claudio. — Parfois, alors, comparé, à un singe, c'est un géant ; mais parfois aussi, comparé à lui, un singe est un maître.

Don Pedro. — C'est assez. Redevenons nous-mêmes : reprends ton sang-froid, mon cœur, et soyons graves. N'a-t-il pas dit que mon frère était en fuite ?

Entrent Dogberry, Vergès et le guet, conduisant Conrad et Borachio.

Dogberry, *à l'un des prisonniers.* — Avancez, monsieur : si la justice ne vous réprime pas, c'est qu'elle renonce à peser les raisins dans sa balance : si une fois il est reconnu que vous êtes un maudit hypocrite, il faudra qu'on ait l'œil sur vous.

Don Pedro. — Que vois-je ? Deux des gens de mon frère enchaînés ! Et Borachio, l'un d'eux !

Claudio. — Informez-vous de leur délit, monseigneur !

Don Pedro. — Officiers, quel délit ont commis ces hommes ?

Dogberry. — Morbleu, monsieur, ils ont commis un faux rapport ; en outre, ils ont dit des mensonges ; secondairement, ils sont des calomnies ; sixièmement enfin, ils ont diffamé une dame ; troisièmement, ils ont attesté des choses inexactes ; et, pour conclure, ce sont de fieffés menteurs.

DON PEDRO. — Premièrement, je te demande ce qu'ils ont fait; troisièmement, je te demande quel est leur délit; sixièmement enfin, pourquoi ils sont arrêtés; et, pour conclure, ce que vous avez à dire à leur charge.

CLAUDIO. — Déduction excellente, conforme à ses propres règles! Ma foi, voilà une question bien posée.

DON PEDRO, *aux prisonniers*. — Qui avez-vous offensé, mes maîtres? De quoi êtes-vous ainsi contraints de répondre? Ce savant officier de paix est trop fin pour que je le comprenne. Quel est votre délit?

BORACHIO. — Doux prince, il n'est pas besoin que j'aille plus loin pour répondre : écoutez-moi, et que le comte me tue! J'ai trompé vos yeux mêmes; ce que votre sagacité n'a pu découvrir, a été mis au jour par ces niais grossiers. Ils m'ont entendu, la nuit, raconter à cet homme *(il montre Conrad)* comment don Juan, votre frère, m'avait provoqué à calomnier madame Héro; comment, amenés dans le jardin, vous m'avez vu courtiser Marguerite déguisée en Héro, et comment, vous, comte, vous avez flétri celle que vous deviez épouser. Ils ont fait de mon crime un procès-verbal que je scellerais de ma mort, plutôt que de le répéter à ma honte. Cette dame est morte de la fausse accusation faite par mon maître et par moi : je ne demande rien que la récompense d'un scélérat.

DON PEDRO, *à Claudio*. — Est-ce que ces paroles ne traversent pas vos veines comme de l'acier?

CLAUDIO. — J'ai bu du poison à chaque mot qu'il a dit.

DON PEDRO, *à Borachio*. — Mais est-ce bien mon frère qui t'a poussé à ceci?

BORACHIO. — Oui, et il m'a payé richement pour l'exécution.

DON PEDRO. — C'est la trahison incarnée! Et il a fui après ce crime!

CLAUDIO. — Douce Héro! voici que ton image m'apparaît sous les traits exquis de celle que j'ai commencé par aimer.

DOGBERRY. — Allons! emmenez les plaintifs... En ce moment, le sacristain doit avoir réformé le signor

Léonato de cette affaire. *(Aux gardes de nuit.)* Ah çà! messieurs, n'oubliez pas de spécifier en temps et lieu que je suis un *âne*.

VERGÈS. — Voici, voici monsieur le signor Léonato qui vient avec le sacristain.

> *Léonato et Antonio entrent, suivis du sacristain.*

LÉONATO. — Quel est le misérable?... Faites-moi voir ses yeux, afin que, s'il m'arrive d'apercevoir un homme comme lui, je puisse l'éviter : lequel est-ce des deux?

BORACHIO. — Si vous voulez connaître votre malfaiteur, regardez-moi.

LÉONATO. — Es-tu le scélérat dont le souffle a tué mon enfant innocent?

BORACHIO. — Oui, c'est moi seul.

LÉONATO. — Non, maraud, non pas; tu te calomnies toi-même : voici devant moi deux nobles hommes — le troisième est en fuite — qui ont une main dans ceci! Je vous remercie, prince, de la mort de ma fille; inscrivez-la parmi vos hauts faits glorieux; c'est une action héroïque, songez-y.

CLAUDIO. — Je ne sais comment implorer votre patience, cependant il faut que je parle. Choisissez vous-même votre vengeance; infligez-moi la peine que votre imagination peut imposer à ma faute; et pourtant si j'ai failli, ce n'est que par méprise.

DON PEDRO. — Sur mon âme, et moi aussi! Néanmoins, pour satisfaire ce bon vieillard, je veux me soumettre à ce qu'il m'imposera de plus écrasant.

LÉONATO. — Je ne puis pas vous dire : Dites à ma fille de vivre. Cela serait impossible; mais, je vous en prie tous deux, apprenez au peuple de Messine qu'elle est morte innocente; et, si votre amour pour elle peut vous donner quelque triste inspiration, couvrez son tombeau d'une épitaphe, et chantez-la à ses ossements; chantez-la cette nuit même. *(A Claudio.)* Demain matin, venez chez moi, et, puisque vous n'avez pu être mon gendre, soyez du moins mon neveu : mon frère a une fille qui est presque le portrait de l'enfant que j'ai perdue, et qui est notre unique héritière à tous deux; donnez-lui le titre que vous auriez donné à sa cousine, et ma vengeance est morte.

CLAUDIO. — Oh! noble seigneur! votre extrême bonté m'arrache des larmes! J'embrasse votre offre; disposez à l'avenir du pauvre Claudio.

LÉONATO. — Demain donc je vous attends; pour ce soir, je vous laisse. *(Montrant Borachio à don Pedro.)* Ce méchant homme sera confronté avec Marguerite qui, je le crois, a trempé dans ce crime, payée par votre frère.

BORACHIO. — Non, sur mon âme, il n'en est rien : elle ne savait pas ce qu'elle faisait, lorsqu'elle me parlait; elle a toujours été probe et vertueuse, dans tout ce que je connais d'elle.

DOGBERRY, *à Léonato*. — En outre, seigneur, quoique la chose ne soit pas mise en blanc et en noir, sachez que le plaignant, le délinquant que voici m'a appelé *âne*; souvenez-vous-en, je vous en supplie, dans votre sentence. De plus, les gens du guet lui ont entendu parler d'un certain *grotesque*. Cet homme porte, dit-on, à chaque oreille une clef à laquelle pend un cadenas; il emprunte, au nom de Dieu, de l'argent qu'il a l'habitude de ne pas rendre; de sorte qu'à présent les gens s'endurcissent et ne veulent plus prêter pour l'amour de Dieu. Je vous en prie, interrogez-le sur ce point.

LÉONATO. — Je te remercie de ta peine et de tes bons services.

DOGBERRY. — Votre Seigneurie parle comme un très reconnaissant et très révérend jouvenceau; et je loue Dieu de vous.

LÉONATO, *lui donnant sa bourse*. — Voici pour ta peine.

DOGBERRY. — Que Dieu bénisse la fondation!

LÉONATO. — Va, je te donne décharge de ton prisonnier, et je te remercie.

DOGBERRY. — Je laisse un coquin fieffé avec Votre Seigneurie; je demande à Votre Seigneurie une correction qui serve d'exemple aux autres. Dieu garde Votre Seigneurie! Je souhaite à Votre Seigneurie le bonheur. Que Dieu vous restaure à la santé! Je vous donne humblement congé. S'il est permis de souhaiter encore notre joyeuse réunion, que Dieu la prohibe! *(A Vergès.)* Venez, voisin. *(Dogberry, Vergès et le guet sortent.)*

LÉONATO. — Jusqu'à demain matin, seigneurs! Adieu!

ANTONIO. — Adieu, messeigneurs, nous vous attendons demain.

DON PEDRO. — Nous n'y manquerons pas.

CLAUDIO. — Cette nuit, j'irai pleurer auprès d'Héro. *(Don Pedro et Claudio sortent.)*

LÉONATO, *à ses gardes.* — Emmenez ces hommes. Nous allons demander à Marguerite comment elle a fait connaissance avec ce mauvais sujet.

SCÈNE II

Dans le jardin de Léonato.

BÉNÉDICT et MARGUERITE *entrent en se rencontrant.*

BÉNÉDICT. — Je t'en prie, chère Marguerite, rends-moi un service : procure-moi un entretien avec Béatrice.

MARGUERITE. — Alors, me promettez-vous d'écrire un sonnet à la louange de ma beauté?

BÉNÉDICT. — Oui, et en style si sublime, Marguerite, que pas un homme n'en approchera, car, en bonne vérité, tu le mérites.

MARGUERITE. — Je mérite qu'aucun homme ne m'approche? Ferai-je donc toujours antichambre?

BÉNÉDICT. — Ton esprit est aussi vif que la gueule du lévrier : il mord.

MARGUERITE. — Et le vôtre, aussi obtus qu'un fleuret d'escrime : il frappe sans blesser.

BÉNÉDICT. — C'est un esprit vraiment viril, Marguerite, qui ne voudrait pas blesser une femme. Je t'en prie, veuille appeler Béatrice; je te rends mon bouclier.

MARGUERITE. — Donnez-nous les épées, messieurs : les boucliers sont de notre côté.

BÉNÉDICT. — Si vous voulez manier l'épée, Marguerite, commencez par mettre la pointe dans un étau : c'est une arme dangereuse pour les filles.

MARGUERITE. — Allons! je vais vous appeler Béatrice qui, je pense, a des jambes.

BÉNÉDICT. — Et qui par conséquent viendra. *(Marguerite sort. — Seul, chantant.)*

> *Le Dieu d'amour*
> *Qui siège là-haut*
> *Et me connaît, et me connaît,*
> *Sait combien je suis pitoyable...*

Comme poète, s'entend, car comme amant! Léandre, le bon nageur, Troylus, le premier qui fit usage d'entremetteurs et toute la litanie de ces ci-devant héros de boudoir dont les noms roulent encore harmonieusement sur la route unie du vers blanc, n'ont jamais été bouleversés par l'amour aussi profondément que mon pauvre individu. Eh bien! je ne puis pas exprimer cela en vers; j'ai essayé; je ne puis trouver à *lady* d'autre rime que *baby*, rime par trop innocente; à *raillerie*, *tromperie*, rime par trop dure; à *école*, *folle*, rime par trop impertinente! toutes terminaisons sinistres! Non, je ne suis pas né sous une planète rimeuse, et je ne sais pas faire ma cour en termes de festival.

Entre Béatrice.

Suave Béatrice, tu daignes donc venir quand je t'appelle?

BÉATRICE. — Oui, signor, et partir quand vous me le dites!

BÉNÉDICT. — Oh! reste jusqu'à ce moment-là!

BÉATRICE. — Vous avez dit *ce moment-là* : adieu donc!... Mais avant de partir, que j'emporte au moins ce que je suis venue chercher, le récit de ce qui a eu lieu entre vous et Claudio!

BÉNÉDICT. — Rien qu'un échange de mots aigres, après lequel je te dois un baiser. *(Il essaie de l'embrasser.)*

BÉATRICE, *le repoussant.* — Un mot aigre n'est

qu'un souffle aigre, un souffle aigre n'est qu'une haleine aigre, et une haleine aigre est nauséabonde : donc je veux partir sans votre baiser.

BÉNÉDICT. — Tu as arraché le mot de son vrai sens, tant ton esprit a fait effort; mais, s'il faut te le dire nettement, Claudio a reçu mon cartel : ou j'entendrai bientôt parler de lui, ou je le proclame un lâche. Et maintenant dis-moi, je te prie, pour lequel de mes défauts es-tu tombée en amour de moi?

BÉATRICE. — Pour tous à la fois, car ils maintiennent chez vous l'empire du mal si strictement qu'ils ne permettent à aucune qualité de se fourrer parmi eux. Mais quelle est celle de mes qualités qui vous a la première infligé de l'amour pour moi?

BÉNÉDICT. — *Infligé* de l'amour! L'expression est parfaite! Il m'a bien été infligé, en effet, car c'est malgré moi que je t'aime.

BÉATRICE. — C'est, je pense, en dépit de votre cœur. Hélas! ce pauvre cœur! si vous le dépitez autant pour l'amour de moi, je le dépiterai pour l'amour de vous, car je ne veux pas aimer ce que mon ami déteste.

BÉNÉDICT. — Toi et moi, nous avons trop d'esprit pour coqueter paisiblement.

BÉATRICE. — Il n'en paraît rien dans cet aveu-là : il n'y a pas un homme d'esprit sur vingt qui se vante lui-même.

BÉNÉDICT. — Vieux système, Béatrice, vieux système qui existait au temps des bons voisins! Dans ce siècle, si un homme n'érige pas son propre tombeau avant de mourir, il risque de n'avoir pas un monument plus durable que le tintement de la cloche et les pleurs de sa veuve.

BÉATRICE. — Et combien durent-ils, croyez-vous?

BÉNÉDICT. — Quelle question! une heure de hauts cris et un quart d'heure de larmoiement! Je conseille donc au sage, si don Vermisseau, le scrupule, n'y fait pas obstacle, d'être, comme moi, le trompette de ses propres vertus. En voilà assez sur mon panégyrique par moi-même qui, je me rends ce témoignage, est parfaitement mérité... Dites-moi maintenant comment se trouve votre cousine!

BÉATRICE. — Fort mal.

BÉNÉDICT. — Et vous?

BÉATRICE. — Fort mal aussi.

BÉNÉDICT. — Servez Dieu, aimez-moi, et vous irez mieux. Sur ce je vous laisse, car voici quelqu'un qui vous arrive en toute hâte.

Entre Ursule

URSULE. — Madame, il faut venir auprès de votre oncle. Toute la maison est sens dessus dessous. Il est prouvé que madame Héro a été faussement accusée, que le prince et Claudio ont été grossièrement abusés, et que don Juan, qui est en fuite, est l'auteur de tout. Voulez-vous venir immédiatement?

BÉATRICE, *à Bénédict.* — Voulez-vous, signor, vous assurer de la nouvelle?

BÉNÉDICT. — Je veux vivre dans ton cœur, mourir dans ton giron, et être enseveli dans tes yeux; et, en outre, je veux aller avec toi près de ton oncle. *(Ils sortent.)*

SCÈNE III

L'intérieur d'une église.

Il fait nuit. Entrent DON PEDRO, CLAUDIO, *vêtus de deuil, suivis de musiciens et de porte-cierges.*

CLAUDIO, *à l'un des assistants.* — Est-ce là le monument de famille de Léonato?

L'ASSISTANT. — Oui, monseigneur.

CLAUDIO, *s'approchant du tombeau et lisant un parchemin.* —

Frappée à mort par des langues calomnieuses
Fut Héro qui gît ici.
En récompense de ses douleurs, la mort
Lui donne un renom immortel.
Ainsi la vie, qui mourut de honte,
Vit de gloire dans la mort.

Epitaphe, pends-toi à ce tombeau, pour la louer quand je serai muet! *(Il fixe le parchemin au monument.)* Maintenant, musiciens, sonnez et chantez votre hymne solennel.

CHANT.

Pardonne, déesse de la nuit,
A ceux qui tuèrent ta vierge-chevalière :
En expiation, avec des chants douloureux,
Ils viennent autour de sa tombe.
Minuit, fais écho à nos lamentations!
Aide-nous à soupirer et à gémir,
  Tristement, tristement.
Bâille, tombeau, et laisse aller la morte,
Jusqu'à ce que l'arrêt de mort soit prononcé,
  Divinement, divinement.

Le jour se lève.

CLAUDIO. — Maintenant, bonne nuit à tes os! Je veux chaque année observer ce rite funèbre.

DON PEDRO, *aux assistants.* — Adieu, mes maîtres! Eteignez vos torches; les loups ont fini leur curée; et voyez : grâce au jour doux qui court en avant du char de Phébus, tout autour de vous, l'Orient assoupi est déjà pommelé de taches de gris! Merci à vous tous, et laissez-nous! Au revoir!

CLAUDIO. — Adieu, mes maîtres! Que chacun rentre chez lui!

DON PEDRO. — Allons, partons d'ici, et mettons d'autres vêtements pour nous rendre ensuite chez Léonato.

CLAUDIO. — Et puisse le nouvel hymen voler à une issue plus heureuse que celui qui vient de nous coûter tant de douleurs! *(Tous sortent.)*

SCÈNE IV

Une salle dans le palais de Léonato.

Entrent LÉONATO, ANTONIO, BÉNÉDICT, BÉATRICE,
  URSULE, LE MOINE *et* HÉRO.

LE MOINE. — Ne vous-ai je pas dit qu'elle était
innocente?

LÉONATO. — Le prince et Claudio sont innocents
aussi. S'ils l'ont accusée, c'est à cause de la méprise
qui a été éclaircie devant vous. Marguerite a eu ses
torts dans tout ceci, bien que sa faute soit involontaire,
comme on l'a vu dans le cours régulier de l'instruction.

ANTONIO. — N'importe! je suis charmé que tout
ait si bien tourné.

BÉNÉDICT. — Et moi aussi, moi qui autrement
aurais été obligé d'honneur à demander des comptes
au jeune Claudio.

LÉONATO. — Allons, ma fille, et vous toutes, mesdames, retirez-vous dans une chambre à part, et,
quand je vous ferai appeler, vous viendrez ici masquées.
Voici l'heure où le prince et Claudio ont promis de
me faire visite... Frère, vous connaissez votre office :
vous devez servir de père à la fille de votre frère, et la
donner au jeune Claudio.

ANTONIO. — Et je le ferai de l'air le plus grave.
(Les dames sortent.)

BÉNÉDICT, *au moine.* — Mon frère, j'aurai, je crois,
à invoquer votre ministère.

LE MOINE. — Pour quoi, seigneur?

BÉNÉDICT. — Pour consacrer mon bonheur ou ma
perte, l'un ou l'autre... Signor Léonato! la vérité
est, bon signor, que votre nièce me regarde avec des
yeux favorables.

LÉONATO. — Les yeux que ma fille lui a prêtés,
c'est très vrai.

BÉNÉDICT. — Et en retour, j'ai pour elle les yeux de l'amour.

LÉONATO. — Vous tenez ces regards-là de moi, de Claudio et du prince. Eh bien! quel est votre désir?

BÉNÉDICT. — Votre réponse, monsieur, est énigmatique. Quant à mon désir, puisse-t-il être d'accord avec votre désir! Mon désir est d'être aujourd'hui même conjoint à l'état d'honorable mari... *(Au moine.)* Voilà pourquoi, bon frère, je réclame votre assistance.

LÉONATO. — Mon cœur est à votre souhait.

LE MOINE. — Ainsi que mon assistance. Voici le prince et Claudio.

Entrent don Pedro et Claudio, avec leur suite.

DON PEDRO. — Bonjour à cette belle assemblée!

LÉONATO. — Bonjour, prince! Bonjour, Claudio! nous sommes à vos ordres. *(A Claudio.)* Êtes-vous toujours déterminé à vous marier aujourd'hui avec la fille de mon frère?

CLAUDIO. — Je persiste dans mes intentions, fût-elle une Ethiopienne.

LÉONATO. — Allez la chercher, frère : le moine est prêt. *(Antonio sort.)*

DON PEDRO. — Bonjour, Bénédict! Eh bien! que se passe-t-il, que vous avez cette figure de Février, pleine de frimas, de tempêtes et de nuages?

CLAUDIO. — Je pense qu'il pense au taureau sauvage... Bah! ne crains rien, mon cher, nous dorerons tes cornes, et tu feras la joie de la moderne Europe, comme l'ardent Jupiter fit celle de l'antique Europe, quand pour l'amour d'elle il joua à la noble bête!

BÉNÉDICT. — Le taureau Jupiter avait un aimable mugissement. Quelque taureau comme lui a dû saillir la vache de votre père et lui faire, par un de ces nobles traits, un veau qui vous ressemble fort, car vous avez juste son beuglement.

Antonio rentre, conduisant Héro, Béatrice et Ursule, masquées.

CLAUDIO, *à Bénédict.* — Je vous dois quelque chose pour ceci; mais voici d'autres comptes à régler. Quelle est celle de ces dames dont je dois m'emparer?

ANTONIO, *lui présentant Héro*. — La voici, et je vous la donne.

CLAUDIO. — En ce cas, elle est à moi... Charmante, que je voie votre visage!

LÉONATO. — Non! pas avant que vous ayez accepté sa main, en présence de ce moine, et juré de l'épouser.

CLAUDIO, *à Héro*. — Donnez-moi votre main devant ce saint prêtre : je suis votre mari, si vous m'agréez.

HÉRO, *se démasquant*. — Quand je vivais, j'étais votre première femme; et quand vous m'aimiez, vous étiez mon premier mari.

CLAUDIO. — Une seconde Héro!

HÉRO. — Rien n'est plus certain; une Héro est morte déshonorée; mais moi, je vis; et, aussi vrai que je vis, je suis vierge..

DON PEDRO. — Ah! c'est bien la première Héro! la même qui est morte.

LÉONATO. — Elle n'est restée morte, monseigneur, que tant que son déshonneur a vécu.

LE MOINE. — Je calmerai votre surprise, quand, la sainte cérémonie terminée, je vous raconterai en détail la mort de la belle Héro. Jusque-là, regardez le miracle comme chose familière, et rendons-nous immédiatement à la chapelle.

BÉNÉDICT. — Bien dit, frère!... Laquelle est Béatrice!

BÉATRICE, *se démasquant*. — Je réponds à ce nom : que me voulez-vous?

BÉNÉDICT. — Est-ce que vous ne m'aimez pas?

BÉATRICE. — Non, pas plus que de raison.

BÉNÉDICT. — Alors, votre oncle, le prince et Claudio ont été grandement déçus; car ils ont juré que vous m'aimiez.

BÉATRICE. — Est-ce que vous ne m'aimez pas?

BÉNÉDICT. — Ma foi, non, pas plus que de raison.

BÉATRICE. — Alors, ma cousine, Marguerite et Ursule sont grandement déçues : car elles ont juré que vous m'aimiez.

BÉNÉDICT. — Ils ont juré que vous étiez presque malade d'amour pour moi.

BÉATRICE. — Elles ont juré que vous étiez à peu près mort d'amour pour moi.

BÉNÉDICT. — Il n'en est rien... Ainsi, vous ne m'aimez pas?

BÉATRICE. — Pas autrement, en vérité, que d'une amicale sympathie.

LÉONATO. — Allons, cousine, je suis sûr que vous aimez ce gentilhomme.

CLAUDIO. — Et moi, je suis prêt à jurer qu'il est amoureux d'elle; car voici un papier écrit de sa main, un sonnet sorti tout boiteux de sa pure cervelle, et adressé à Béatrice.

HÉRO. — Et en voici un autre, tombé de la poche de ma cousine, écrit de sa main, et exprimant son affection pour Bénédict.

BÉNÉDICT. — Miracle! voici nos mains unies contre nos cœurs!... Allons : je veux bien de toi; mais, vrai! je te prends par pitié.

BÉATRICE. — Je ne veux pas vous refuser; mais, par la lumière du jour! je cède à la persuasion et, en partie, au désir de vous sauver la vie, car on m'a dit que vous mouriez de consomption.

BÉNÉDICT. — Silence! je vous ferme la bouche. *(Il lui donne un baiser.)*

DON PEDRO. — Comment vas-tu, *Bénédict l'homme marié ?*

BÉNÉDICT. — Veux-tu que je te dise, prince? un collège de faiseurs d'esprit ne me bernerait pas hors de mon goût. Crois-tu que je me soucie d'une satire ou d'une épigramme? non : si un homme se laisse secouer par toutes les cervelles, il n'arrive jamais à rien de bon. Bref, puisque je suis résolu à me marier, je veux regarder comme non avenu tout ce qu'on peut dire à l'encontre. Ainsi, ne vous moquez pas de mes contradictions : car l'homme est un être inconstant; et voilà ma conclusion... Quant à toi, Claudio, je pensais t'étriller; mais puisque tu vas devenir mon parent, esquive les coups, et aime ma cousine.

CLAUDIO. — J'avais espéré que tu refuserais Béatrice; alors, sans scrupule, j'aurais terminé sous le bâton ta vie de célibataire, pour t'apprendre à jouer double jeu; ce que, sans doute, tu continueras de faire, si ma cousine ne te surveille pas de très près.

BÉNÉDICT. — Allons! allons! nous sommes amis; dansons avant de nous marier, pour alléger nos cœurs et les talons de nos femmes.

LÉONATO. — Nous aurons la danse ensuite.

BÉNÉDICT. — Non, ma foi, d'abord! Ainsi, faites jouer la musique! *(A don Pedro.)* Prince, tu es triste : prends femme, prends femme; il n'est pas de canne plus respectable que la canne à pointe de corne.

Entre un messager.

LE MESSAGER. — Monseigneur, votre frère don Juan a été arrêté dans sa fuite, et ramené à Messine par des hommes armés.

BÉNÉDICT, *à don Pedro.* — Ne pensons pas à lui avant demain : je te trouverai pour lui un bon châtiment... En avant les flûtes! *(On danse. — Tous sortent.)*

COMME IL VOUS PLAIRA

NOTICE
SUR
COMME IL VOUS PLAIRA

Comme il vous plaira a sans doute été écrite vers 1599 et représentée au début de 1600. C'est une comédie légère, mais qui, comme les comédies de cette période, contient des éléments graves et mélancoliques.

Elle a été inspirée à Shakespeare par un roman de Thomas Lodge, publié en 1590, appelé *Rosalynde or Euphues' Golden Legacie*, et l'un des plus délectables exemples du style précieux, « euphuistique » de ce disciple de Lyly. Shakespeare y a trouvé son héroïne et une excellente analyse de l'amour chez une jeune fille. Il a ajouté à ce que lui fournissait Lodge quelques personnages, dont l'un est inutile à l'action, — Jacques — mais que personne ne songerait à lui reprocher, et une fantaisie brillante, tantôt précieuse comme l'original, tantôt spontanée, parfois familière et presque grossière, parfois aussi subtile que celle de Marivaux. L'ensemble est varié, disparate, avec des oublis curieux chemin faisant (le pauvre Adam, le serviteur fidèle d'Orlando, disparaît sans qu'on puisse retrouver sa trace!), mais est incontestablement du meilleur Shakespeare.

Le décor est la forêt des Ardennes où Thomas Lodge place aussi ses personnages. Mais ces Ardennes françaises — où poussent oliviers et palmiers et qui sont le repaire de lions et de cerfs, sont pourtant bien proches d'une forêt anglaise, et les compagnons du duc proscrit font penser au Robin Hood de la légende anglaise. Ils sont des hors-la-loi romanesques, des sortes de « maquisards » d'opérette qui chantent leurs peines et

leurs joies en de jolis couplets célèbres. Mais à l'orée
des bois va se dérouler parallèlement, une pastorale
plus gracieuse, lorsque les deux jeunes filles, bannies
elles aussi, fuiront la cour de l'usurpateur, et, bientôt
nanties d'une chaumière et d'un troupeau, devien-
dront bergères. Cela serait banal, car cet attirail
classique de la pastorale s'agrémente d'un amant qui
est le type parfait de l'amour courtois et qui attache
aux arbres des sonnets à sa belle, si cette belle — la
charmante Rosalinde — ne relevait pas ce fond un
peu fade par sa vigoureuse personnalité, et si, à travers les chassés-croisés ingénieux des travestis, on ne
découvrait pas la plus fine peinture de l'amour qui
ait jamais été tentée sur la scène : craintes d'abord,
attirance involontaire, luttes contre le danger qu'elle
voit lucidement, désir de mieux connaître, sous un
déguisement, celui à qui elle a, malgré elle, donné
son cœur, plaisir de le railler un peu, quand elle sent
son pouvoir sur lui. On a dit que ces badinages étaient
« équivoques » car Rosalinde porte l'habit d'homme,
et le public savait, de surcroît, que le rôle était tenu
par un jeune garçon. Ce rôle est subtil certes, mais
jamais déplaisant, de nos jours du moins.

Comme il arrive souvent dans Shakespeare, l'amitié
est à côté de l'amour. Célia, la cousine de Rosalinde,
finira par épouser un Olivier repenti pour les besoins
de la scène. Mais, pour nous, elle est surtout l'amie
affectueuse, plus faible que l'autre, plus maternelle
aussi.

La nature n'est pas toujours un séjour de paix et
de bonheur, comme dans la pastorale classique. Le
duc banni et ses compagnons ont fui l'usurpateur et
sa haine. S'ils se résignent à leur sort, il leur reste
quelque amertume, quand ils songent aux amis infidèles et à l'ingratitude de ceux qui sont restés. Orlando,
jeune premier, poète et amant malheureux, a souffert
du mépris d'un frère qui le déteste et qui a essayé
de l'envoyer à la mort. Le fou, Touchstone — Pierre de
Touche est la traduction consacrée — qui critique,
attaque, raille et satirise, a une philosophie déprimante
et cynique. Et puis il y a Jacques, Jacques le mélanco-

lique, que Shakespeare a inventé et qui ne joue aucun
rôle dans l'action. A-t-il voulu exprimer par sa bouche
combien la vie lui semblait vaine et illogique, comme
le diront bientôt les personnages de ses tragédies?
Mais Jacques est arrogant, discourtois, parfois ridicule,
ce qui semble éliminer cette hypothèse. C'est un misan-
thrope, que les romantiques aimeront pour son cœur
sensible et aisément blessé, pour son amour de la
nature, pour sa pitié devant la souffrance des bêtes,
pour ses commentaires désabusés, et surtout pour son
goût de la mélancolie.

Tout cela suffit-il pour faire juger cette comédie
grave? Le mal est présent, certes, et la pastorale est
une « évasion » loin des soucis, comme elle l'est souvent. La mélancolie jette une ombre sur la jeunesse;
et même cette crainte devant la vie — qu'on retrouve
dans d'autres comédies — montre jusque chez Rosalinde un sens obscur du malheur, rare à cet âge. Pourtant presque tout ici est divertissant et gracieux. L'esprit
est partout, précieux et alambiqué souvent, dans les
dialogues amoureux où Rosalinde se moque de son
amant, et l'attire ensuite, où elle le décourage, le
tourmente, le pousse à se déclarer pour le railler de
plus belle; il est dans les charmantes taquineries
entre les deux cousines, où se mêlent tendresse et
moqueries, dans les parodies pédantes du bouffon. Et
la poésie revêt toutes choses de grâce. Pièce grave?
Oui, plus que *le Songe d'une nuit d'été*, peut-être; mais
gaie et brillante aussi. Comme il vous plaira!

PERSONNAGES

LE VIEUX DUC, proscrit.
FRÉDÉRIC, son frère, duc usurpateur.
JACQUES,
AMIENS, } seigneurs ayant suivi dans l'exil le duc banni.
LEBEAU, familier de Frédéric.
CHARLES, lutteur.
OLIVIER,
JACQUES, } fils de sire Roland des Bois.
ORLANDO,
PIERRE DE TOUCHE, clown.
ADAM,
DENIS, } serviteurs d'Olivier.
SIRE OLIVIER GACHE-TEXTE, vicaire.
CORIN,
SILVIUS, } bergers.
WILLIAM, paysan amoureux d'Audrey.

ROSALINDE, fille du duc proscrit.
CÉLIA, fille de Frédéric.
PHÉBÉ, bergère.
AUDREY, paysanne.
L'HYMEN.

SEIGNEURS, PAGES, VENEURS, GENS DE SERVICE.

La scène est tantôt dans les États usurpés par Frédéric, tantôt dans la forêt des Ardennes.

ACTE PREMIER

SCÈNE PREMIÈRE

Un verger, devant la maison d'Olivier.

Entrent ORLANDO *et* ADAM.

ORLANDO. — Autant qu'il m'en souvient, Adam, c'est dans ces conditions que m'a été fait ce legs : par testament, rien qu'un pauvre millier d'écus, mais, comme tu dis, injonction à mon frère de bien m'élever, sous peine de la malédiction paternelle; et voilà l'origine de mes chagrins. Il entretient mon frère Jacques à l'école, et la renommée fait de ses progrès le récit le plus doré. Quant à moi, il m'entretient rustiquement au logis, ou, pour mieux dire, il me garde au logis sans entretien; car, pour un gentilhomme de ma naissance, appelez-vous entretien un traitement qui ne diffère pas de la stabulation d'un bœuf? Ses chevaux sont mieux élevés; car, outre qu'ils ont abondance de fourrage, ils sont dressés au manège, et dans ce but on loue à grands frais des écuyers. Mais moi, son frère, je ne gagne rien sous sa tutelle que de la croissance : sous ce rapport les bêtes de son fumier lui sont aussi obligées que moi. En échange de ce néant qu'il m'accorde si libéralement, il affecte par tous ses procédés de m'enlever le peu que m'a accordé la nature : il me fait manger avec sa valetaille, m'interdit la place d'un frère, et, autant qu'il est en lui, mine ma gentilhommerie par mon éducation. Voilà ce qui m'afflige, Adam. Mais l'âme de mon père, que je crois sentir en moi, commence à se mutiner contre cette servitude : je ne veux pas l'endurer plus long-

temps, quoique je ne connaisse pas encore de remède
sensé pour m'en délivrer.

Entre Olivier.

ADAM. — Voilà mon maître, votre frère, qui
vient.

ORLANDO. — Tiens-toi à l'écart, Adam, et tu entendras comme il va me secouer.

OLIVIER, *à Orlando.* — Eh bien, monsieur, que
faites-vous ici?

ORLANDO. — Rien. On ne m'a pas appris à faire
quelque chose.

OLIVIER. — Que dégradez-vous alors, monsieur?

ORLANDO. — Ma foi, monsieur, je vous aide à
dégrader par la fainéantise ce que Dieu a fait, votre
pauvre et indigne frère.

OLIVIER. — Ma foi, monsieur, occupez-vous mieux
et allez au diable.

ORLANDO. — Suis-je fait pour garder vos porcs et
manger des glands avec eux? Quel patrimoine d'enfant prodigue ai-je dépensé pour être réduit à une
telle détresse?

OLIVIER. — Savez-vous où vous êtes, monsieur?

ORLANDO. — Oh! oui, monsieur, ici, très bien, dans
votre verger.

OLIVIER. — Savez-vous devant qui, monsieur?

ORLANDO. — Oui, mieux que celui devant qui je suis
ne sait qui je suis. Je sais que vous êtes mon frère aîné,
et par là, grâce aux doux rapports du sang, vous
devriez savoir qui je suis. La courtoisie des nations
vous accorde la préséance sur moi en ce que vous êtes
le premier-né; mais cette tradition ne me retire pas
mon sang, y eût-il vingt frères entre nous. J'ai en moi
autant de mon père que vous, quoique (je le confesse)
vous soyez, étant venu avant moi, le mieux placé pour
devenir, comme lui, vénérable.

OLIVIER. — Qu'est-ce à dire, petit?

ORLANDO, *le saisissant à la gorge.* — Allons, allons,
frère aîné, vous êtes trop jeune en ceci.

OLIVIER. — Veux-tu donc mettre la main sur moi,
manant?

ORLANDO. — Je ne suis pas un manant, je suis le plus jeune fils de sire Roland des Bois : il était mon père, et trois fois manant est celui qui dit qu'un tel père a engendré des manants! Si tu n'étais mon frère, je ne détacherais pas de ta gorge cette main, que cette autre n'eût arraché ta langue pour avoir parlé ainsi : tu t'es outragé toi-même.

ADAM. — Chers maîtres, calmez-vous; au nom du souvenir de votre père, soyez d'accord.

OLIVIER. — Lâche-moi, te dis-je.

ORLANDO. — Non, pas avant que cela me plaise. Vous m'entendrez... Mon père vous a enjoint dans son testament de me donner une bonne éducation; vous m'avez élevé comme un paysan, obscurcissant et étouffant en moi toutes les qualités d'un gentilhomme; mais l'âme de mon père prend force en moi, et je ne le tolérerai pas plus longtemps. Allouez-moi donc les exercices qui conviennent à un gentilhomme; ou donnez-moi le pauvre pécule que mon père m'a laissé par testament, et avec cela j'irai en quête de mon sort.

OLIVIER. — Et que veux-tu faire? Mendier, sans doute, quand tout sera dépensé? C'est bon, monsieur, rentrez. Je ne veux plus être ennuyé de vous. Vous aurez une partie de ce que vous désirez. Laissez-moi, je vous prie.

ORLANDO, *retirant sa main*. — Je ne veux pas vous molester plus que ne l'exige mon bien.

OLIVIER, *à Adam*. — Rentrez avec lui, vieux chien!

ADAM. — Vieux chien! Est-ce donc là ma récompense? C'est vrai, j'ai perdu mes dents à votre service... Dieu soit avec mon vieux maître! Ce n'est pas lui qui aurait dit un mot pareil. *(Sortent Orlando et Adam.)*

OLIVIER. — Oui-da, c'est ainsi! Vous commencez à empiéter sur moi! Eh bien, je guérirai votre exubérance, et cela sans donner mille écus... Holà, Denis!

Entre Denis.

DENIS. — Votre Honneur appelle?

OLIVIER. — Charles, le lutteur du duc, ne s'est-il pas présenté ici pour me parler?

DENIS. — Avec votre permission, il est ici à la porte et sollicite accès près de vous.

OLIVIER. — Faites-le entrer. *(Sort Denis)*. Ce sera un bon moyen... La lutte est pour demain.

Entre Charles.

CHARLES. — Le bonjour à Votre Honneur!

OLIVIER. — Bon monsieur Charles, quelle nouvelle y a-t-il à la nouvelle cour?

CHARLES. — Messire, il n'y a de nouvelles à la cour que les vieilles nouvelles : c'est-à-dire que le vieux duc est banni par son jeune frère le nouveau duc; avec lui se sont exilés volontairement trois ou quatre seigneurs tous dévoués. Leurs terres et leurs revenus enrichissent le nouveau duc, qui, à ce prix, leur accorde volontiers la permission de vagabonder.

OLIVIER. — Pouvez-vous me dire si Rosalinde, la fille du duc, est bannie avec son père?

CHARLES. — Oh, non! car la fille du nouveau duc, sa cousine, l'aime tant, ayant été élevée avec elle dès le berceau, qu'elle l'aurait suivie dans son exil ou serait morte en se séparant d'elle. Elle est à la cour où son oncle l'aime autant que sa propre fille, et jamais deux femmes ne se sont aimées comme elles.

OLIVIER. — Où va vivre le vieux duc?

CHARLES. — On dit qu'il est déjà dans la forêt des Ardennes, avec maints joyeux compagnons, et que là tous vivent comme le vieux Robin Hood d'Angleterre. On dit que nombre de jeunes gentilshommes affluent chaque jour auprès de lui, et qu'ils passent le temps sans souci, comme on faisait dans l'âge d'or.

OLIVIER. — Çà, vous luttez demain devant le nouveau duc?

CHARLES. — Oui, pardieu, monsieur, et je suis venu vous informer d'une chose. Monsieur, on m'a donné secrètement à entendre que votre jeune frère, Orlando, est disposé à venir, sous un déguisement, tenter assaut contre moi. Demain, monsieur, c'est pour ma réputation que je lutte, et celui qui m'échappera sans quelque membre brisé s'en tirera bien heureusement.

Votre frère est bien jeune et bien délicat; et, par
égard pour vous, j'aurais répugnance à l'assommer
comme j'y serai obligé par mon propre honneur,
s'il se présente. Aussi, par affection pour vous, suis-je
venu vous prévenir, afin que vous puissiez ou le
détourner de son intention ou vous bien préparer au
malheur qu'il encourt : c'est lui-même qui l'aura
cherché, et tout à fait contre mon gré.

OLIVIER. — Charles, je te remercie de ton affection
pour moi, et sois sûr que je m'en montrerai bien reconnaissant. Moi-même j'ai eu avis des desseins de mon
frère et j'ai fait sous main tous mes efforts pour l'en
dissuader; mais il est résolu. Te le dirai-je, Charles!
c'est le jeune gars le plus obstiné de France, un
ambitieux, un envieux émule des talents d'autrui,
un fourbe et un lâche qui conspire contre moi, son
frère par la nature. Ainsi agis à ta guise. J'aimerais
autant que tu lui rompisses le cou qu'un doigt...
Et tu feras bien d'y prendre garde; car, si tu ne lui
ménages qu'un insuccès léger ou s'il n'obtient pas sur
toi un éclatant succès, il emploiera le poison contre
toi, il te fera tomber dans quelque perfide embûche,
et ne te lâchera pas qu'il ne t'ait ôté la vie par quelque
moyen indirect ou autre. Car, je te l'affirme, et je
parle presque avec larmes, il n'y a pas aujourd'hui
un vivant à la fois si jeune et si scélérat. Encore est-ce
en frère que je parle de lui; car, si je faisais devant toi
son anatomie complète, je serais forcé de rougir et
de pleurer, et toi tu pâlirais de stupeur.

CHARLES. — Je suis fort aise d'être venu ici vous
trouver. S'il vient demain, je lui donnerai son compte.
Si jamais après cela il peut marcher seul, je renonce à
jamais lutter pour le prix. Et sur ce, Dieu garde Votre
Honneur!

OLIVIER. — Au revoir, bon Charles! *(Charles sort.)*
A présent je vais stimuler le gaillard. J'espère que je
verrai sa fin, car mon âme, je ne sais pourquoi, ne
hait rien plus que lui. Pourtant il est doux, savant sans
avoir été instruit, plein de nobles idées, aimé comme
par enchantement de toutes les classes et, en vérité,
si bien dans le cœur de tout le monde et spécialement

de mes propres gens qui le connaissent le mieux, que j'en suis tout à fait déprécié. Mais cela ne durera pas. Cet athlète arrangera tout. Il ne me reste plus qu'à enflammer le jeune gars pour la lutte, et j'y vais de ce pas. *(Il sort.)*

SCÈNE II

Une pelouse devant le palais ducal.

Entrent CÉLIA *et* ROSALINDE.

CÉLIA. — Je t'en prie, Rosalinde, ma chère petite cousine, sois gaie.

ROSALINDE. — Chère Célia, je montre plus de gaieté que je n'en possède, et vous voudriez encore que je fusse plus gaie! Si vous ne pouvez me faire oublier un père banni, vous ne sauriez me rappeler aucune idée extraordinairement plaisante.

CÉLIA. — Je vois par là que tu ne m'aimes pas aussi absolument que je t'aime : si mon oncle, ton père banni, avait banni ton oncle, le duc mon père, et que tu fusses toujours restée avec moi, j'aurais habitué mon affection à prendre ton père pour le mien; et c'est ce que tu ferais, si en vérité ton affection pour moi était aussi parfaitement trempée que mon affection pour toi.

ROSALINDE. — Soit! j'oublierai ma situation pour me réjouir de la vôtre.

CÉLIA. — Tu le sais, mon père n'a d'enfant que moi; il n'est pas probable qu'il en ait d'autre; et sûrement, à sa mort, tu seras son héritière; car ce qu'il a pris à ton père par force, je te le rendrai par affection; sur mon honneur, je le ferai, et si je brise ce serment, que je devienne un monstre! Ainsi, ma douce Rose, ma chère Rose, sois gaie.

ROSALINDE. — Je veux l'être désormais, petite cousine, et m'ingénier en amusements... Voyons! si on se livrait à l'amour?... Qu'en pensez-vous?

CÉLIA. — Oui, ma foi! n'hésite pas, fais de l'amour un amusement; mais ne va pas aimer sérieusement un homme, ni même pousser l'amusement jusqu'à ne pouvoir te retirer en tout honneur, avec l'intacte pureté d'une pudique rougeur.

ROSALINDE. — A quoi donc nous amuserons-nous?

CÉLIA. — Asseyons-nous, et sous nos sarcasmes chassons dame Fortune de son rouet : que cette ménagère apprenne désormais à répartir ses dons équitablement!

ROSALINDE. — Je voudrais que cela nous fût possible, car ses bienfaits sont terriblement mal placés, et la bonne vieille aveugle se méprend surtout dans ses dons aux femmes.

CÉLIA. — C'est vrai : celles qu'elle fait jolies, elle les fait rarement vertueuses, et celles qu'elle fait vertueuses, elle les fait fort peu séduisantes.

ROSALINDE. — Et ne vois-tu pas que tu passes du domaine de la Fortune à celui de la Nature? La Fortune règle les dons de ce monde, non les traits naturels.

Entre Pierre de Touche.

CÉLIA. — Non. Quand la Nature a produit une jolie créature, est-ce que la Fortune ne peut pas la faire tomber dans le feu? *(Montrant Pierre de Touche.)* Si la Nature nous a donné l'esprit de narguer la Fortune, est-ce que la Fortune n'a pas envoyé ce fou pour coupert court à nos propos?

ROSALINDE. — Vraiment, la Fortune est bien dure pour la Nature, quand elle se sert de la bêtise naturelle pour interrompre l'esprit naturel.

CÉLIA. — Peut-être n'est-ce pas l'œuvre de la Fortune, mais bien de la Nature, laquelle, s'apercevant que nos simples esprits étaient trop obtus pour raisonner dignement sur de telles déesses, a envoyé ce simple d'esprit pour les aiguiser, car la bêtise obtuse sert toujours pour l'esprit de pierre à aiguiser. *(A Pierre de Touche.)* Eh bien, esprit, de quel côté errez-vous?

PIERRE DE TOUCHE. — Maîtresse, il faut que vous veniez auprès de votre père.

CÉLIA. — Vous a-t-on pris pour messager?

PIERRE DE TOUCHE. — Non, sur mon honneur! mais on m'a dit de venir vous chercher.

ROSALINDE. — Où avez-vous appris ce serment-là, fou que vous êtes?

PIERRE DE TOUCHE. — D'un certain chevalier qui jurait sur son honneur que les crêpes étaient bonnes et jurait sur son honneur que la moutarde ne valait rien; moi, je soutiens que les crêpes ne valaient rien et que la moutarde était bonne; et cependant le chevalier ne se parjurait pas.

CÉLIA. — Comment prouvez-vous ça, avec votre bel amas de savoir?

ROSALINDE. — Oui-da, démuselez votre sagesse à présent.

PIERRE DE TOUCHE. — Eh bien, avancez-vous toutes deux, caressez-vous le menton et jurez par vos barbes que je suis un coquin.

CÉLIA. — Par nos barbes, si nous en avions, tu en es un.

PIERRE DE TOUCHE. — Par ma coquinerie, si j'en avais, je serais un coquin. Mais quand vous jurez par ce qui n'est pas, vous ne vous parjurez pas : or ce chevalier ne se parjurait pas en jurant par son honneur, car il n'en avait pas ou, s'il en avait, il l'avait faussé longtemps avant de voir ces crêpes ou cette moutarde-là.

CÉLIA. — Dis-moi, je te prie, de qui tu veux parler!

PIERRE DE TOUCHE. — De quelqu'un qu'aime fort le vieux Frédéric, votre père.

CÉLIA. — L'amitié de mon père suffit pour le faire respecter. Assez! ne parlez plus de lui. Un de ces jours vous serez fouetté pour médisance.

PIERRE DE TOUCHE. — Tant pis si les fous ne peuvent parler sensément des folies que font les hommes sensés.

CÉLIA. — Sur ma parole tu dis vrai; car, depuis que les fous doivent imposer silence au peu de sens commun qu'ils ont, le peu de folie qu'ont les gens sensés fait un grand étalage. Voici venir monsieur Lebeau.

Entre Lebeau.

ROSALINDE. — La bouche pleine de nouvelles.

CÉLIA. — Qu'il va nous dégorger, comme un pigeon nourrit ses petits.

ROSALINDE. — Alors, nous allons être farcies de nouvelles.

CÉLIA. — Tant mieux; nous n'en serons que plus achalandées. *Bonjour*, monsieur Lebeau! Quelle nouvelle?

LEBEAU. — Belle princesse, vous avez perdu un bien bon divertissement.

CÉLIA. — Un divertissement? De quelle couleur?

LEBEAU. — De quelle couleur, madame? Comment puis-je vous répondre?

ROSALINDE. — Comme le voudront votre esprit et la fortune.

PIERRE DE TOUCHE. — Ou comme le décréteront les destins.

CÉLIA. — Bien dit! Voilà une phrase vite maçonnée!

PIERRE DE TOUCHE. — Si jamais ma verve rancit!

ROSALINDE. — Tu cesseras d'être en bonne odeur.

LEBEAU. — Vous me déconcertez, mesdames. Je vous aurais parlé d'une bonne lutte dont vous avez perdu le spectacle.

ROSALINDE. — Dites-nous toujours les détails de cette lutte.

LEBEAU. — Je vais vous dire le commencement; et, s'il plaît à Vos Grâces, vous pourrez voir la fin; car le plus beau est encore à faire, et c'est ici même, où vous êtes, qu'ils viennent l'accomplir.

CÉLIA. — Eh bien, voyons ce commencement qui est mort et enterré.

LEBEAU. — Voici venir un vieillard et ses trois fils...

CÉLIA. — Je pourrais adapter ce commencement à un vieux conte.

LEBEAU. — Trois beaux jeunes gens de taille et de mine excellentes...

ROSALINDE. — Avec des écriteaux au cou disant : A tous ceux qui verront ces présentes, salut!

LEBEAU. — L'aîné des trois a lutté avec Charles, le lutteur du duc, lequel Charles l'a renversé en un moment et lui a brisé trois côtes, si bien qu'il y a peu d'espoir de le sauver. Le second a été traité de même,

et de même le troisième. Ils sont là-bas gisants; le
pauvre vieillard, leur père, se lamente si douloureuse-
ment sur leurs corps que tous les spectateurs prennent
son parti en pleurant.

ROSALINDE. — Hélas!

PIERRE DE TOUCHE. — Mais, monsieur, quel est le
divertissement que ces dames ont perdu?

LEBEAU. — Eh bien! celui dont je parle.

PIERRE DE TOUCHE. — Ainsi les hommes deviennent
plus savants de jour en jour! C'est la première fois que
j'ai jamais ouï dire que voir briser des côtes était un
divertissement pour des femmes.

CÉLIA. — Et moi aussi, je te le promets.

ROSALINDE. — Mais y a-t-il encore quelqu'un qui
aspire a entendre dans ses côtes ce bris musical? Reste-
t-il quelque amateur de côtes brisées?... Verrons-nous
cette lutte, cousine?

LEBEAU. — Il le faut bien, si vous restez ici; car voici
l'endroit même fixé pour la lutte, et ils sont prêts à
l'engager.

CÉLIA. — Pour sûr, ce sont eux qui viennent. Restons donc, et voyons.

> *Fanfares. Entrent le duc Frédéric,
> Orlando, Charles, des seigneurs et des gens
> de service.*

LE DUC FRÉDÉRIC. — En avant! Puisque ce jeune
homme ne veut pas se laisser fléchir, qu'il coure les
risques de sa témérité!

ROSALINDE, *montrant Orlando*. — Est-ce là l'homme?

LEBEAU. — Lui-même, madame.

CÉLIA. — Hélas! il est trop jeune; pourtant il a un
air triomphant.

LE DUC FRÉDÉRIC. — Vous voilà, ma fille! et
vous, ma nièce! Vous vous êtes donc glissées ici pour
voir la lutte?

ROSALINDE. — Oui, monseigneur, si vous daignez
nous le permettre.

LE DUC FRÉDÉRIC. — Vous n'y prendrez guère
de plaisir, je puis vous le dire : il y a tant d'inégalité
entre les hommes. Par pitié pour la jeunesse du provo-

cateur, je serais bien aise de le dissuader, mais il ne veut pas se laisser fléchir. Parlez-lui, mesdames, voyez si vous pouvez l'émouvoir.

CÉLIA. — Appelez-le, cher monsieur Lebeau.

LE DUC FRÉDÉRIC. — Faites, je m'éloignerai. *(Le duc s'éloigne.)*

LEBEAU, *allant à Orlando.* — Monsieur le provocateur, les princesses vous demandent.

ORLANDO. — Je me rends à leurs ordres, avec tout respect et toute déférence. *(Il s'approche des princesses.)*

ROSALINDE. — Jeune homme, avez-vous provoqué le lutteur Charles?

ORLANDO. — Non, belle princesse : il a lancé une provocation générale. Je viens seulement, comme les autres, essayer contre lui la vigueur de ma jeunesse.

CÉLIA. — Jeune gentilhomme, votre caractère est trop hardi pour votre âge. Vous avez eu la cruelle preuve de la vigueur de cet homme. Si vous pouviez vous voir vous-même, avec vos yeux, ou vous juger vous-même avec votre raison, la crainte de votre danger vous conseillerait une entreprise moins inégale. Nous vous prions, par intérêt pour vous, de pourvoir à votre propre sûreté et d'abandonner cette tentative.

ROSALINDE. — Faites-le, jeune sire : votre réputation n'en sera nullement dépréciée; nous nous chargeons d'obtenir du duc que la lutte s'arrête là.

ORLANDO. — Je vous en supplie, ne me punissez pas par un jugement défavorable, quoique, je l'avoue, je sois bien coupable de refuser quelque chose à des dames si belles et si accomplies. Mais que vos beaux yeux et vos doux souhaits soient avec moi dans ce litige! Si je suis battu, il n'y aura d'humilié qu'un être jusqu'ici disgracié; si je suis tué, il n'y aura de mort qu'un être désireux de mourir. Je ne ferai aucun tort à mes amis, car je n'en ai aucun pour me pleurer; aucun préjudice au monde, car je n'y possède rien. Je n'occupe au monde qu'une place qui sera beaucoup mieux remplie quand je l'aurai laissée vide.

ROSALINDE. — Je voudrais vous ajouter le peu de force que j'ai.

CÉLIA. — Oui, augmenté de mon peu de force.

ROSALINDE. — Bonne chance! Fasse le ciel que je me sois méprise sur vous!

CÉLIA. — Que les souhaits de votre cœur soient avec vous!

CHARLES. — Allons! où est ce jeune galant qui est si impatient de coucher avec sa mère la terre?

ORLANDO, *s'avançant.* — Présent, messire! Mais son ambition a des visées plus modestes.

LE DUC FRÉDÉRIC. — Vous vous arrêterez à la première chute.

CHARLES. — Que Votre Grâce soit tranquille! Vous n'aurez pas à l'encourager pour une seconde, après l'avoir si éloquemment détourné de la première.

ORLANDO. — Vous comptez me railler après la lutte, vous ne devriez pas me railler avant. Allons! approchez.

ROSALINDE. — Hercule te soit en aide, jeune homme!

CÉLIA. — Je voudrais être invisible, pour attraper par la jambe ce robuste compagnon!

Charles et Orlando luttent.

ROSALINDE. — O excellent jeune homme!

CÉLIA. — Si j'avais la foudre dans les yeux, je sais bien qui serait à terre.

Charles est renversé. Acclamation.

LE DUC FRÉDÉRIC. — Assez! assez!

ORLANDO. — Encore! J'adjure Votre Grâce. Je ne suis même pas en haleine.

LE DUC FRÉDÉRIC. — Comment es-tu, Charles?

LEBEAU. — Il ne peut pas parler, monseigneur.

LE DUC FRÉDÉRIC, *à ses gens.* — Emportez-le. *(On emporte Charles.) (A Orlando.)* Quel est ton nom, jeune homme?

ORLANDO. — Orlando, monseigneur, le plus jeune fils de sire Roland des Bois.

LE DUC FRÉDÉRIC. — Que n'es-tu le fils d'un autre homme! Le monde tenait ton père pour honorable, mais je l'ai toujours trouvé mon ennemi; tu m'aurais charmé davantage par cet exploit, si tu descendais d'une autre maison. Adieu! Tu es un vaillant jouvenceau; je voudrais que tu m'eusses nommé un autre père. *(Il sort, suivi des courtisans et de Lebeau.)*

CÉLIA. — Si j'étais mon père, petite cousine, agi-
rais-je ainsi?

ORLANDO. — Je suis plus fier d'être le fils de sire
Roland, son plus jeune fils... Ah! je ne changerais pas
ce titre pour celui d'héritier adoptif de Frédéric.

ROSALINDE. — Mon père aimait sire Roland comme
son âme, et tout le monde était du sentiment de mon
père. Si j'avais su d'avance que ce jeune homme était
son fils, je lui aurais adressé des larmes pour prières,
plutôt que de le laisser s'aventurer ainsi.

CÉLIA. — Gente cousine, allons le remercier et
l'encourager : la brusque et jalouse humeur de mon
père m'est restée sur le cœur. *(A Orlando.)*

Messire, vous avez beaucoup mérité. Si vous savez
seulement tenir vos promesses en amour aussi bien
que vous avez su tout à l'heure dépasser toute promesse, votre maîtresse sera heureuse.

ROSALINDE, *donnant à Orlando une chaîne détachée
de son cou.* — Gentilhomme, portez ceci en souvenir
de moi, d'une créature rebutée par la fortune, qui
donnerait davantage, si elle en avait les moyens sous
la main... Partons-nous, petite cousine?

CÉLIA. — Oui. Adieu, beau gentilhomme! *(Elles
s'éloignent.)*

ORLANDO. — Ne puis-je même pas dire merci? Mes
facultés les plus hautes sont abattues, et ce qui reste
debout ici n'est qu'une quintaine, un bloc inanimé.

ROSALINDE, *revenant vers Orlando.* — Il nous
rappelle... Ma fierté est tombée avec ma fortune : je
vais lui demander ce qu'il veut... Avez-vous appelé,
messire?... Messire, vous avez lutté à merveille et
vaincu plus que vos ennemis.

CÉLIA. — Venez-vous, cousine?

ROSALINDE. — Je suis à vous... Adieu! *(Sortent
Rosalinde et Célia.)*

ORLANDO. — Quelle émotion pèse donc sur ma
langue? Je n'ai pu lui parler, et pourtant elle provo-
quait l'entretien. *(Rentre Lebeau.)* O pauvre Orlando!
tu es terrassé : si ce n'est Charles, quelque créature
plus faible t'a maîtrisé.

LEBEAU. — Beau sire, je vous conseille en ami de quitter ces lieux. Bien que vous ayez mérité de grands éloges, de sincères applaudissements et l'amour de tous, pourtant telle est la disposition du duc qu'il interprète à mal tout ce que vous avez fait. Le duc est fantasque : ce qu'il est au juste, c'est à vous de le concevoir plutôt qu'à moi de le dire.

ORLANDO. — Je vous remercie, monsieur... Ah! dites-moi, je vous prie, laquelle était la fille du duc, de ces deux dames qui assistaient à la lutte!

LEBEAU. — Ni l'une ni l'autre, si nous en jugeons par le caractère; pourtant, en réalité, c'est la plus petite qui est sa fille. L'autre est la fille du duc banni; son oncle l'usurpateur la détient ici pour tenir compagnie à sa fille : leur mutuelle affection est plus tendre que le naturel attachement de deux sœurs. Mais je puis vous dire que, depuis peu, ce duc-ci à conçu du déplaisir contre sa gentille nièce par cet unique motif que le peuple la loue pour ses vertus et la plaint pour l'amour de son bon père. Je gage, sur ma vie, que sa rage contre elle éclatera brusquement... Messire, adieu! Plus tard, dans un monde meilleur que celui-ci, je solliciterai de vous une amitié et une connaissance plus étroites.

ORLANDO. — Je vous suis grandement obligé. Adieu! *(Lebeau sort.)*

Maintenant, il me faut passer de la fumée à l'étouffoir, d'un duc tyran à un frère tyran... Ah! céleste Rosalinde! *(Il sort.)*

SCÈNE III

Dans le palais ducal.

Entrent CÉLIA *et* ROSALINDE.

CÉLIA. — Eh bien, cousine! Eh bien, Rosalinde!... Cupidon, un peu de pitié! Pas un mot?

ROSALINDE. — Pas un à jeter aux chiens!

CÉLIA. — Non, tes mots sont trop précieux pour être jetés aux chiens, mais jette-m'en quelques-uns. Allons, lance tes raisons à mes trousses.

ROSALINDE. — Il n'y aurait plus alors qu'à enfermer les deux cousines, l'une étant estropiée par des raisons et l'autre folle par déraison. *(Elle pousse un soupir.)*

CÉLIA. — Est-ce que tout cela est pour votre père?

ROSALINDE. — Non, il y en a pour le père de mon enfant. Oh! combien ce monde de jours ouvrables est encombré de ronces!

CÉLIA. — Bah! cousine, ce ne sont que des chardons jetés sur toi dans la folie d'un jour de fête; si nous ne marchons pas dans les sentiers battus, ils s'attacheront à nos jupes.

ROSALINDE. — De ma robe, je pourrais les secouer; mais ils sont dans mon cœur.

CÉLIA. — Expectore-les.

ROSALINDE. — J'essaierais, si je n'avais qu'à faire hem! pour l'obtenir, lui!

CÉLIA. — Allons, allons, lutte avec tes affections.

ROSALINDE. — Oh! elles ont pris le parti d'un lutteur plus fort que moi.

CÉLIA. — Oh! je vous souhaite bonne chance. Le moment viendra où vous tenterez la lutte, même au risque d'une chute... Mais trêve de plaisanteries! et parlons sérieusement : est-il possible que subitement vous ayez conçu une si forte inclination pour le plus jeune fils du vieux sire Roland?

ROSALINDE. — Le duc mon père aimait son père profondément.

CÉLIA. — S'ensuit-il donc que vous deviez aimer son fils profondément? D'après ce genre de logique, je devrais le haïr, car mon père haïssait son père profondément; et pourtant je ne hais pas Orlando.

ROSALINDE. — Non, de grâce, ne le haïssez pas, pour l'amour de moi!

CÉLIA. — Pourquoi le haïrais-je? N'a-t-il pas de grands mérites?

ROSALINDE. — Laissez-moi l'aimer par cette raison; et vous, aimez-le parce que je l'aime... Tenez! voici le duc qui vient.

CÉLIA. — La colère dans les yeux.

Entre le duc Frédéric avec sa suite.

LE DUC FRÉDÉRIC, *à Rosalinde*. — Donzelle, dépê-chez-vous de pourvoir à votre sûreté en quittant notre cour.

ROSALINDE. — Moi, mon oncle?

LE DUC FRÉDÉRIC. — Vous, ma nièce... Si dans dix jours tu te trouves à moins de vingt milles de notre cour, tu es morte.

ROSALINDE. — Je supplie Votre Grâce de me laisser emporter la connaissance de ma faute. S'il est vrai que j'aie conscience de moi-même, que je sois au fait de mes propres désirs, que je ne rêve pas, que je ne divague pas, ce dont je suis convaincue, alors, cher oncle, j'affirme que jamais, même par la plus vague pensée, je n'ai offensé Votre Altesse.

LE DUC FRÉDÉRIC. — Il en est ainsi de tous les traîtres : si leur justification dépendait de leurs paroles, ils seraient aussi innocents que la pureté même. Je me défie de toi; que cela te suffise!

ROSALINDE. — Pourtant votre défiance ne suffit pas à me faire traîtresse. Dites-moi en quoi consistent les présomptions contre moi.

LE DUC FRÉDÉRIC. — Tu es la fille de ton père, et c'est assez.

ROSALINDE. — Je l'étais aussi, quand Votre Altesse lui prit son duché; et je l'étais aussi, quand Votre Altesse le bannit. La trahison n'est pas héréditaire, monseigneur; et, quand même elle nous serait trans-mise par nos parents, que m'importe! mon père n'a jamais été traître. Donc, mon bon suzerain, ne me méjugez pas jusqu'à voir dans ma misère une trahison.

CÉLIA. — Cher souverain, veuillez m'entendre.

LE DUC FRÉDÉRIC. — Oui, Célia. C'est à cause de vous que nous l'avons retenue; autrement il y a long-temps qu'elle vagabonderait avec son père.

CÉLIA. — Je ne vous priais pas alors de la retenir : ce fut l'acte de votre bon plaisir et de votre libre pitié. J'étais trop jeune en ce temps-là pour apprécier ma cousine, mais à présent je la connais. Si elle a trahi,

j'ai trahi, moi aussi : toujours nous avons dormi
ensemble, quitté le lit au même instant, appris, joué,
mangé ensemble; et partout où nous allions, comme
les cygnes de Junon, toujours nous sommes allées
accouplées et inséparables.

Le Duc Frédéric. — Elle est trop subtile pour
toi : sa douceur, son silence même et sa patience
parlent au peuple qui la plaint. Tu es une folle : elle
te vole ta renommée; et tu brilleras bien davantage
et tu sembleras bien plus accomplie quand elle sera
loin d'ici. Ainsi, n'ouvre pas la bouche. Absolu et
irrévocable est l'arrêt que j'ai passé contre elle : elle
est bannie.

Célia. — Prononcez donc aussi la sentence contre
moi, monseigneur; je ne puis vivre hors de sa compagnie.

Le Duc Frédéric. — Vous êtes une folle... Vous,
nièce, faites vos préparatifs; si vous restez au-delà du
temps fixé, sur mon honneur, par la puissance de ma
parole, vous êtes morte! (Il sort avec sa suite.)

Célia. — O ma pauvre Rosalinde, où vas-tu aller?
Veux-tu changer de père? Je te donnerai le mien. Ah!
je te le défends, ne sois pas plus affligée que moi.

Rosalinde. — J'ai bien plus sujet de l'être.

Célia. — Nullement, cousine. Du courage, je t'en
prie! Sais-tu pas que le duc m'a bannie, moi sa fille?

Rosalinde. — Pour cela, non.

Célia. — Non? Il ne m'a pas bannie? Tu ne sens
donc pas, Rosalinde, l'affection qui te dit que toi et
moi ne faisons qu'une. Quoi! nous serions arrachées
l'une à l'autre? Nous nous séparerions, douce fille?
Non. Que mon père cherche une autre héritière! Ainsi
décide avec moi comment nous nous enfuirons, où
nous irons, et ce que nous emporterons avec nous.
Ah! n'espérez pas garder votre malheur pour vous,
supporter seule vos chagrins et m'en exclure : car, par
ce ciel, déjà tout pâle de nos douleurs, tu auras beau
dire, j'irai partout avec toi.

Rosalinde. — Eh bien, où irons-nous?

Célia. — Retrouver mon oncle dans la forêt des
Ardennes.

ROSALINDE. — Hélas! quel danger il y aura pour
nous, filles que nous sommes, à voyager si loin! La
beauté provoque les voleurs plus même que l'or.

CÉLIA. — Je m'affublerai d'un accoutrement pauvre
et vulgaire, et me barbouillerai la figure avec une sorte
de terre de Sienne. Vous en ferez autant. Et nous
passerons notre chemin, sans jamais tenter d'assaillants.

ROSALINDE. — Ne vaudrait-il pas mieux, étant d'une
taille plus qu'ordinaire, que je fusse en tout point
vêtue comme un homme? Un coutelas galamment posé
sur la cuisse, un épieu à la main, je m'engage, dût mon
cœur receler toutes les frayeurs d'une femme, à avoir
l'air aussi rodomont et aussi martial que maints poltrons virils qui masquent leur couardise sous de faux
semblants.

CÉLIA. — Comment t'appellerai-je, quand tu seras
un homme?

ROSALINDE. — Je ne veux pas un moindre nom que
celui du propre page de Jupin. Ainsi ayez soin de
m'appeler Ganimède. Et vous, comment voulez-vous
vous appeler?

CÉLIA. — D'un nom qui soit en rapport avec ma
situation : Célia n'est plus, je suis Aliéna.

ROSALINDE. — Dites donc, cousine! si nous essayions
d'enlever de la cour le fou de votre père? Est-ce qu'il
ne serait pas un soutien pour nous dans notre péré-
grination?

CÉLIA. — Il irait au bout du monde avec moi :
laisse-moi seule le séduire. Vite! allons réunir nos
joyaux et nos richesses; puis choisissons le moment
le plus propice et la voie la plus sûre pour nous déro-
ber aux recherches qui seront faites après notre évasion. Marchons avec joie, non vers l'exil, mais vers
la liberté. *(Elles sortent).*

ACTE II

SCÈNE PREMIÈRE

Une grotte dans la forêt des Ardennes.

Entrent LE VIEUX DUC, AMIENS *et d'autres seigneurs, en habits de veneurs.*

LE VIEUX DUC. — Eh bien, mes compagnons, mes frères d'exil, la vieille habitude n'a-t-elle pas rendu cette vie plus douce que celle d'une pompe fardée? Cette forêt n'est-elle pas plus exempte de dangers qu'une cour envieuse? Ici nous ne subissons que la pénalité d'Adam, la différence des saisons. Si de sa dent glacée, de son souffle brutal, le vent d'hiver mord et fouette mon corps jusqu'à ce que je grelotte de froid, je souris et je dis : Ici point de flatterie; voilà un conseiller qui me fait sentir ce que je suis. Doux sont les procédés de l'adversité : comme le crapaud hideux et venimeux, elle porte un précieux joyau dans sa tête. Cette existence à l'abri de la cohue publique révèle des voix dans les arbres, des livres dans les ruisseaux qui coulent, des leçons dans les pierres, et le bien en toute chose.

AMIENS. — Je ne voudrais pas changer de vie. Heureuse est Votre Grâce de pouvoir traduire l'acharnement de la fortune en style si placide et si doux!

LE VIEUX DUC. — Ah çà, irons-nous tuer quelque venaison?... Et pourtant je répugne à voir les pauvres être achetés, bourgeois natifs de cette cité sauvage, atteints sur leur propre terrain par les flèches fourchues qui ensanglantent leurs hanches rondes.

PREMIER SEIGNEUR. — Aussi bien, monseigneur, cela navre le mélancolique Jacques; il jure que vous êtes sous ce rapport un plus grand usurpateur que votre frère qui vous a banni. Aujourd'hui, messire d'Amiens et moi-même, nous nous sommes faufilés derrière lui, comme il était étendu sous un chêne dont les antiques racines se projettent sur le ruisseau qui clapote le long de ce bois. Là, un pauvre cerf égaré, qu'avait blessé le trait des chasseurs, est venu râler; et vraiment, monseigneur, le misérable animal poussait de tel sanglots que, sous leur effort, sa cotte de cuir se tendait presque à éclater; de grosses larmes roulaient l'une après l'autre sur son innocent museau dans une chasse lamentable. Et ainsi la bête velue, observée tendrement par le mélancolique Jacques, se tenait sur le bord extrême du rapide ruisseau qu'elle grossissait de ses larmes.

LE VIEUX DUC. — Mais qu'a dit Jacques? A-t-il pas tiré la morale de ce spectacle?

PREMIER SEIGNEUR. — Oh oui! en mille rapprochements. D'abord, voyant tant de larmes perdues dans le torrent : *Pauvre cerf*, a-t-il dit, *tu fais ton testament comme nos mondains, et tu donnes à qui avait déjà trop.* Puis, voyant la bête seule, délaissée et abandonnée de ses amies veloutées : *C'est juste*, a-t-il ajouté, *la misère écarte le flot de la compagnie.* Tout à coup, une troupe de cerfs insouciants et bien repus bondit à côté du blessé, sans même s'arrêter à le choyer : *Oui*, dit Jacques, *enfuyez-vous, gras et plantureux citoyens : voilà bien la mode! à quoi bon jeter un regard sur le pauvre banqueroutier ruiné que voilà ?* Ainsi le trait de ses invectives frappait à fond la campagne, la ville, la cour, et jusqu'à notre existence : il jurait que nous sommes de purs usurpateurs, des tyrans et ce qu'il y a de pire, d'effrayer ainsi les animaux et de les massacrer dans le domaine que leur assigne la nature.

LE VIEUX DUC. — Et vous l'avez laissé dans cette contemplation?

DEUXIÈME SEIGNEUR. — Oui, monseigneur, pleurant et dissertant sur ce cerf à l'agonie.

LE VIEUX DUC. — Montrez-moi l'endroit. J'aime à
l'aborder dans ces accès moroses, car alors il est plein
de choses profondes.

DEUXIÈME SEIGNEUR. — Je vais vous conduire droit
à lui. *(Ils sortent.)*

SCÈNE II

Dans le palais ducal.

Entre LE DUC FRÉDÉRIC, *suivi de seigneurs et de courtisans.*

LE DUC FRÉDÉRIC. — Est-il possible que personne
ne les ait vues? Cela ne peut être : quelques traîtres
de ma cour sont d'accord et de connivence avec elles.

PREMIER SEIGNEUR. — Je ne sache pas que quelqu'un
l'ait aperçue. Les femmes de chambre qui la servent
l'ont vue se mettre au lit; mais, le matin de bonne
heure, elles ont trouvé le lit dégarni de son auguste
trésor.

DEUXIÈME SEIGNEUR. — Monseigneur, ce coquin de
bouffon, qui si souvent faisait rire Votre Grâce, a
également disparu. Hespérie, la dame d'atour de la
princesse, avoue qu'elle a secrètement entendu votre
fille et sa cousine vanter beaucoup les qualités et les
grâces du lutteur qui tout dernièrement a assommé le
robuste Charles; et, en quelque lieu qu'elles soient
allées, elle croit que ce jouvenceau est sûrement dans
leur compagnie.

LE DUC FRÉDÉRIC. — Envoyez chez son frère chercher ce galant; s'il est absent, amenez-moi son frère,
je le lui ferai bien trouver. Faites vite, et ne ménagez
pas les démarches et les perquisitions pour rattraper
ces folles vagabondes. *(Ils sortent.)*

SCÈNE III

Devant la maison d'Olivier.

ORLANDO *et* ADAM *se croisent.*

ORLANDO. — Qui est là?

ADAM. — Quoi!... mon jeune maître, ô mon bon maître, ô mon cher maître, ô image du vieux sire Roland! Que faites-vous donc ici? Pourquoi êtes-vous vertueux? Pourquoi les gens vous aiment-ils? Et pourquoi êtes-vous doux, fort et vaillant? Pourquoi, imprudent, avez-vous terrassé le champion ossu de ce duc fantasque? Votre gloire vous a trop vite devancé ici. Savez-vous pas, maître, qu'il est certains hommes pour qui leurs qualités sont autant d'ennemis? Vous êtes de ceux-là : vos vertus, mon bon maître, ne sont à votre égard que de saintes et pures traîtresses. Oh! qu'est-ce donc qu'un monde où toute grâce empoisonne qui elle pare?

ORLANDO. — Voyons! de quoi s'agit-il?

ADAM. — O malheureux jeune homme! Ne franchissez pas cette porte. Sous ce toit loge l'ennemi de tous vos mérites. Votre frère... (non, pas votre frère... le fils... non, pas le fils : je ne veux pas l'appeler le fils de celui que j'allais appeler son père...) a appris votre triomphe : cette nuit même il se propose de mettre le feu au logis où vous avez l'habitude de coucher, et de vous brûler dedans. S'il y échoue, il recourra à d'autres moyens pour vous anéantir. Je l'ai surpris dans ses machinations. Ce n'est pas ici un lieu pour vous, cette maison n'est qu'une boucherie. Abhorrez-la, redoutez-la, n'y entrez pas.

ORLANDO. — Mais où veux-tu que j'aille, Adam?

ADAM. — N'importe où, excepté ici.

ORLANDO. — Veux-tu donc que j'aille mendier mon pain ou qu'avec une épée lâche et forcenée j'exige sur la grande route la ration du vol? C'est ce que j'aurais

à faire, ou je ne sais que faire; mais c'est ce que je
ne veux pas faire, quoi que je puisse faire. J'aime mieux
m'exposer à l'acharnement d'un sang dénaturé, d'un
frère sanguinaire.

ADAM. — Non, n'en faites rien. J'ai cinq cents écus,
épargne amassée au service de votre père, que je
gardais comme une infirmière pour le temps où l'acti-
vité se paralysera dans mes vieux membres et où ma
vieillesse dédaignée sera jetée dans un coin. Prenez-
les! et que Celui qui nourrit les corbeaux et dont la
Providence fournit des ressources au passereau, soit
le soutien de ma vieillesse!... Voici de l'or : je vous
donne tout ça. Mais laissez-moi vous servir. Si vieux
que je paraisse, je n'en suis pas moins fort et actif :
car, dans ma jeunesse, je n'ai jamais vicié mon sang
par des liqueurs ardentes et rebelles; jamais je n'ai
d'un front sans pudeur convoité les moyens d'affai-
blissement et de débilité. Aussi mon vieil âge est-il
comme un vigoureux hiver, glacé, mais sain. Laissez-
moi partir avec vous : je vous rendrai les services d'un
plus jeune homme dans toutes vos affaires et dans toutes
vos nécessités.

ORLANDO. — O bon vieillard! Que tu me fais bien
l'effet de ce serviteur constant des anciens jours qui
s'évertuait par devoir et non par intérêt! Tu n'es pas à
la mode de cette époque où chacun s'évertue seulement pour un profit et, une fois satisfait, laisse étouf-
fer son zèle par cette égoïste satisfaction : il n'en est
pas ainsi de toi. Pauvre vieillard, tu soignes un arbre
pourri qui ne peut pas même te donner une fleur en
échange de toutes tes peines et de toute ta culture.
Mais viens, nous ferons route ensemble, et, avant que
nous ayons dépensé les gages de ta jeunesse, nous
aurons trouvé quelque humble sort à notre gré.

ADAM. — En avant, maître! Je te suivrai jusqu'à
mon dernier soupir, avec constance et loyauté. Depuis
l'âge de dix-sept ans jusqu'à près de quatre-vingts, j'ai
vécu ici, mais désormais je n'y veux plus vivre. A
dix-sept ans beaucoup vont chercher fortune, mais à
quatre-vingts il est trop tard d'une semaine au moins.
N'importe! la fortune ne peut pas mieux me récom-

penser qu'en me permettant de mourir honnête et quitte envers mon maître. *(Ils sortent.)*

SCÈNE IV

La lisière de la forêt des Ardennes.

Entrent ROSALINDE *en habit de paysan,* CÉLIA *déguisée en bergère, et* PIERRE DE TOUCHE.

ROSALINDE. — O Jupiter! que mes esprits sont lassés!

PIERRE DE TOUCHE. — Peu m'importerait pour mes esprits, si mes jambes ne l'étaient pas.

ROSALINDE. — Je serais disposée de tout cœur à déshonorer mon costume d'homme et à pleurer comme une femme; mais il faut que je soutienne le vase le plus fragile. Le pourpoint et le haut-de-chausses doivent à la jupe l'exemple du courage : courage donc, bonne Aliéna!

CÉLIA. — Je vous en prie, supportez ma défaillance : je ne puis aller plus loin.

PIERRE DE TOUCHE. — Pour ma part, j'aimerais mieux supporter votre défaillance que porter votre personne; pourtant, si je vous portais, mon fardeau ne serait pas pesant, car je crois que vous n'avez pas un besant dans votre bourse.

ROSALINDE. — Voilà donc la forêt des Ardennes!

PIERRE DE TOUCHE. — Oui, me voilà dans les Ardennes; je n'en suis que plus fou. Quand j'étais à la maison, j'étais mieux; mais les voyageurs doivent être contents de tout.

ROSALINDE. — Oui, sois content, bon Pierre de Touche... Voyez donc qui vient ici : un jeune homme et un vieux en solennelle conversation.

Entrent Corin et Silvius.

CORIN. — C'est le moyen de vous faire toujours mépriser d'elle.

SILVIUS. — O Corin, si tu savais combien je l'aime!

CORIN. — Je m'en fais une idée, car j'ai aimé jadis.

SILVIUS. — Non, Corin, vieux comme tu l'es, tu ne saurais en avoir idée, quand tu aurais été dans ta jeunesse l'amant le plus vrai qui ait jamais soupiré sur l'oreiller nocturne. Si jamais ton amour a ressemblé au mien (et je suis sûr que jamais homme n'aima autant), dis-moi à combien d'actions ridicules tu as été entraîné par ta passion.

CORIN. — A mille, que j'ai oubliées.

SILVIUS. — Oh! tu n'as jamais aimé aussi ardemment que moi. Si tu ne te rappelles pas la moindre des folies auxquelles t'a poussé l'amour, tu n'as pas aimé. Si tu ne t'es pas assis, comme je le fais maintenant, en fatiguant ton auditeur des louanges de ta maîtresse, tu n'as pas aimé. Si tu n'as pas faussé compagnie brusquement, forcé par la passion, comme moi en cet instant, tu n'as pas aimé... O Phébé! Phébé! Phébé! *(Il sort.)*

ROSALINDE. — Hélas! pauvre berger, tandis que tu sondais ta blessure, j'ai par triste aventure senti se rouvrir la mienne.

PIERRE DE TOUCHE. — Et moi la mienne. Je me souviens que, quand j'étais amoureux, je brisai ma lame contre une pierre, et lui dis : *Voilà qui t'apprendra à aller de nuit trouver Jeanneton Sourire*. Et je me souviens que je baisais son battoir et les pis de la vache que venaient de traire ses jolies mains gercées. Et je me souviens qu'un jour, au lieu d'elle, je caressais une gousse; j'en pris les deux moitiés, et, les lui offrant, je lui dis tout en larmes : *Portez-les pour l'amour de moi*. Nous autres, vrais amoureux, nous nous livrons à d'étranges caprices. Mais, de même que tout est mortel dans la nature, de même toute nature atteinte d'amour est mortellement atteinte de folie.

ROSALINDE. — Tu parles spirituellement, sans y prendre garde.

PIERRE DE TOUCHE. — Ah! je ne prendrai jamais garde à mon esprit, que quand je me serai brisé contre lui les os des jambes.

ROSALINDE. — Jupin! Jupin! La passion de ce berger a beaucoup de la mienne.

PIERRE DE TOUCHE. — Et de la mienne. Mais elle commence un peu à s'éventer chez moi.

CÉLIA, *montrant Corin*. — De grâce, que l'un de vous demande à cet homme-là si pour de l'or il veut nous donner à manger! Je suis presque mourante de faiblesse.

PIERRE DE TOUCHE, *appelant*. — Holà, vous, rustre!

ROSALINDE. — Silence, fou! il n'est pas ton parent.

CORIN. — Qui appelle?

PIERRE DE TOUCHE. — Des gens mieux lotis que vous, messire.

CORIN. — Pour ne pas l'être, il faudrait qu'ils fussent bien misérables.

ROSALINDE. — Paix, te dis-je!... Bonsoir à vous, l'ami!

CORIN. — Et à vous, gentil sire! Et à vous tous!

ROSALINDE. — Je t'en prie, berger, si l'humanité ou l'or peut nous procurer un gîte dans ce désert, conduis-nous quelque part où nous puissions trouver repos et nourriture. Voici une jeune fille accablée de fatigue et qui succombe de besoin.

CORIN. — Beau sire, je la plains, et je souhaiterais, bien plus pour elle que pour moi, que la fortune me rendît plus facile de la secourir. Mais je suis le berger d'un autre homme, et je ne tonds pas les brebis que je fais paître. Mon maître est de disposition incivile et se soucie fort peu de s'ouvrir le chemin du ciel en faisant acte d'hospitalité. En outre, sa cabane, ses troupeaux et ses pâtis sont maintenant en vente; et dans notre bergerie, à cause de son absence, il n'y a rien pour vous à manger. Mais venez voir ce qu'il y a, et il ne tiendra pas à moi que vous ne soyez parfaitement reçus.

ROSALINDE. — Qui donc doit acheter ses troupeaux et ses pâturages?

CORIN. — Ce jeune berger que vous venez de voir, et qui pour le moment se soucie peu d'acheter quoi que ce soit.

ROSALINDE. — Si la loyauté ne s'y oppose en rien, je te prie d'acheter la chaumière, le pâturage et le troupeau; tu auras de nous de quoi payer le tout.

CÉLIA. — Et nous augmenterons tes gages. J'aime cet endroit, et j'y passerais volontiers mes jours.

CORIN. — Assurément la chose est à vendre. Venez avec moi. Si, informations prises, vous aimez le terrain, le revenu et ce genre de vie, je veux être votre très fidèle berger et tout acheter immédiatement avec votre or. *(Ils sortent.)*

SCÈNE V

Dans la forêt.

Entrent AMIENS, JACQUES *et d'autres.*

AMIENS, *chantant.*

Que celui qui sous l'arbre vert
Aime s'étendre avec moi
Et moduler son chant joyeux
D'accord avec le doux gosier de l'oiseau
Vienne ici, vienne ici, vienne ici!
Ici il ne verra
D'autre ennemi
Que l'hiver et le mauvais temps.

JACQUES. — Encore, encore, je t'en prie, encore!

AMIENS. — Ça va vous rendre mélancolique, monsieur Jacques.

JACQUES. — Tant mieux! Encore, je t'en prie, encore! Je puis sucer la mélancolie d'une chanson comme la belette suce un œuf. Encore, je t'en prie, encore!

AMIENS. — Ma voix est enrouée : je sais que je ne pourrais vous plaire.

JACQUES. — Je ne vous demande pas de me plaire, je vous demande de chanter. Allons, allons, une autre stance! N'est-ce pas *stances* que vous les appelez?

AMIENS. — Comme vous voudrez, monsieur Jacques.

JACQUES. — Bah! peu m'importe leur nom : elles ne me doivent rien. Voulez-vous chanter?

AMIENS. — Soit! A votre requête plutôt que pour mon plaisir.

JACQUES. — Eh bien, si jamais je remercie quelqu'un, ce sera vous. Mais ce qu'ils appellent compliment ressemble à la rencontre de deux babouins; et quand un homme me remercie cordialement, il me semble que je lui ai donné une obole et qu'il me témoigne une reconnaissance de mendiant. Allons, chantez... Et vous qui ne chantez pas, retenez vos langues.

AMIENS. — Eh bien, je vais finir la chanson... Messieurs, mettez le couvert, le duc veut boire sous cet arbre. *(A Jacques.)* Il vous a cherché toute la journée.

JACQUES. — Et moi, je l'ai évité toute la journée. Il est trop ergoteur pour moi. Je pense à autant de choses que lui, mais j'en rends grâces au ciel et je n'en tire pas vanité. Allons, gazouille, allons!

AMIENS *chante, et tous l'accompagnent.*

CHANSON

> *Que celui qui fuit l'ambition*
> *Et aime vivre au soleil,*
> *Cherchant sa nourriture*
> *Et satisfait de ce qu'il trouve,*
> *Vienne ici, vienne ici, vienne ici!*
> *   Ici il ne verra*
> *   D'autre ennemi*
> *Que l'hiver et le mauvais temps.*

JACQUES. — Je vais vous donner sur cet air-là une strophe que j'ai faite hier en dépit de mon imagination.

AMIENS. — Et je la chanterai.

JACQUES. — La voici.

> *Si par hasard il arrive*
> *Qu'un homme, changé en âne,*
> *Laisse ses richesses et ses aises*
> *Pour satisfaire un caprice entêté,*
> *Duc ad me, duc ad me, duc ad me!*
> *   Ici il verra*
> *D'aussi grands fous que lui,*
> *S'il veut venir à moi.*

AMIENS. — Que signifie ce *duc ad me* ?

JACQUES. — C'est une invocation grecque pour attirer les imbéciles dans un cercle... Je vais dormir si je peux; si je ne peux pas, je vais déblatérer contre tous les premiers-nés d'Egypte.

AMIENS. — Et moi je vais chercher le duc; son banquet est tout préparé. *(Ils se dispersent.)*

SCÈNE VI

Sur la lisière de la forêt.

Entrent ORLANDO *et* ADAM.

ADAM. — Cher maître, je ne puis aller plus loin... Oh! je meurs d'inanition! Je vais m'étendre ici et y prendre la mesure de ma fosse. Adieu, mon bon maître! *(Il s'affaisse à terre.)*

ORLANDO. — Comment, Adam! tu n'as pas plus de cœur? Ah! vis encore un peu, soutiens-toi encore un peu, ranime-toi encore un peu! Si cette farouche forêt produit quelque bête sauvage, ou je serai mangé par elle, ou je te l'apporterai à manger. La mort est plus dans ton imagination que dans tes forces. Pour l'amour de moi, reprends courage, tiens pour un moment la mort à distance. Je vais être tout de suite à toi, et si je ne t'apporte pas de quoi manger, je te donne permission de mourir; mais si tu meurs avant mon retour, c'est que tu te moques de ma peine... A la bonne heure, tu sembles te ranimer! Je vais être à toi bien vite... Mais tu es là étendu à l'air glacé. Viens, je vais te porter sous quelque abri, et tu ne mourras pas faute d'un dîner, s'il y a dans ce désert un être vivant... Du courage, bon Adam! *(Il sort, en portant Adam.)*

SCÈNE VII

Dans la forêt. Une table servie sous les arbres.

Entrent LE VIEUX DUC, AMIENS, *et des* SEIGNEURS.

LE VIEUX DUC. — Je crois qu'il est métamorphosé en bête; car je ne peux le découvrir nulle part sous forme d'homme.

PREMIER SEIGNEUR. — Monseigneur, il était ici tout à l'heure, s'égayant fort à écouter une chanson.

LE VIEUX DUC. — S'il devient musicien, lui, ce composé de dissonances, nous aurons bientôt du désaccord dans les sphères. Allez le chercher; dites-lui que je voudrais lui parler.

Entre Jacques.

PREMIER SEIGNEUR. — Il m'en épargne la peine en venant lui-même.

LE VIEUX DUC. — Eh bien, monsieur! Est-ce là une existence? Faut-il que vos pauvres amis implorent votre compagnie? Mais quoi! vous avez l'air tout joyeux.

JACQUES. — Un fou! un fou! j'ai rencontré un fou dans la forêt, un fou en livrée bariolée... O misérable monde! Aussi vrai que je vis de nourriture, j'ai rencontré un fou, étendu par terre, qui se chauffait au soleil et qui narguait dame Fortune en bons termes, en termes fort bien pesés, et cependant c'était un fou en livrée. *Bonjour, fou*, ai-je dit. — *Non, monsieur*, a-t-il dit, *ne m'appelez fou que quand le ciel m'aura fait faire fortune.* Puis il a tiré de sa poche un cadran qu'il a regardé d'un œil terne en disant très sensément : *Il est dix heures!... Ainsi*, a-t-il ajouté, *nous pouvons voir comment se démène le monde : il n'y a qu'une heure qu'il était neuf heures ; et dans une heure, il sera onze heures; et ainsi, d'heure en heure, nous mûrissons, mûrissons et, puis, d'heure en heure, nous pourrissons, pourrissons, et ainsi finit l'histoire.* Quand j'ai entendu le fou en livrée moraliser ainsi sur le temps, mes poumons se sont mis à chanter comme un coq, à la pensée qu'il est des fous aussi contemplatifs; et j'ai ri, sans interruption, une heure à son cadran... O noble fou! O digne fou! l'habit bariolé est le seul de mise.

Le Vieux Duc. — Quel est donc ce fou?

Jacques. — O le digne fou! C'en est un qui a été à la cour : il dit que, pour peu que les femmes soient jeunes et jolies, elles ont le don de le savoir; dans sa cervelle, aussi sèche que le dernier biscuit après un long voyage, il y a d'étranges cases bourrées d'observations qu'il lâche en formules hachées... Oh! si j'étais fou! J'ambitionne la cotte bariolée.

Le Vieux Duc. — Tu en auras une.

Jacques. — C'est la seule qui m'aille : pourvu que vous extirpiez de votre sain jugement cette opinion, malheureusement enracinée, que je suis raisonnable. Il faut que j'aie franchise entière et que, comme le vent, je sois libre de souffler sur qui bon me semble, car les fous ont ce privilège. Et ce sont ceux qu'aura le plus écorchés ma folie qui devront rire le plus. Et pourquoi ça, messire? La raison est aussi unie que le chemin de l'église paroissiale. Celui qu'un fou a frappé d'une saillie spirituelle, quelque dur qu'il lui en cuise, agit follement, s'il ne paraît pas insensible au coup; autrement, la folie de l'homme sage est mise à nu par les traits les plus hasardeux du fou. Affublez-moi de mon costume bariolé, donnez-moi permission de dire ma pensée, et je prétends purger à fond le sale corps de ce monde corrompu, pourvu qu'on laisse agir patiemment ma médecine.

Le Vieux Duc. — Fi de toi! Je puis dire ce que tu ferais.

Jacques. — Eh! que ferais-je, au bout du compte, si ce n'est du bien?

Le Vieux Duc. — Tu commettrais le plus affreux péché en réprimandant le péché. Car tu as été toi-même un libertin, aussi sensuel que le rut bestial; et tous les ulcères tuméfiés et tous les maux indurés que tu as attrapés dans ta licence vagabonde, tu les communiquerais au monde entier.

JACQUES. — Bah! parce qu'on crie contre la vanité, la reproche-t-on pour cela à quelqu'un en particulier? Ce vice ne s'étend-il pas, énorme comme la mer, jusqu'au point où l'impuissance même le force à refluer? Quelle est la femme que je nomme dans la cité, quand je dis que la femme de la cité porte sur d'indignes épaules la fortune d'un prince? Quelle est celle qui peut s'avancer et dire que je l'ai désignée, quand sa voisine est en tout pareille à elle? Ou quel est l'homme d'ignoble métier qui s'écriera que sa parure ne me coûte rien (se croyant désigné par moi), s'il n'applique lui-même à sa folie le stigmate de ma parole? Eh bien! allons donc! faites-moi voir en quoi ma langue l'a outragé : si elle a dit juste à son égard, c'est lui-même qui s'est outragé; s'il est sans reproche, alors ma critique s'envole comme une oie sauvage, sans être réclamée de personne... Mais qui vient ici?

Entre Orlando, l'épée à la main.

ORLANDO. — Arrêtez, et ne mangez plus!

JACQUES. — Eh! je n'ai pas encore mangé.

ORLANDO. — Et tu ne mangeras pas, que le besoin ne soit servi!

JACQUES. — De quelle espèce est donc ce coq-là?

LE VIEUX DUC. — L'ami! est-ce ta détresse qui t'enhardit à ce point? Ou est-ce par un grossier dédain des bonnes manières que tu sembles à ce point dépourvu de civilité?

ORLANDO. — Vous avez touché juste au premier mot : la dent aiguë de la détresse affamée m'a ôté les dehors de la douce civilité; pourtant je suis d'un pays policé, et j'ai idée du savoir-vivre. Arrêtez donc, vous disje! Il meurt, celui de vous qui touche à un de ces fruits avant que moi et mes besoins nous soyons satisfaits!

JACQUES. — Si aucune raison ne suffit à vous satisfaire, il faut que je meure!

LE VIEUX DUC. — Que voulez-vous?... Vous nous aurez plus tôt forcés par votre douceur qu'adoucis par votre force.

ORLANDO. — Je suis mourant de faim : donnez-moi à manger.

Le Vieux Duc. — Asseyez-vous et mangez, et soyez
le bienvenu à notre table.

Orlando. — Parlez-vous si doucement! Oh! pardon, je vous prie! J'ai cru que tout était sauvage ici,
et voilà pourquoi j'ai pris le ton de la farouche exi-
gence. Mais, qui que vous soyez, qui dans ce désert
inaccessible, à l'ombre des mélancoliques ramures,
passez négligemment les heures furtives du temps, si
jamais vous avez vu des jours meilleurs, si jamais vous
avez vécu là où des cloches appellent à l'église, si
jamais vous vous êtes assis à la table d'un brave
homme, si jamais vous avez essuyé une larme de vos
paupières, et su ce que c'est qu'avoir pitié et obtenir
pitié, que la douceur soit ma grande violence! Dans
cet espoir, je rougis et cache mon épée. (Il rengaine
son épée.)

Le Vieux Duc. — C'est vrai, nous avons vu des
jours meilleurs, et la cloche sainte nous a appelés à
l'église, et nous nous sommes assis à la table de braves
gens, et nous avons essuyé de nos yeux des larmes
qu'avait engendrées une pitié sacrée; et ainsi asseyez-
vous en toute douceur, et prenez à volonté ce que nos
ressources peuvent offrir à votre dénuement.

Orlando. — Eh bien, retardez d'un instant votre
repas, tandis que, pareil à la biche, je vais chercher
mon faon pour le nourrir. Il y a là un pauvre vieillard
qui à ma suite a traîné son pas pénible par pur dévouement : jusqu'à ce qu'il ait réparé ses forces accablées
par la double défaillance de l'âge et de la faim, je ne
veux rien toucher.

Le Vieux Duc. — Allez le chercher, nous ne pren-
drons rien jusqu'à votre retour.

Orlando. — Je vous remercie : soyez béni pour
votre généreuse assistance! (Il sort.)

Le Vieux Duc, à Jacques. — Tu vois que nous ne
sommes pas les seuls malheureux : ce vaste théâtre
de l'univers offre de plus douloureux spectacles que
la scène où nous figurons.

Jacques. — Le monde entier est un théâtre, et tous,
hommes et femmes, n'en sont que les acteurs. Tous
ont leurs entrées et leurs sorties, et chacun y joue

successivement les différents rôles d'un drame en sept âges. C'est d'abord l'enfant vagissant et bavant dans les bras de la nourrice. Puis, l'écolier pleurnicheur, avec sa sacoche et sa face radieuse d'aurore, qui, comme un limaçon, rampe à contrecœur vers l'école. Et puis, l'amant, soupirant, avec l'ardeur d'une fournaise, une douloureuse ballade dédiée aux sourcils de sa maîtresse. Puis, le soldat, plein de jurons étrangers, barbu comme le léopard, jaloux sur le point d'honneur, brusque et vif à la querelle, poursuivant la fumée réputation jusqu'à la gueule du canon. Et puis, le juge, dans sa belle panse ronde garnie d'un bon chapon, l'œil sévère, la barbe solennellement taillée, plein de sages dictons et de banales maximes, et jouant, lui aussi, son rôle. Le sixième âge nous offre un maigre Pantalon en pantoufles, avec des lunettes sur le nez, un bissac au côté; les bas de son jeune temps bien conservés, mais infiniment trop larges pour son jarret racorni; sa voix, jadis pleine et mâle, revenant au fausset enfantin et modulant un aigre sifflement. La scène finale, qui termine ce drame historique, étrange et accidenté, est une seconde enfance, état de pur oubli; sans dents, sans yeux, sans goût, sans rien!

Orlando revient, portant Adam.

Le Vieux Duc. — Soyez le bienvenu!... Déposez votre vénérable fardeau, et faites-le manger.

Orlando. — Je vous remercie de tout cœur pour lui.

Adam. — Vous faites bien... Car c'est à peine si je puis parler et vous remercier pour moi-même.

Le Vieux Duc. — Soyez le bienvenu!... A table! Je ne veux pas vous troubler encore en vous questionnant sur vos aventures... Qu'on nous donne de la musique! Et vous, beau cousin, chantez.

Amiens, *chantant.*

Souffle, souffle, vent d'hiver,
Tu n'es pas aussi malfaisant
Que l'ingratitude de l'homme.
Ta dent n'est pas si acérée,

Car tu es invisible,
Quelque rude que soit ton haleine.
Hé! ho! chantons, hé! ho! sous le houx vert.
Trop souvent l'amitié est feinte; l'amour, pure folie.
Donc, hé! ho! sous le houx!
Cette vie est la plus riante.

Gèle, gèle, ciel aigre,
Tu ne mords pas aussi dur
Qu'un bienfait oublié.
Si fort que tu flagelles les eaux,
Ta lanière ne blesse pas autant
Qu'un ami sans mémoire.
Hé! ho! chantons, hé! ho! sous le houx vert.
Trop souvent l'amitié est feinte; l'amour, pure folie.
Donc, hé! ho! sous le houx!
Cette vie est la plus riante.

Pendant qu'Amiens chantait, le vieux duc a causé à
voix basse avec Orlando.

LE VIEUX DUC. — Si, en effet, vous êtes le fils du
brave sire Roland, comme vous me l'avez dit franchement tout bas, et comme l'atteste mon regard qui
retrouve son très fidèle et vivant portrait dans votre
visage, soyez le très bienvenu ici! Je suis le duc qui
aimait votre père... Quant à la suite de vos aventures,
venez dans mon antre me la dire. *(A Adam.)* Bon
vieillard, tu es, comme ton maître, le très bienvenu.
(Montrant Adam à un de ses gens.) Soutenez-le par le
bras. *(A Orlando.)* Donnez-moi votre main, et faites-
moi connaître toutes vos aventures.

ACTE III

SCÈNE PREMIÈRE

Dans le palais ducal.

Entrent LE DUC FRÉDÉRIC, OLIVIER, *des seigneurs et des gens de service.*

LE DUC FRÉDÉRIC, *à Olivier*. — Vous ne l'avez pas vu depuis? Messire, messire, cela n'est pas possible. Si je n'étais pas dominé par l'indulgence, je n'irais pas chercher un autre objet de ma vengeance, toi présent... Mais prends-y garde : il faut que tu retrouves ton frère, en quelque lieu qu'il soit; cherche-le aux flambeaux, ramène-le, mort ou vif, avant un an; sinon, ne songe plus à chercher ta vie sur notre territoire. Tes terres et tous tes biens, dignes de saisie, resteront saisis entre nos mains jusqu'à ce que tu te sois justifié, par la bouche de ton frère, des soupçons que nous avons contre toi.

OLIVIER. — Oh! si Votre Altesse connaissait à fond mon cœur! Jamais je n'ai aimé mon frère, de ma vie.

LE DUC FRÉDÉRIC. — Tu n'en es que plus infâme... Allons, qu'on le jette à la porte, et que les officiers spéciaux mettent le séquestre sur sa maison et sur ses terres! Qu'on procède au plus vite, et qu'on le chasse! *(Ils sortent.)*

SCÈNE II

Dans la forêt.

ORLANDO *entre et append un papier à un arbre.*

ORLANDO, *déclamant.*

Fixez-vous là, mes vers, en témoignage de mon amour!
Et toi, reine de la nuit à la triple couronne, darde
Ton chaste regard, du haut de ta pâle sphère,
Sur le nom de la chasseresse qui règne sur ma vie.
O Rosalinde! ces arbres seront mes registres,
Et dans leur écorce je graverai mes pensées,
Afin que tous les yeux ouverts dans cette forêt
Voient ta vertu partout attestée.
Cours, cours, Orlando, inscris sur chaque arbre
La belle, la chaste, l'ineffable! (Il sort.)

Entrent Corin et Pierre de Touche.

CORIN. — Et comment trouvez-vous cette vie de berger, maître Pierre de Touche?

PIERRE DE TOUCHE. — Franchement, berger, considérée en elle-même, c'est une vie convenable; mais considérée comme vie de berger, elle ne vaut rien. En tant qu'elle est solitaire, je l'apprécie fort; mais en tant qu'elle est retirée, c'est une vie misérable. En tant qu'elle se passe à la campagne, elle me plaît fort; mais en tant qu'elle se passe loin de la cour, elle est fastidieuse. Comme vie frugale, voyez-vous, elle sied parfaitement à mon humeur; mais comme vie dépourvue d'abondance, elle est tout à fait contre mon goût. As-tu en toi quelque philosophie, berger?

CORIN. — Tout ce que j'en ai consiste à savoir que, plus on est malade, plus on est mal à l'aise, et que celui qui n'a ni argent, ni ressource, ni satisfaction, est privé de trois bons amis; que la propriété de la pluie est de mouiller, et celle du feu de brûler; que la bonne pâture fait le gras troupeau; et que la grande cause de la nuit est le manque de soleil; et que celui à qui ni la nature ni la science n'a donné d'intelligence, a à se plaindre de l'éducation ou est né de parents fort stupides.

PIERRE DE TOUCHE. — C'est une philosophie naturelle que celle-là... As-tu jamais été à la cour, berger?

CORIN. — Non, vraiment.

PIERRE DE TOUCHE. — Alors tu es damné.

CORIN. — J'espère que non.

PIERRE DE TOUCHE. — Si fait, tu es damné, et condamné, comme un œuf cuit d'un seul côté.

CORIN. — Pour n'avoir pas été à la cour! Comment ça?

PIERRE DE TOUCHE. — Eh bien, si tu n'as jamais été à la cour, tu n'as jamais vu les bonnes façons; si tu n'as jamais vu les bonnes façons, tes façons doivent être nécessairement mauvaises; et le mal est péché, et le péché est damnation. Tu es dans un état périlleux, berger.

CORIN. — Point du tout, Pierre de Touche. Les bonnes façons de la cour seraient aussi ridicules à la campagne que les manières de la campagne seraient grotesques à la cour. Vous m'avez dit qu'on ne se salue à la cour qu'en se baisant les mains : cette courtoisie serait très malpropre, si les courtisans étaient des bergers.

PIERRE DE TOUCHE. — La preuve, vite! Allons, la preuve!

CORIN. — Eh bien, nous touchons continuellement nos brebis, et vous savez que leur toison est grasse.

PIERRE DE TOUCHE. — Eh bien, est-ce que les mains de nos courtisans ne suent pas? Et la graisse d'un mouton n'est-elle pas aussi saine que la sueur d'un homme? Raison creuse, raison creuse! Une meilleure, allons!

CORIN. — En outre, nos mains sont rudes.

PIERRE DE TOUCHE. — Vos lèvres n'en sentiront que mieux le contact. Encore une creuse raison! Une plus solide, allons!

CORIN. — Et puis elles se couvrent souvent de goudron, quand nous soignons notre troupeau : voudriez-vous que nous baisions du goudron? Les mains du courtisan sont parfumées de civette.

PIERRE DE TOUCHE. — Homme borné! Tu n'es que de la chair à vermine, comparé à un beau morceau de viande. Oui-da!... Ecoute le sage et réfléchis : la civette est de plus basse extraction que le goudron, c'est la sale fiente d'un chat. Une meilleure raison, berger!

CORIN. — Vous avez un trop bel esprit pour moi : j'en veux rester là.

PIERRE DE TOUCHE. — Veux-tu donc rester damné? Dieu t'assiste, homme borné! Dieu veuille t'ouvrir la cervelle! Tu es bien naïf.

CORIN. — Monsieur, je suis un simple journalier; je gagne ce que je mange et ce que je porte; je n'ai de rancune contre personne; je n'envie le bonheur de personne; je suis content du bonheur d'autrui, et résigné à tout malheur; et mon plus grand orgueil est de voir mes brebis paître et mes agneaux téter.

PIERRE DE TOUCHE. — Encore une coupable simplicité : rassembler brebis et béliers, et tâcher de gagner sa vie par la copulation du bétail; se faire l'entremetteur de la bête à laine, au mépris de toute conscience, livrer une brebis d'un an à un bélier cornu, chenu et cocu! Si tu n'es pas damné pour ça, c'est que le diable lui-même ne veut pas avoir de bergers; autrement, je ne vois pas comment tu peux échapper.

CORIN. — Voici venir maître Ganimède, le jeune frère de ma nouvelle maîtresse.

Entre Rosalinde, lisant un papier.

ROSALINDE.

De l'Orient à l'Inde occidentale,
Nul joyau comme Rosalinde!
Sa gloire, montée sur le vent,
A travers l'univers emporte Rosalinde.
Les portraits les plus éclatants
Sont noirs près de Rosalinde.
Que toute beauté soit oubliée,
Hormis celle de Rosalinde!

Pierre de Touche. — Je vous rimerai comme ça huit années durant, les heures du dîner, du souper et du dormir exceptées; c'est exactement le trot d'une marchande de beure allant au marché.

Rosalinde. — Paix, fou!

Pierre de Touche. — Un léger essai :

> *Si un cerf veut une biche,*
> *Qu'il aille trouver Rosalinde!*
> *Si la chatte court après son mâle,*
> *Ainsi certes fera Rosalinde.*
> *Habit d'hiver doit être doublé,*
> *Et de même la mince Rosalinde.*
> *Pour moissonner, il faut gerber et lier,*
> *Puis charrier avec Rosalinde.*
> *La plus douce noix a la plus aigre écorce :*
> *Cette noix, c'est Rosalinde.*
> *Qui veut trouver la plus suave rose,*
> *Trouve épine d'amour et Rosalinde!*

C'est là le faux galop du vers : pourquoi vous empestez-vous de pareilles rimes?

Rosalinde. — Silence, fou obtus! Je les ai trouvées sur un arbre.

Pierre de Touche. — Ma foi, cet arbre-là donne de mauvais fruits.

Rosalinde. — Je veux le greffer sur vous, et puis l'enter d'un néflier. Alors vous ferez l'arbre le plus avancé de toute la contrée : vous donnerez des fruits pourris avant d'être à moitié mûrs; ce qui est la qualité même du néflier.

Pierre de Touche, — Vous avez parlé; si c'est sensément ou non, que la forêt en décide!

Entre Célia, lisant un papier.

Rosalinde. — Silence! Voici ma sœur qui vient en lisant; rangeons-nous.

Célia, *déclamant.*

> *Pourquoi ce bois serait-il désert ?*
> *Parce qu'il est inhabité ? Non.*
> *J'attacherai à chaque arbre des langues*
> *Qui proclameront des vérités solennelles :*

Elles diront combien vite la vie de l'homme
Parcourt son errant pèlerinage;
Que la somme de ses années
Tiendrait dans une main tendue;
Que de fois ont été violés les serments
Echangés entre deux âmes amies.
Mais, sur les branches les plus belles
Et au bout de chaque phrase,
J'écrirai le nom de Rosalinde,
Pour faire savoir à tous ceux qui lisent
Que le ciel a voulu condenser en elle
La quintessence de toute grâce.
Ainsi le ciel chargea la nature
D'entasser dans un seul corps
Toutes les perfections éparses dans le monde.
Aussitôt la nature passa à son crible
La beauté d'Hélène, sans son cœur,
La majesté de Cléopâtre,
Le charme suprême d'Atalante,
L'austère chasteté de Lucrèce.
Ainsi de maintes qualités Rosalinde
Fut formée par le synode céleste :
Nombre de visages, de regards et de cœurs
Lui cédèrent leurs plus précieux attraits.
Le ciel a décidé qu'elle aurait tous ces dons,
Et que je vivrais et mourrais son esclave.

ROSALINDE. — O miséricordieux Jupiter! De quelle fastidieuse homélie d'amour vous venez d'assommer vos paroissiens, sans crier : *Patience, bonnes gens!*

CÉLIA. — Quoi! vous étiez là, amis d'arrière-garde! *(A Corin.)* Berger, retire-toi un peu. *(A Pierre de Touche.)* Va avec lui, drôle.

PIERRE DE TOUCHE, *à Corin.* — Allons, berger, faisons une retraite honorable; sinon avec armes et bagage, du moins avec la cape et l'épée. *(Pierre de Touche et Corin sortent.)*

CÉLIA. — As-tu entendu ces vers?

ROSALINDE. — Je les ai entendus, et de reste, car quelques-uns avaient plus de pieds que des vers n'en doivent porter.

CÉLIA. — Peu importe, si les pieds pouvaient porter les vers.

ROSALINDE. — Oui, mais les pieds eux-mêmes clochaient et ne pouvaient se supporter en dehors du vers, et c'est pourquoi ils faisaient clocher le vers.

CÉLIA. — Mais as-tu pu remarquer sans surprise comme ton nom est exalté et gravé sur ces arbres ?

ROSALINDE. — Sur neuf jours de surprise j'en avais déjà épuisé sept, quand vous êtes arrivée. Car voyez ce que j'ai trouvé sur un palmier. Je n'ai jamais été tant rimée, depuis le temps de Pythagore, époque où j'étais un rat irlandais, ce dont je me souviens à peine.

CÉLIA. — Devinez qui a fait ça.

ROSALINDE. — Est-ce un homme ?

CÉLIA. — Ayant au cou une chaîne que vous portiez naguère. Vous changez de couleur !

ROSALINDE. — Qui donc, je t'en prie ?

CÉLIA. — O Seigneur ! Seigneur ! Pour des amants, se rejoindre est chose bien difficile ; mais des montagnes peuvent être déplacées par des tremblements de terre, et ainsi se rencontrer.

ROSALINDE. — Ah çà, qui est-ce ?

CÉLIA. — Est-il possible ?

ROSALINDE. — Voyons, je t'en conjure avec la plus suppliante véhémence, dis-moi qui c'est.

CÉLIA. — O prodigieux, prodigieux, prodigieusement prodigieux, et toujours prodigieux ! Prodigieux au-delà de toute exclamation !

ROSALINDE. — Par la délicatesse de mon teint ! crois-tu que, si je suis caparaçonnée comme un homme, mon caractère soit en pourpoint et en haut-de-chausses ? Un moment de retard de plus est pour moi une exploration aux mers du Sud. Je t'en prie, dis-moi qui c'est ! Vite, dépêche-toi de parler. Je voudrais que tu fusses bègue, afin que ce nom enfoui échappât de tes lèvres, comme le vin sort d'une bouteille à l'étroit goulot : trop à la fois, ou pas du tout ! Je t'en prie, tire le bouchon de ta bouche, que je puisse avaler ton mystère !

CÉLIA. — Vous pourriez donc mettre un homme dans votre ventre ?

ROSALINDE. — Est-il de la façon de Dieu? Quelle sorte d'homme? Son chef est-il digne d'un chapeau, son menton digne d'une barbe?

CÉLIA. — Ma foi, il n'a que peu de barbe.

ROSALINDE. — Eh bien, Dieu lui en accordera davantage, s'il se montre reconnaissant. Je consens à attendre la pousse de sa barbe, si tu ne diffères pas plus longtemps la description de son menton.

CÉLIA. — C'est le jeune Orlando, celui qui au même instant a culbuté le lutteur et votre cœur.

ROSALINDE. — Allons! Au diable tes plaisanteries! Parle d'un ton sérieux et en vierge sage.

CÉLIA. — En vérité, petite cousine, c'est lui.

ROSALINDE. — Orlando?

CÉLIA. — Orlando.

ROSALINDE. — Hélas! que vais-je faire à présent de mon pourpoint et de mon haut-de-chausses?... Que faisait-il, quand tu l'as vu? Qu'a-t-il dit? Quelle mine avait-il? Dans quelle tenue était-il? Que fait-il ici? S'est-il informé de moi? Où reste-t-il? Comment s'est-il séparé de toi? Et quand dois-tu le revoir? Réponds-moi d'un mot.

CÉLIA. — Il faut d'abord que vous me procuriez la bouche de Gargantua : ce mot-là serait trop volumineux pour une bouche de moderne dimension. On aurait plus vite répondu au catéchisme que répliqué par *oui* ou *non* à tant de questions.

ROSALINDE. — Mais sait-il que je suis dans cette forêt, et en costume d'homme? A-t-il aussi bonne mine que le jour de la lutte?

CÉLIA. — Il est aussi aisé de compter les atomes que de résoudre les propositions d'une amoureuse. Mais déguste les détails de cette découverte et savoure-les avec un parfait recueillement... Je l'ai trouvé sous un arbre, comme un gland abattu!

ROSALINDE. — Cet arbre peut bien s'appeler l'arbre de Jupiter, puisqu'il en tombe un pareil fruit!

CÉLIA. — Accordez-moi audience, bonne madame.

ROSALINDE. — Poursuis.

CÉLIA. — Il était donc là, gisant tout de son long comme un chevalier blessé.

ROSALINDE. — Si lamentable que pût être ce spectacle, cela devait bien faire dans le paysage.

CÉLIA. — Crie : halte! à ta langue, je t'en prie; elle fait des écarts bien intempestifs... Il était vêtu en chasseur.

ROSALINDE. — O sinistre présage! il vient pour me percer le cœur.

CÉLIA. — Je voudrais chanter ma chanson sans refrain; tu me fais toujours sortir du ton.

ROSALINDE. — Savez-vous pas que je suis femme? Quand je pense, il faut que je parle. Chère, continuez.

Entrent Orlando et Jacques.

CÉLIA. — Vous me déroutez... Chut! N'est-ce pas lui qui vient ici?

ROSALINDE. — C'est lui... Embusquons-nous et observons-le. *(Célia et Rosalinde se mettent à l'écart.)*

JACQUES. — Je vous remercie de votre compagnie; mais, ma foi, j'aurais autant aimé rester seul.

ORLANDO. — Et moi aussi; cependant, pour la forme, je vous remercie également de votre société.

JACQUES. — Dieu soit avec vous! Rencontrons-nous aussi rarement que possible.

ORLANDO. — Je souhaite que nous devenions de plus en plus étrangers l'un à l'autre.

JACQUES. — Je vous en prie, ne déparez plus les arbres en écrivant des chants d'amour sur leur écorce.

ORLANDO. — Je vous en prie, ne déparez plus mes vers en les lisant de si mauvaise grâce.

JACQUES. — Rosalinde est le nom de votre amoureuse?

ORLANDO. — Oui, justement.

JACQUES. — Je n'aime pas son nom.

ORLANDO. — On ne songeait pas à vous plaire, quand on l'a baptisée.

JACQUES. — De quelle taille est-elle?

ORLANDO. — Juste à la hauteur de mon cœur.

JACQUES. — Vous êtes plein de jolies réponses. N'auriez-vous pas été en relation avec des femmes d'orfèvre, et ne leur auriez-vous pas soutiré des bagues?

ORLANDO. — Nullement. Je vous réponds dans ce

style de tapisserie qui a servi de modèle à vos questions.

JACQUES. — Vous avez l'esprit alerte : je le croirais formé des talons d'Atalante. Voulez-vous vous asseoir près de moi ? Et tous deux nous récriminerons contre notre maîtresse la création, et contre toutes nos misères.

ORLANDO. — Je ne veux blâmer au monde d'autre mortel que moi-même, à qui je connais maints défauts.

JACQUES. — Votre pire défaut, c'est d'être amoureux.

ORLANDO. — C'est un défaut que je ne changerais pas pour votre meilleure qualité. Je suis las de vous.

JACQUES. — Sur ma parole ! je cherchais un fou, quand je vous ai trouvé.

ORLANDO. — Il s'est noyé dans le ruisseau : regardez-y, et vous le verrez.

JACQUES. — J'y verrai ma propre figure.

ORLANDO. — Que je prends pour celle d'un fou, ou d'un zéro.

JACQUES. — Je ne resterai pas plus longtemps avec vous. Adieu, bon signor Amour !

ORLANDO. — Je suis aise de votre départ. Adieu, bon monsieur de Mélancolie ! *(Jacques sort.)*

Rosalinde et Célia s'avancent.

ROSALINDE. — Je vais lui parler en page impudent, et, sous cet accoutrement, trancher avec lui du faquin... Hé ! chasseur, entendez-vous ?

ORLANDO. — Très bien. Que voulez-vous ?

ROSALINDE. — Quelle heure dit l'horloge, je vous prie ?

ORLANDO. — Vous devriez me demander quel moment marque le jour : il n'y a pas d'horloge dans la forêt.

ROSALINDE. — Alors c'est qu'il n'y a pas dans la forêt de véritable amant : car un soupir à chaque minute et un gémissement à chaque heure indiqueraient la marche lente du temps aussi bien qu'une horloge.

ORLANDO. — Et pourquoi pas la marche rapide du temps ? L'expression ne serait-elle pas au moins aussi juste ?

ROSALINDE. — Nullement, monsieur. Le temps suit diverses allures avec diverses personnes. Je vous dirai avec qui le temps va l'amble, avec qui il trotte, avec qui il galope, et avec qui il fait halte.

ORLANDO. — Dites-moi! avec qui trotte-t-il?

ROSALINDE. — Ma foi, il trotte, et très dur, avec la jeune fille, entre le contrat de mariage et le jour de la célébration. Quand l'intérim serait de sept jours, l'allure du temps est si dure qu'il semble long de sept ans.

ORLANDO. — Avec qui va-t-il l'amble?

ROSALINDE. — Avec un prêtre qui ne possède pas le latin, et un riche qui n'a pas la goutte. Car l'un dort moelleusement, parce qu'il ne peut étudier; et l'autre vit joyeusement, parce qu'il ne ressent aucune peine. L'un ignore le fardeau d'une science desséchante et ruineuse; l'autre ne connaît pas le fardeau d'une accablante et triste misère. Voilà ceux avec qui le temps va l'amble.

ORLANDO. — Avec qui galope-t-il?

ROSALINDE. — Avec le voleur qu'on mène au gibet. Allât-il du pas le plus lent, il croit toujours arriver trop tôt.

ORLANDO. — Avec qui fait-il halte?

ROSALINDE. — Avec les gens de loi pendant les vacations. Car ils dorment d'un terme à l'autre, et alors ils ne s'aperçoivent pas de la marche du temps.

ORLANDO. — Où demeurez-vous, joli damoiseau?

ROSALINDE. — Avec cette bergère, ma sœur, ici, sur la lisière de la forêt, comme une frange au bord d'une jupe.

ORLANDO. — Etes-vous natif de ce pays?

ROSALINDE. — Comme le lapin que vous voyez demeurer où il trouve à s'apparier.

ORLANDO. — Votre accent a je ne sais quoi de raffiné que vous n'avez pu acquérir dans un séjour si retiré.

ROSALINDE. — Bien des gens me l'ont dit; mais, vrai, j'ai appris à parler d'un vieil oncle dévot, qui dans sa jeunesse, avait été citadin et qui ne se connaissait que trop bien en galanterie, car il avait eu une passion. Je l'ai entendu lire bien des sermons contre l'amour; et je remercie Dieu de ne pas être femme, pour ne pas être atteint de tous les travers insensés qu'il reprochait au sexe en général.

ORLANDO. — Pouvez-vous vous rappeler quelqu'un des principaux défauts qu'il mettait à la charge des femmes?

ROSALINDE. — Il n'y en avait pas de principal; ils se ressemblaient tous comme des liards; chaque défaut paraissait monstrueux jusqu'au moment où le suivant venait l'égaler.

ORLANDO. — De grâce, citez-m'en quelques-uns!

ROSALINDE. — Non. Je ne veux employer mon traitement que sur ceux qui sont malades. Il y a un homme qui hante la forêt et qui dégrade nos jeunes arbres en gravant *Rosalinde* sur leur écorce; il suspend des odes aux aubépines et des élégies aux ronces; et toutes à l'envi déifient le nom de Rosalinde. Si je pouvais rencontrer ce songe-creux, je lui donnerais une bonne consultation, car il paraît avoir la fièvre d'amour quotidienne.

ORLANDO. — Je suis ce tremblant d'amour; je vous en prie, dites-moi votre remède.

ROSALINDE. — Il n'y a en vous aucun des symptômes signalés par mon oncle : il m'a enseigné à reconnaître un homme attrapé par l'amour, et je suis sûr que vous n'êtes pas pris dans cette cage d'osier-là.

ORLANDO. — Quels étaient ces symptômes?

ROSALINDE. — Une joue amaigrie, que vous n'avez pas; un œil cerné et cave, que vous n'avez pas; une humeur taciturne, que vous n'avez pas; une barbe négligée, que vous n'avez pas; mais ça, je vous le pardonne, car, en fait de barbe, votre avoir est le lot d'un simple cadet. Et puis votre bas devrait être sans jarretière, votre bonnet débridé, votre manche déboutonnée, votre soulier dénoué, et tout en vous devrait annoncer une insouciante désolation. Mais vous n'êtes point ainsi : vous êtes plutôt raffiné dans votre accoutrement, et vous paraissez bien plus amoureux de vous-même que de quelque autre.

ORLANDO. — Beau jouvenceau, je voudrais te faire croire que j'aime.

ROSALINDE. — Moi, le croire! Vous auriez aussitôt
fait de le persuader à celle que vous aimez; et elle est,
je vous le garantis, plus capable de vous croire que
d'avouer qu'elle vous croit! C'est là un des points sur
lesquels les femmes donnent continuellement le démenti à leur conscience. Mais, sérieusement, êtes-
vous celui qui suspend aux arbres tous ces vers où
est tant vantée Rosalinde?

ORLANDO. — Par la blanche main de Rosalinde, je
te jure, jouvenceau, que je suis celui-là, cet infortuné-
là.

ROSALINDE. — Mais êtes-vous aussi amoureux que
vos rimes l'affirment?

ORLANDO. — Ni rime ni raison ne saurait exprimer
à quel point je le suis.

ROSALINDE. — L'amour est une pure démence : je
vous le déclare, il mériterait la chambre noire et le
fouet, autant que la folie; et, s'il n'est pas ainsi
réprimé et traité, c'est que l'affection est tellement
ordinaire que les fouetteurs eux-mêmes en seraient
atteints. Pourtant, je m'engage à la guérir par consultation.

ORLANDO. — Avez-vous jamais guéri quelque amant
de cette manière?

ROSALINDE. — Oui, un; et voici comment. Il devait
s'imaginer que j'étais sa bien-aimée, sa maîtresse, et
je l'obligeais tous les jours à me faire la cour. Alors,
en jeune fille qui a ses lunes, j'étais chagrine, effé-
minée, changeante, exigeante et capricieuse; arrogante,
fantasque, mutine, frivole, inconstante, pleine de larmes
et pleine de sourires; affectant toutes les émotions,
sans vraiment en ressentir aucune, et pareille, sous
ces couleurs, au commun troupeau des jeunes gens et
des femmes. Tantôt je l'aimais, tantôt je le rebutais;
tour à tour je le choyais et le maudissais, je m'éplorais
pour lui et je crachais sur lui. Je fis tant que mon soupirant, passant de sa folle humeur d'amour à une
humeur chronique de folie, s'arracha pour jamais au
torrent du monde et s'en alla vivre dans une retraite
toute monastique. Et c'est ainsi que je l'ai guéri; et je
me fais fort par ce moyen de laver votre cœur et de le

curer, comme un foie de mouton, si bien qu'il n'y
reste pas la moindre impureté d'amour.

ORLANDO. — Je ne saurais être guéri, jouvenceau.

ROSALINDE. — Je vous guérirais, si seulement vous
vouliez m'appeler Rosalinde et venir tous les jours à
ma cabane me faire votre cour.

ORLANDO. — Eh bien, foi d'amoureux! j'y consens.
Dites-moi où est votre cabane.

ROSALINDE. — Venez avec moi, et je vous la montrerai; et, chemin faisant, vous me direz dans quel
endroit de la forêt vous habitez. Voulez-vous venir?

ORLANDO. — De tout mon cœur, bon jouvenceau.

ROSALINDE. — Non; il faut que vous m'appeliez
Rosalinde. *(A Célia.)* Allons, sœur, voulez-vous venir?
(Ils sortent.)

SCÈNE III

Même lieu.

Entrent PIERRE DE TOUCHE *et* AUDREY, *puis* JACQUES
qui les observe à distance.

PIERRE DE TOUCHE. — Venez vite, bonne Audrey.
Je vais chercher vos chèvres, Audrey. Eh bien, Audrey!
suis-je toujours votre homme? Mes traits simples
vous conviennent-ils?

AUDREY. — Vos traits! Dieu nous protège! quels
traits?

PIERRE DE TOUCHE. — Je suis avec toi et tes chèvres
au milieu de ces sites, comme jadis le plus capricieux
des poètes, l'honnête Ovide, au milieu des Scythes.

JACQUES, *à part.* — O savoir plus mal logé que Jupiter sous le chaume!

PIERRE DE TOUCHE. — Quand un homme voit que
ses vers sont incompris ou que son esprit n'est pas
secondé par cet enfant précoce, l'entendement, cela
lui porte un coup plus mortel qu'un gros compte
dans un petit mémoire... Vrai, je voudrais que les dieux
t'eussent faite poétique.

AUDREY. — Je ne sais point ce que c'est que poétique. Ça veut-il dire honnête en action et en parole? Est-ce quelque chose de vrai?

PIERRE DE TOUCHE. — Non, vraiment; car la vraie poésie est toute fiction, et les amoureux sont adonnés à la poésie; et l'on peut dire que, comme amants, ils font une fiction de ce qu'ils jurent comme poètes.

AUDREY. — Et vous voudriez que les dieux m'eussent faite poétique?

PIERRE DE TOUCHE. — Oui, vraiment, car tu m'as juré que tu es vertueuse; or, si tu étais poète, je pourrais espérer que c'est une fiction.

AUDREY. — Voudriez-vous donc que je ne fusse pas vertueuse?

PIERRE DE TOUCHE. — Je le voudrais, certes, à moins que tu ne fusses laide. Car la vertu accouplée à la beauté, c'est le miel servant de sauce au sucre.

JACQUES, *à part*. — Fou profond!

AUDREY. — Eh bien, je ne suis pas jolie, et conséquemment je prie les dieux de me rendre vertueuse.

PIERRE DE TOUCHE. — Oui, mais donner la vertu à un impur laideron, c'est servir un excellent mets dans un plat sale.

AUDREY. — Je ne suis pas impure, bien que je sois laide, Dieu merci!

PIERRE DE TOUCHE. — C'est bon! Les dieux soient loués de ta laideur! L'impureté a toujours le temps de venir... Quoi qu'il en soit, je veux t'épouser, et à cette fin j'ai vu sire Olivier Gâche-Texte, le vicaire du village voisin, qui m'a promis de me rejoindre dans cet endroit de la forêt et de nous accoupler.

JACQUES, *à part*. — Je serais bien aise de voir cette réunion.

AUDREY. — Allons, les dieux nous tiennent en joie!

PIERRE DE TOUCHE. — *Amen!*... Certes un homme qui serait de cœur timide pourrait bien chanceler devant une telle entreprise; car ici nous n'avons d'autre temple que le bois, d'autres témoins que les bêtes à cornes. Mais bah! courage! Si les cornes sont désagréables, elles sont nécessaires. On dit que bien des gens ne savent pas la fin de leurs fortunes; c'est vrai : bien des gens ont de bonnes cornes, et n'en savent pas la véritable fin. Après tout, c'est le douaire de leurs femmes; ce n'est pas de leur propre apport. Des cornes?... Dame, oui!... Pour les pauvres gens seulement?... Non, non; le plus noble cerf en a d'aussi amples que le plus vilain. L'homme solitaire est-il donc si heureux? Non. De même qu'une ville crénelée est plus majestueuse qu'un village, de même le chef d'un homme marié est plus honorable que le front uni d'un célibataire. Et autant une bonne défense est supérieure à l'impuissance, autant la corne est préférable à l'absence de corne.

Entre sire Olivier Gâche-Texte.

Voici sire Olivier... Sire Olivier Gâche-Texte, vous êtes le bienvenu. Voulez-vous nous expédier sous cet arbre, ou irons-nous avec vous à votre chapelle?

Sire Olivier. — Est-ce qu'il n'y a personne ici pour présenter la femme?

Pierre de Touche. — Je ne veux l'accepter d'aucun homme.

Sire Olivier. — Il faut qu'elle soit présentée, ou le mariage n'est pas légal.

Jacques, *s'avançant.* — Procédez, procédez, je la présenterai.

Pierre de Touche. — Bonsoir, cher monsieur *Qui vous voudrez.* Comment va, messire? Vous êtes le très bienvenu. Dieu vous bénisse pour cette dernière visite! Je suis bien aise de vous voir... *(Montrant le chapeau que Jacques garde à la main.)* Quoi, ce joujou à la main, messire! Allons, je vous en prie, couvrez-vous.

Jacques. — Vous voulez donc vous marier, porte-marotte?

Pierre de Touche. — De même que le bœuf a son joug, messire, le cheval sa gourmette, et le faucon ses grelots, de même l'homme a ses envies; et de même que les pigeons se becquettent, de même les époux aiment à se grignoter.

Jacques. — Quoi! Un homme de votre éducation serait marié sous un buisson, comme un mendiant!

Allez à l'église, et choisissez un bon prêtre qui puisse vous dire ce que c'est que le mariage. Ce gaillard-là vous joindra ensemble comme on joint une boiserie : l'un de vous passera bientôt à l'état de panneau rétréci, et, comme du bois vert, déviera, déviera.

PIERRE DE TOUCHE, *à part.* — J'ai dans l'idée qu'il vaudrait mieux pour moi être marié par celui-là que par tout autre, car il ne me paraît pas capable de me bien marier; et, n'étant pas bien marié, j'aurai plus tard une bonne excuse pour lâcher ma femme.

JACQUES. — Viens avec moi et prends-moi pour conseil.

PIERRE DE TOUCHE. — Viens, bonne Audrey... Nous devons ou nous marier, ou vivre en fornication... Adieu, maître Olivier! *(Fredonnant.)*

> *Non!... O brave Olivier,*
> *O brave Olivier,*
> *Ne me laisse pas derrière toi.*
> *Mais... prends le large,*
> *Décampe, te dis-je.*
> *Je ne veux pas de toi pour ma noce!*

Sortent Jacques, Pierre de Touche et Audrey.

SIRE OLIVIER. — C'est égal... Jamais aucun de ces drôles fantasques ne parviendra à me dégrader de mon ministère. *(Il sort.)*

SCÈNE IV

Une chaumière sur la lisière de la forêt.

Entrent ROSALINDE *et* CÉLIA.

ROSALINDE. — Ne me parle plus, je veux pleurer.

CÉLIA. — A ton aise, je t'en prie! Pourtant aie la bonté de considérer que les larmes ne conviennent pas à un homme.

ROSALINDE. — Mais est-ce que je n'ai pas motif de pleurer?

CÉLIA. — Un aussi bon motif qu'on peut le désirer; ainsi, pleure.

ROSALINDE. — Ses cheveux mêmes ont la couleur de la trahison.

CÉLIA. — Ils sont un peu plus bruns que ceux de Judas; au fait, ses baisers sont baisers judaïques.

ROSALINDE. — A dire vrai, ses cheveux sont d'une fort bonne couleur.

CÉLIA. — Excellente! Votre châtain est toujours la seule couleur.

ROSALINDE. — Et ses baisers sont aussi pleins d'onction que le contact du pain bénit.

CÉLIA. — Il a acheté à Diane des lèvres de choix. Une nonne vouée à l'hiver ne donne pas de baisers plus purs; toute la glace de la chasteté est en eux.

ROSALINDE. — Mais pourquoi a-t-il juré de venir ce matin, et ne vient-il pas?

CÉLIA. — Ah! certainement, il n'a pas d'honneur.

ROSALINDE. — Vous croyez?

CÉLIA. — Oui, je crois qu'il n'est ni détrousseur de bourses ni voleur de chevaux; mais pour sa probité en amour, je le crois aussi creux qu'un gobelet vide ou qu'une noix mangée aux vers.

ROSALINDE. — Il n'est pas loyal en amour?

CÉLIA. — Quand il est amoureux, oui; mais je ne crois pas qu'il le soit.

ROSALINDE. — Vous l'avez entendu jurer hautement qu'il était amoureux.

CÉLIA. — *Il était* n'est pas *il est*. D'ailleurs, le serment d'un amoureux n'est pas plus valable que la parole d'un cabaretier: l'un et l'autre se portent garants de faux comptes... Il est ici, dans la forêt, à la suite du duc votre père.

ROSALINDE. — J'ai rencontré le duc hier, et j'ai eu une longue causerie avec lui. Il m'a demandé de quelle famille j'étais; je lui ai dit: d'une aussi bonne que la sienne; sur ce, il a ri et m'a laissé aller. Mais pourquoi parler de pères, quand il existe un homme tel qu'Orlando?

CÉLIA. — Oh! voilà un galant homme! Il écrit des vers galants, parle en mots galants, multiplie les ser-

ments galants, et les rompt galamment à plat sur le
cœur de sa maîtresse, tel qu'un jouteur novice qui
n'éperonne son cheval que d'un côté et rompt sa
lance de travers comme un noble oison. N'importe! ce
que jeunesse monte et folie guide est toujours galant...
Qui vient ici?

Entre Corin.

CORIN. — Maîtresse, et vous, maître, vous vous
êtes souvent enquis de ce berger qui se plaignait de
l'amour et que vous avez vu assis près de moi sur le
gazon, vantant la fière et dédaigneuse bergère, sa
maîtresse.

CÉLIA. — Oui. Après?

CORIN. — Si vous voulez voir une scène jouée au
naturel entre le teint pâle de l'amour pur et la vive
rougeur de l'arrogant et fier dédain, venez à quelques
pas d'ici et je vous conduirai, pour peu que vous
souhaitiez être spectateurs.

ROSALINDE. — Oh! venez! Partons! La vue des
amants soutient les amoureux... Conduisez-nous à ce
spectacle, et vous verrez que je jouerai un rôle actif
dans la pièce. *(Ils sortent.)*

SCÈNE V

Dans la forêt.

Entrent SILVIUS *et* PHÉBÉ.

SILVIUS. — Non, Phébé; ne me rebutez pas, charmante Phébé. Dites que vous ne m'aimez pas, mais
ne le dites pas avec aigreur. L'exécuteur public, dont
le cœur est endurci par le spectacle habituel de la mort,
n'abaisse pas la hache sur le cou humilié, sans demander pardon. Voulez-vous être plus cruelle que celui qui,
jusqu'à sa mort, vit de sang versé?

*Rosalinde, Célia et Corin entrent, et se
tiennent à distance.*

PHÉBÉ. — Je ne veux pas être ton bourreau; je te fuis, pour ne pas te faire souffrir. Tu me dis que le meurtre est dans mes yeux : voilà qui est joli, en vérité, et bien probable, que les yeux, qui sont les plus frêles et les plus tendres choses, qui ferment leurs portes craintives à un atome, puissent être appelés tyrans, bouchers, meurtriers! Tiens, je te fais la moue de tout mon cœur : si mes yeux peuvent blesser, eh bien, qu'ils te tuent! Allons, affecte de t'évanouir! allons, tombe à la renverse! Sinon, oh! par pudeur, par pudeur, cesse de mentir en disant que mes yeux sont meurtriers! Allons, montre-moi la blessure que mon regard t'a faite... Egratigne-toi seulement avec une épingle; il en reste une cicatrice. Appuie-toi sur un roseau; une marque, une empreinte, se voient un moment sur la main, mais les regards que je viens de te lancer ne t'ont point blessé, et je suis bien sûre que des yeux n'ont pas la force de faire mal.

SILVIUS. — O chère Phébé! si un jour (et ce jour peut être proche), quelque frais visage a le pouvoir de vous charmer, alors vous connaîtrez ces blessures invisibles que font les flèches acérées de l'amour.

PHÉBÉ. — Soit! Jusqu'à ce moment-là, ne m'approche pas; et quand ce moment viendra, accable-moi de tes railleries, sois pour moi sans pitié, comme je le serai pour toi jusqu'à ce moment-là.

ROSALINDE, s'avançant. — Et pourquoi, je vous prie? De quelle mère êtes-vous donc née, pour insulter ainsi et accabler à plaisir les malheureux? Quand vous auriez de la beauté (et, ma foi! je vous en vois tout juste assez pour aller au lit la nuit sans chandelle), serait-ce une raison pour être arrogante et impitoyable?... Eh bien, que signifie ceci? Pourquoi me considérez-vous? Je ne vois en vous rien de plus que dans le plus ordinaire article de la nature... Mort de ma petite vie! je crois qu'elle a l'intention de me fasciner, moi aussi... Non vraiment, fière donzelle, ne l'espérez pas : ce ne sont pas vos sourcils d'encre, vos cheveux de soie noire, vos yeux de jais, ni vos joues de crème qui peuvent soumettre mon âme à votre divinité! (A Silvius.) Et vous, berger niais, pourquoi

la poursuivez-vous, comme un nébuleux vent du sud
soufflant le vent et la pluie? Vous êtes mille fois mieux
comme homme qu'elle n'est comme femme. Ce sont
les imbéciles tels que vous qui peuplent le monde
d'enfants mal venus. Ce n'est pas son miroir qui la
flatte, c'est vous. Grâce à vous, elle se voit plus belle
que ses traits ne la montrent en réalité. *(A Phébé.)*
Allons, donzelle, apprenez à vous connaître; mettez-
vous à genoux, jeûnez, et remerciez le ciel d'être aimée
d'un honnête homme. Car je dois vous le dire ami-
calement à l'oreille, livrez-vous quand vous pouvez :
vous ne serez pas toujours de défaite. Implorez la
merci de cet homme, aimez-le, acceptez son offre. La
laideur ne fait que s'enlaidir par l'impertinence.
Ainsi, berger, prends-la pour femme... Adieu!

PHÉBÉ. — Je vous en prie, beau damoiseau, grondez-
moi un an de suite; j'aime mieux entendre vos gron-
deries que les tendresses de cet homme.

ROSALINDE. — Il s'est enamouré de sa laideur, et
la voilà qui s'enamoure de ma colère! *(A Silvius.)*
S'il en est ainsi, toutes les fois qu'elle te répondra par
des regards maussades, je l'abreuverai de paroles
amères. *(A Phébé.)* Pourquoi me regardez-vous
ainsi?

PHÉBÉ. — Ce n'est pas par malveillance pour vous.

ROSALINDE. — Je vous en prie, ne vous éprenez
pas de moi, car je suis plus trompeur que les vœux
faits dans le vin... Et puis, je ne vous aime pas. Si vous
voulez connaître ma demeure, c'est au bouquet d'oliviers, tout près d'ici... Sœur, venez-vous?... Berger,
serre-la de près... Allons, sœur!... Bergère, faites-lui
meilleure mine, et ne soyez pas fière : quand tout le
monde vous verrait, nul ne serait ébloui de votre vue
autant que lui. Allons! A notre troupeau! *(Sortent
Rosalinde, Célia et Corin.)*

PHÉBÉ. — O pâtre enseveli! C'est maintenant que
que je reconnais la force de tes paroles :

> *Quiconque doit aimer aime à première vue.*

SILVIUS. — Chère Phébé!

PHÉBÉ. — Hé! que dis-tu, Silvius?

SILVIUS. — Douce Phébé, ayez pitié de moi.

PHÉBÉ. — Eh bien, je compatis à ton état, gentil Silvius.

SILVIUS. — Partout où est la compassion, le soulagement devrait accourir; si vous compatissez à mon chagrin d'amour, donnez-moi votre amour, et votre compassion et mon chagrin seront exterminés d'un coup.

PHÉBÉ. — Tu as mon affection : n'est-ce pas charitable?

SILVIUS. — Je voudrais vous avoir.

PHÉBÉ. — Oh! ce serait de la convoitise. Silvius, il fut un temps où je te haïssais... Ce n'est pas que je t'aime encore; mais puisque tu parles si bien le langage de l'amour, quelque importune que ta société m'ait été jusqu'ici, je consens à la supporter, et même je me servirai de toi; mais n'attends pas d'autre récompense que le bonheur de me servir.

SILVIUS. — Si religieux et si parfait est mon amour, et telle est ma disette de faveurs que je regarderai comme la plus riche récolte quelques épis glanés à la suite de l'homme qui doit recueillir la moisson. Laisse tomber de temps à autre un sourire, et cela me suffira pour vivre.

PHÉBÉ. — Connais-tu le jouvenceau qui me parlait tout à l'heure?

SILVIUS. — Pas très bien, mais je l'ai rencontré souvent. C'est lui qui a acheté la cabane et les courtils que possédait le vieux Carlot.

PHÉBÉ. — Ne crois pas que je l'aime, parce que je m'informe de lui. Ce n'est qu'un maussade enfant... Pourtant il jase bien. Mais que m'importent des paroles?... Pourtant les paroles sonnent bien, quand celui qui les dit plaît à qui les écoute. C'est un joli garçon... pas très joli; mais il est fier, j'en suis sûre; et pourtant la fierté lui sied bien. Il fera un homme agréable. Ce qu'il a de mieux, c'est son teint; et plus vite que ne blessait sa langue, son regard guérissait... Il n'est pas grand; mais il est grand pour son âge... Sa jambe est couci-couci... pourtant elle est bien. Il y avait une jolie rougeur sur sa lèvre, un vermillon un peu

plus foncé et plus vif que celui qui nuançait sa joue;
c'était juste la différence entre le rouge uni et le rouge
damassé. Il est des femmes, Silvius, qui, pour peu
qu'elles l'eussent considéré en détail comme moi,
auraient été bien près de s'amouracher de lui... Mais,
pour ma part, je ne l'aime, ni ne le hais; et pourtant
j'ai plus sujet de le haïr que de l'aimer... Mais lui,
quel droit avait-il de me gronder ainsi? Il a dit que
mes yeux étaient noirs et mes cheveux noirs; et je me
rappelle à présent qu'il m'a narguée... Je m'étonne de
ne pas lui avoir répliqué. Mais c'est égal : omission
n'est pas rémission. Je vais lui écrire une lettre très
impertinente; et tu la porteras : veux-tu, Silvius?

SILVIUS. — De tout mon cœur, Phébé.

PHÉBÉ. — Je vas l'écrire sur-le-champ. Le contenu
est dans ma tête et dans mon cœur : je vas être bien
aigre et plus qu'expéditive avec lui. Viens avec moi,
Silvius. *(Ils sortent.)*

ACTE IV

SCÈNE PREMIÈRE

La lisière de la forêt. Un bouquet d'oliviers en avant d'une cabane.

Entrent ROSALINDE, CÉLIA *et* JACQUES.

JACQUES. — De grâce, joli jouvenceau, lions plus intime connaissance.

ROSALINDE. — On dit que vous êtes un gaillard mélancolique.

JACQUES. — C'est vrai : j'aime mieux ça que d'être rieur.

ROSALINDE. — Ceux qui donnent dans l'un ou l'autre excès, sont d'abominables gens et s'exposent, plus que des ivrognes, à la censure du premier venu.

JACQUES. — Bah! il est bon d'être grave et de ne rien dire.

ROSALINDE. — Alors, il est bon d'être un poteau.

JACQUES. — Je n'ai ni la mélancolie de l'étudiant, laquelle n'est qu'émulation; ni celle du musicien, laquelle n'est que fantaisie; ni celle du courtisan, laquelle n'est que vanité; ni celle du soldat, laquelle n'est qu'ambition; ni celle de l'homme de loi, laquelle n'est que politique; ni celle de la femme, laquelle n'est qu'afféterie; ni celle de l'amant, laquelle est tout cela; mais j'ai une mélancolie à moi, composée d'une foule de simples et extraite d'une foule d'objets; et, de fait, la contemplation de mes divers voyages, dans laquelle m'absorbe mon habituelle rêverie, me fait la plus humoriste tristesse.

ROSALINDE. — Un voyageur! Sur ma foi, vous avez raison d'être triste. J'ai bien peur que vous n'ayez

vendu vos propres terres pour voir celles d'autrui.
En ce cas, avoir beaucoup vu et ne rien avoir, c'est
avoir les yeux riches et les mains pauvres.

JACQUES. — J'ai bien gagné mon expérience.

Entre Orlando.

ROSALINDE. — Et votre expérience vous rend triste!
J'aimerais mieux une folie qui me rendrait gaie qu'une
expérience qui me rendrait triste. Et voyager pour ça,
encore!

ORLANDO. — Bon jour et bon heur, chère Rosalinde!

JACQUES, *regardant Orlando.* — Ah! vous parlez en
vers blancs! Dieu soit avec vous! *(Il sort.)*

ROSALINDE, *tournée vers Jacques, qui s'éloigne.* —
Adieu, monsieur le voyageur! Si vous m'en croyez,
grasseyez et portez des costumes étrangers; dénigrez
tous les bienfaits de votre pays natal; soyez désenchanté
de votre venue au monde, et grondez presque Dieu de
vous avoir fait la physionomie que vous avez; sinon,
j'aurai peine à croire que vous ayez navigué en gondole!... Eh bien, Orlando, où avez-vous été tout ce
temps-ci? Vous, un amoureux!... Si vous me jouez
encore un tour pareil, ne reparaissez plus en ma
présence.

ORLANDO. — Ma belle Rosalinde, je suis en retard
d'une heure à peine sur ma promesse!

ROSALINDE. — En amour, manquer d'une heure à
sa promesse! Celui qui aura divisé une minute en mille
parties et se sera attardé de la millième partie d'une
minute en affaire d'amour, on pourra dire de lui que
Cupidon l'a frappé à l'épaule; mais je garantis que
son cœur est intact.

ORLANDO. — Pardonnez-moi, chère Rosalinde.

ROSALINDE. — Non, si vous êtes à ce point retar-
dataire, ne reparaissez plus devant moi; j'aimerais
autant être adorée d'un limaçon.

ORLANDO. — D'un limaçon?

ROSALINDE. — Oui, d'un limaçon; car, s'il vient len-
tement, il porte au moins sa maison sur son dos; un
meilleur douaire, je présume, que vous n'en pourriez

assigner à votre femme! En outre, il apporte sa destinée avec lui.

ORLANDO. — Quoi donc?

ROSALINDE. — Eh bien, les cornes dont il faut que, vous autres, vous ayez l'obligation à vos épouses; mais lui, il arrive armé de sa fortune, ce qui prévient la médisance sur son épouse.

ORLANDO. — La vertu n'est point faiseuse de cornes, et ma Rosalinde est vertueuse.

ROSALINDE. — Et je suis votre Rosalinde.

CÉLIA, *à Rosalinde*. — Il lui plaît de vous appeler ainsi; mais il a une Rosalinde de meilleur aloi que vous.

ROSALINDE. — Allons, faites-moi la cour, faites-moi la cour; car aujourd'hui je suis dans mon humeur fériée et assez disposée à consentir. Qu'est-ce que vous me diriez à présent, si j'étais votre vraie, vraie Rosalinde?

ORLANDO. — Je vous donnerais un baiser avant de parler.

ROSALINDE. — Non! Vous feriez mieux de parler d'abord; et quand vous seriez embourbé, faute de sujet, vous en prendriez occasion pour baiser. Il y a de très bons orateurs qui, quand ils restent court, se mettent à cracher; et pour les amoureux, dès que la matière (ce dont Dieu nous garde!) leur fait défaut, l'expédient le plus propre, c'est de baiser.

ORLANDO. — Mais si le baiser est refusé?

ROSALINDE. — Alors vous voilà amené aux supplications, et ainsi s'entame une nouvelle matière.

ORLANDO. — Qui pourrait rester en plan devant une maîtresse bien-aimée?

ROSALINDE. — Vous, tout le premier, si j'étais votre maîtresse; autrement je considérerais ma vertu comme plus piètre que mon esprit.

ORLANDO. — Quoi! je serais complètement défait?

ROSALINDE. — Vos vœux seraient défaits, mais point vos vêtements... Ne suis-je pas votre Rosalinde?

ORLANDO. — Je me plais à dire que vous l'êtes, parce que je désire parler d'elle.

ROSALINDE. — Eh bien, Rosalinde vous dit en ma personne : Je ne veux pas de vous.

ORLANDO. — Alors, je n'ai plus qu'à mourir, de ma personne.

ROSALINDE. — Non, croyez-moi, mourez par procuration. Ce pauvre monde est vieux d'à peu près six mille ans, et pendant tout ce temps-là il n'y a pas un homme qui soit mort en personne, j'entends pour cause d'amour. Troylus a eu la cervelle broyée par une massue grecque ; pourtant il avait fait tout son possible pour mourir d'amour, car c'est un des soupirants modèles. Quant à Léandre, il aurait vécu nombre de belles années, quand même Héro se fût faite nonnain, n'eût été la chaleur de certaine nuit de juin ; car ce bon jeune homme alla tout simplement se baigner dans l'Hellespont, et, étant pris d'une crampe, il se noya ; les niais chroniqueurs du temps ont trouvé que c'était la faute à Héro de Sestos. Mais mensonges que tout ça ! Les hommes sont morts de tout temps, et les vers les ont mangés, mais jamais pour cause d'amour.

ORLANDO. — Je ne voudrais pas que ma vraie Rosalinde fût dans ces idées-là ; car je proteste qu'un froncement de son sourcil me tuerait.

ROSALINDE. — Par cette main levée, il ne tuerait pas une mouche. Mais voyons, je vais être pour vous une Rosalinde de plus avenante disposition. Demandez-moi ce que vous voudrez, je vous l'accorderai.

ORLANDO. — Eh bien, aime-moi, Rosalinde.

ROSALINDE. — Oui, ma foi, je le veux bien, les vendredis, les samedis et tous les jours.

ORLANDO. — Et... veux-tu de moi ?

ROSALINDE. — Oui, et de vingt comme vous.

ORLANDO. — Que dis-tu ?

ROSALINDE. — Est-ce que vous n'êtes pas bon ?

ORLANDO. — Je l'espère.

ROSALINDE. — Eh bien, peut-on désirer trop de ce qui est bon ?... Allons, sœur, servez-nous de prêtre et mariez-nous... Donnez-moi votre main, Orlando. *(Orlando et Rosalinde se prennent la main.)* Que dites-vous, ma sœur ?

ORLANDO, *à Célia.* — De grâce, mariez-nous.

CÉLIA. — Je ne sais pas les paroles à dire.

ROSALINDE. — Il faut que vous commenciez ainsi : *Consentez-vous, Orlando...*

CÉLIA. — J'y suis... Consentez-vous, Orlando, à prendre pour femme cette Rosalinde?

ORLANDO. — J'y consens.

ROSALINDE. — Oui, mais quand?

ORLANDO. — Tout de suite, aussi vite qu'elle peut nous marier.

ROSALINDE, *à Orlando*. — Sur ce, vous devez dire : *Je te prends pour femme, Rosalinde.*

ORLANDO. — Je te prends pour femme, Rosalinde.

ROSALINDE, *à Célia*. — Je pourrais vous demander vos pouvoirs; mais n'importe. Orlando, je te prends pour mari... Voilà la fiancée qui devance le prêtre; il est certain que la pensée d'une femme court toujours en avant de ses actes.

ORLANDO. — Il en est ainsi de toutes les pensées : elles ont des ailes.

ROSALINDE. — Dites-moi maintenant! combien de temps voudrez-vous d'elle, quand vous l'aurez possédée?

ORLANDO. — L'éternité, et un jour.

ROSALINDE. — Dites un jour, sans l'éternité. Non, non, Orlando. Les hommes sont Avril quand ils font leur cour, et Décembre quand ils épousent. Les filles sont Mai tant qu'elles sont filles, mais le temps change dès qu'elles sont femmes. Je prétends être plus jalouse de toi qu'un ramier de Barbarie de sa colombe, plus criarde qu'un perroquet sous la pluie, plus extravagante qu'un singe, plus éperdue dans mes désirs qu'un babouin. Je prétends pleurer pour rien comme Diane à la fontaine, et ça quand vous serez en humeur de gaieté; je prétends rire comme une hyène, et ça quand tu seras disposé à dormir.

ORLANDO. — Mais ma Rosalinde fera-t-elle tout cela?

ROSALINDE. — Sur ma vie, elle fera comme je ferai.

ORLANDO. — Oh! mais elle est sage!

ROSALINDE. — Oui, autrement elle n'aurait pas la sagesse de faire tout cela. Plus elle sera sage, plus elle sera maligne. Fermez les portes sur l'esprit de la

femme, et il s'échappera par la fenêtre; fermez la
fenêtre, et il s'échappera par le trou de la serrure;
bouchez la serrure, et il s'envolera avec la fumée par
la cheminée.

ORLANDO. — Un homme qui aurait une femme douée
d'autant d'esprit pourrait bien s'écrier : *Esprit, où
t'égares-tu ?*

ROSALINDE. — Oh! vous pouvez garder cette exclamation pour le cas où vous verriez l'esprit de votre
femme monter au lit de votre voisin.

ORLANDO. — Et quelle spirituelle excuse son esprit
trouverait-il à cela?

ROSALINDE. — Parbleu! il lui suffirait de dire qu'elle
allait vous y chercher. Vous ne la trouverez jamais
sans réplique, à moins que vous ne la trouviez sans
langue. Pour la femme qui ne saurait pas rejeter sa
faute sur le compte de son mari, oh! qu'elle ne nourrisse
pas elle-même son enfant, car elle en ferait un imbécile!

ORLANDO. — Je vais te quitter pour deux heures,
Rosalinde.

ROSALINDE. — Hélas! cher amour, je ne saurais me
passer de toi deux heures.

ORLANDO. — Je dois me trouver au dîner du duc;
vers deux heures je reviendrai près de toi.

ROSALINDE. — Oui, allez, allez votre chemin... Je
savais comment vous tourneriez... Mes amis me
l'avaient prédit, et je m'y attendais... C'est votre langue
flatteuse qui m'a séduite... Encore une pauvre abandonnée!... Vienne la mort!... A deux heures, n'est-ce
pas?

ORLANDO. — Oui, charmante Rosalinde.

ROSALINDE. — Sérieusement, sur ma parole, sur
mon espoir en Dieu, et par tous les jolis serments qui
ne sont pas dangereux, si vous manquez d'un iota à
votre promesse, si vous venez une minute après
l'heure, je vous tiens pour le plus pathétique parjure,
pour l'amant le plus fourbe et le plus indigne de celle
que vous appelez Rosalinde, qu'il soit possible de
trouver dans l'énorme bande des infidèles. Ainsi redou-
tez ma censure, et tenez votre promesse.

ORLANDO. — Aussi religieusement que si tu étais vraiment ma Rosalinde. Sur ce, adieu!

ROSALINDE. — Oui, le temps est le vieux justicier qui examine tous ces délits-là : laissons le temps juger. Adieu! *(Orlando sort.)*

CÉLIA. — Vous avez rudement maltraité notre sexe dans votre bavardage amoureux : vous mériteriez qu'on relevât votre pourpoint et votre haut-de-chausses par-dessus votre tête, et qu'on fît voir au monde le tort que l'oiseau a fait à son propre nid.

ROSALINDE. — O cousine, cousine, cousine, ma jolie petite cousine, si tu savais à quelle profondeur je suis enfoncée dans l'amour! Mais elle ne saurait être sondée : mon affection a un fond inconnu, comme la baie de Portugal.

CÉLIA. — Ou plutôt, elle n'a pas de fond : aussitôt que vous l'épanchez, elle fuit.

ROSALINDE. — Ah! ce méchant bâtard de Vénus, engendré de la rêverie, conçu du spleen et né de la folie! cet aveugle petit garnement qui abuse les yeux de chacun parce qu'il a perdu les siens! qu'il soit juge, lui, de la profondeur de mon amour!... Te le dirai-je, Aliéna? Je ne puis vivre loin de la vue d'Orlando. Je vais chercher un ombrage et soupirer jusqu'à ce qu'il vienne.

CÉLIA. — Et moi je vais dormir. *(Elle sortent.)*

SCÈNE II

Dans la forêt.

Entrent JACQUES *et des* SEIGNEURS *en habits de chasse.*

JACQUES. — Quel est celui qui a tué le cerf?

PREMIER SEIGNEUR. — Monsieur, c'est moi.

JACQUES. — Présentons-le au duc comme un conquérant romain; il serait bon aussi de poser sur sa tête les cornes du cerf, comme palmes triomphales... Veneur, n'avez-vous pas une chanson de circonstance?

PREMIER SEIGNEUR. — Oui, monsieur.

JACQUES. — Chantez-la. Peu importe que ce soit d'accord, pourvu qu'elle fasse assez de bruit.

CHANSON

PREMIER CHASSEUR.
Qu'obtiendra celui qui tua le cerf ?
DEUXIÈME CHASSEUR.
Qu'il emporte la peau et les cornes !
PREMIER CHASSEUR.
Puis ramenons-le en chantant.
TOUS LES CHASSEURS.
Ne fais pas fi de porter la corne :
Elle servait de cimier avant ta naissance.
PREMIER CHASSEUR.
Le Père de ton père l'a portée.
DEUXIÈME CHASSEUR.
Et ton père l'a portée.
TOUS LES CHASSEURS.
La corne, la corne, la puissante corne,
N'est chose risible ni méprisable !

SCÈNE III

Dans la forêt. Un plateau dominant une vallée, au bas de laquelle on distingue vaguement une cabane.

Entrent ROSALINDE *et* CÉLIA.

ROSALINDE. — Qu'en dites-vous à présent? Il est passé deux heures, et si peu d'Orlando!

CÉLIA. — Je vous garantis que, cédant à l'amour pur et au trouble de sa cervelle, il a pris son arc et ses flèches et est allé... dormir... Voyons donc! qui vient ici?

Entre Silvius.

SILVIUS, *à Rosalinde.* — J'ai un message pour vous, beau jouvenceau. Ma mie Phébé m'a dit de vous

donner ceci. *(Il lui remet une lettre que Rosalinde lit.)*
Je ne sais pas le contenu de ce billet ; mais, si j'en juge
par le front sévère et par la mine irritée qu'elle avait
en l'écrivant, la teneur en doit être furieuse. Pardonnez-moi, je ne suis que l'innocent messager.

Rosalinde. — La patience elle-même bondirait à
cette lecture et deviendrait duelliste. Supporter ceci,
c'est tout supporter. Elle dit que je ne suis pas beau,
que je manque de formes, que je suis arrogant, et
qu'elle ne pourrait m'aimer, l'homme fût-il aussi rare
que le phénix... Dieu merci ! son amour n'est pas le
lièvre que je cours. Pourquoi m'écrit-elle ainsi ?...
Tenez, berger, tenez ! cette lettre est de votre rédaction.

Silvius. — Non, je proteste que je n'en sais pas le
contenu : c'est Phébé qui l'a écrite.

Rosalinde. — Allons, allons, vous êtes fou : l'amour
vous fait extravaguer. J'ai vu sa main : elle a une main
de cuir, une main couleur de moellon ; j'ai vraiment cru
qu'elle avait ses vieux gants, mais c'étaient ses mains.
Elle a une main de ménagère ; mais peu importe. Je
dis que jamais elle n'a rédigé cette lettre : c'est la
rédaction et la main d'un homme.

Silvius. — C'est bien la sienne.

Rosalinde. — Mais c'est un style frénétique et
féroce, un style de cartel ! Mais elle me jette le défi
comme un Turc à un chrétien ! La mignonne cervelle
d'une femme ne saurait concevoir des expressions si
gigantesquement brutales, de ces mots éthiopiens, plus
noirs par leur signification que par la couleur même
de leurs lettres... Voulez-vous entendre l'épître ?

Silvius. — Oui, s'il vous plaît, car je n'en connais
rien encore, bien que je connaisse déjà trop la cruauté
de Phébé.

Rosalinde. — Elle me phébéise ! Ecoutez comme
écrit ce tyran femelle. *(Elle lit.)*

> *Es-tu un dieu changé en pâtre,*
> *Toi qui as brûlé un cœur de vierge ?*

Une femme peut-elle pousser l'outrage jusque-là ?

Silvius. — Appelez-vous ça un outrage ?

ROSALINDE.

Pourquoi, te dépouillant de ta divinité,
Guerroies-tu contre un cœur de femme ?

Ouïtes-vous jamais pareil outrage?

Tant qu'un regard d'homme m'a poursuivie,
Cela ne m'a fait aucun mal.

Elle me prend pour une bête.

Si le dédain de vos yeux éclatants
A pu m'inspirer un tel amour,
Hélas! quel étrange effet
M'aurait causé leur tendre aspect!
Si je vous aimais quand vous me grondiez,
Combien m'auriez-vous émue de vos prières!
Celui qui te porte mon amour
Se doute peu de cet amour :
Apprends-moi par lui sous un pli
Si ton jeune cœur
Accepte l'offrande sincère
De ma personne et de tout mon avoir;
Ou, par lui rejette mon amour,
Et alors je ne songerai plus qu'à mourir.

SILVIUS. — Vous appelez ça des invectives!

CÉLIA. — Hélas, pauvre berger!

ROSALINDE, *à Célia.* — Vous le plaignez? Non, il ne mérite pas de pitié. *(A Silvius.)* Peux-tu aimer une pareille femme! Quoi! te prendre pour instrument et jouer de toi avec cette fausseté! Ce n'est pas tolérable!... Eh bien, retourne à elle (car je vois que l'amour a fait de toi un reptile apprivoisé), et dis-lui ceci : que, si elle m'aime, je luis enjoins de t'aimer; que, si elle refuse, je ne voudrai jamais d'elle qu'au jour où tu incercéderas pour elle... Si tu es un véritable amant, va, et plus un mot! car voici de la compagnie qui nous vient. *(Silvius sort.)*

Entre Olivier, un linge ensanglanté
à la main.

OLIVIER. — Bonjour, belle jeunesse! Dites-moi!

savez-vous dans quelle clairière de la forêt est une bergerie entourée d'oliviers?

CÉLIA. — A l'orient de ce lieu, au bas du vallon
voisin. Vous voyez cette rangée de saules le long de
ce ruisseau murmurant, laissez-la à votre main droite,
et vous y êtes. Mais à cette heure la cabane se garde
elle-même; il n'y a personne.

OLIVIER. — Pour peu qu'une langue ait pu guider
un regard, je vous reconnais par le signalement donné :
même costume, même âge... *Le garçon est blond, a
les traits féminins, et tout à fait l'air d'une sœur aînée;
la jeune fille est petite et plus brune que son frère...*
Ne seriez-vous pas les propriétaires de l'habitation
que je cherche?

CÉLIA. — A cette question nous pouvons, sans
vanité, répondre que oui.

OLIVIER. — Orlando se recommande à vous deux;
et à ce jouvenceau, qu'il appelle sa Rosalinde, il
envoie ce mouchoir ensanglanté. Est-ce vous?

ROSALINDE. — C'est moi... Que doit nous apprendre
ceci?

OLIVIER. — Ma honte, si vous tenez à savoir de
moi qui je suis, et comment, et pourquoi, et où ce
mouchoir a été taché de sang.

CÉLIA. — Je vous en prie, parlez.

OLIVIER. — La dernière fois que le jeune Orlando
vous a quittées, il vous laissa la promesse de revenir
dans deux heures. Il cheminait donc par la forêt,
mâchant l'aliment doux et amer de la rêverie, quand,
ô surprise! il jeta les yeux de côté, et voici, écoutez
bien, le spectacle qui s'offrit à lui. Sous un chêne
dont les rameaux étaient moussus de vieillesse et la
cime chauve d'antiquité caduque, un misérable en
guenilles, à la barbe démesurée, dormait, couché sur
le dos; autour de son cou s'était enlacé un serpent
vert et or dont la tête, dardant la menace, s'appro-
chait de sa bouche entrouverte; mais tout à coup, à
la vue d'Orlando, il s'est détaché et s'est glissé en
replis annelés dans un taillis à l'ombre duquel une
lionne aux mamelles taries était tapie la tête contre
terre, épiant d'un œil de chat le moment où l'homme

endormi s'éveillerait; car il est dans la nature royale de cette bête de ne jamais faire sa proie de ce qui semble mort. A sa vue, Orlando s'est approché de l'homme et a reconnu son frère, son frère aîné.

CÉLIA. — Oh! je lui ai entendu parler de ce frère : il le représentait comme le plus dénaturé des hommes.

OLIVIER. — Et il avait bien raison; car je sais, moi, combien il était dénaturé.

ROSALINDE. — Mais Orlando! Est-ce qu'il l'a laissé là à la merci de cette lionne affamée et épuisée?

OLIVIER. — Deux fois il a tourné le dos, comme pour se retirer. Mais la générosité, toujours plus noble que la rancune, et la nature plus forte que ses justes griefs, l'ont décidé : il a livré bataille à la lionne, qui bientôt est tombée devant lui. Au vacarme, je me suis éveillé de mon terrible sommeil.

CÉLIA. — Vous êtes donc son frère?

ROSALINDE. — C'est donc vous qu'il a sauvé?

CÉLIA. — C'est donc vous qui si souvent avez conspiré sa mort?

OLIVIER. — C'était moi, mais ce n'est plus moi. Je ne rougis pas de vous dire ce que j'étais, depuis que ma conversion me rend si heureux d'être ce que je suis.

ROSALINDE. — Mais ce mouchoir sanglant?

OLIVIER. — Tout à l'heure! Quant tous deux à l'envi nous eûmes mouillé de larmes de tendresse nos premiers épanchements, quand j'eus dit comment j'étais venu dans ce désert, vite il m'a conduit au bon duc qui m'a donné des vêtements frais, une collation, et m'a confié à la sollicitude fraternelle. Mon frère m'a conduit immédiatement dans sa grotte où il s'est déshabillé, et c'est alors que, sur son bras, nous avons vu une écorchure, faite par la lionne, d'où le sang n'avait cessé de couler; et aussitôt il s'est évanoui en prononçant dans un gémissement le nom de Rosalinde. Bref, je l'ai ranimé, j'ai bandé sa plaie, et, après un court intervalle, son cœur ayant repris force, il m'a envoyé ici, tout étranger que je suis, pour vous faire ce récit, l'excuser auprès de vous d'avoir manqué à sa promesse, et remettre ce mouchoir teint

de son sang au jeune pâtre qu'il appelle en plaisantant
sa Rosalinde.

CÉLIA, *soutenant Rosalinde qui s'évanouit.* —
Qu'avez-vous donc, Ganimède, doux Ganimède?

OLIVIER. — Beaucoup s'évanouissent à la vue du
sang.

CÉLIA. — Si ce n'était que cela! Cous... Ganimède!

OLIVIER. — Voyez, il revient à lui.

ROSALINDE. — Je voudrais bien être à la maison.

CÉLIA. — Nous allons vous y mener. *(A Olivier.)*
Veuillez le prendre par le bras, je vous prie.

OLIVIER, *emmenant Rosalinde.* — Remettez-vous,
jouvenceau... Vous, un homme! Vous n'avez pas le
cœur d'un homme.

ROSALINDE. — Non, je le confesse... Eh bien, l'ami,
il faut le reconnaître, voilà qui est bien joué; dites,
je vous prie, à votre frère comme j'ai bien joué la
chose. Ha! ha! *(Elle pousse un soupir douloureux.)*

OLIVIER. — Ce n'était pas un jeu. Votre pâleur
témoigne trop bien que c'était une émotion réelle.

ROSALINDE. — Simple jeu! je vous assure.

OLIVIER. — Eh bien, reprenez du cœur et montrez-
vous un homme.

ROSALINDE. — C'est ce que je fais... Mais en bonne
justice j'aurais dû être femme.

CÉLIA. — Tenez, vous pâlissez de plus en plus; je
vous en prie, rentrons... Vous, bon monsieur, venez
avec nous.

OLIVIER. — Volontiers, car il faut que je rapporte
à mon frère en quels termes vous l'excusez, Rosalinde.

ROSALINDE. — Je vais y réfléchir. Mais, je vous en
prie, dites-lui comme j'ai bien joué... Voulez-vous
venir? *(Ils sortent.)*

ACTE V

SCÈNE PREMIÈRE

Une clairière.

Entrent Pierre de Touche *et* Audrey.

Pierre de Touche. — Nous trouverons le moment, Audrey. Patience, gente Audrey!

Audrey. — Bah! ce prêtre-là était suffisant; le vieux gentilhomme avait beau dire!

Pierre de Touche. — C'est un misérable que ce sire Olivier, Audrey, un infâme Gâche-Texte... Çà, Audrey, il y a ici dans la forêt un gars qui a des prétentions sur vous.

Audrey. — Oui, je sais qui c'est: il n'a aucun droit sur moi... Justement voici l'homme dont vous parlez. *(Entre William.)*

Pierre de Touche. — C'est pour moi le boire et le manger que la vue d'un villageois. Sur ma foi, nous autres gens d'esprit, nous aurons bien des comptes à rendre. Il faut toujours que nous nous moquions; nous ne pouvons nous en empêcher.

William. — Bonsoir, Audrey!

Audrey. — Dieu vous donne le bonsoir, William!

William, *à Pierre de Touche.* — Et bonsoir à vous aussi, monsieur!

Pierre de Touche. — Bonsoir, mon cher ami! Couvre ton chef, couvre ton chef; voyons, je t'en prie, couvre-toi... Quel âge avez-vous, l'ami?

William. — Vingt-cinq ans, monsieur.

Pierre de Touche. — Un âge mûr! Ton nom est William?

WILLIAM. — William, monsieur.

PIERRE DE TOUCHE. — Un beau nom! Es-tu ici dans la forêt?

WILLIAM. — Oui, monsieur. Dieu merci!

PIERRE DE TOUCHE. — Dieu merci! Une bonne réponse! Es-tu riche?

WILLIAM. — Ma foi, monsieur, couci-couci.

PIERRE DE TOUCHE. — Couci-couci est bon, très bon, excellemment bon... et pourtant non, ce n'est que couci-couci. Es-tu sage?

WILLIAM. — Oui, monsieur, j'ai suffisamment d'esprit.

PIERRE DE TOUCHE. — Eh! tu réponds bien. A présent je me rappelle une maxime : *Le fou se croit sage, et le sage reconnaît lui-même n'être qu'un fou.* Le philosophe païen, quand il avait envie de manger une grappe, ouvrait les lèvres au moment de la mettre dans sa bouche; voulant dire par là que les grappes étaient faites pour être mangées et les lèvres pour s'ouvrir. *(Montrant Audrey.)* Vous aimez cette pucelle?

WILLIAM. — Oui, monsieur.

PIERRE DE TOUCHE. — Donnez-moi la main. — Es-tu savant?

WILLIAM. — Non, monsieur.

PIERRE DE TOUCHE. — Eh bien, sache de moi ceci : Avoir, c'est avoir. Car c'est une figure de rhétorique qu'un liquide, étant versé d'une tasse dans un verre, en remplissant l'un évacue l'autre. Car tous vos auteurs sont d'avis que *ipse* c'est lui-même; or, tu n'es pas *ipse*, car je suis lui-même.

WILLIAM. — Quel lui-même, monsieur?

PIERRE DE TOUCHE, *montrant Audrey.* — Ce lui-même, monsieur, qui doit épouser cette femme. C'est pourquoi, ô rustre, abandonnez, c'est-à-dire, en termes vulgaires, quittez la société, c'est-à-dire, en style villageois, la compagnie de cette femelle, c'est-à-dire, en langue commune, de cette femme, c'est-à-dire, en résumé, abandonne la société de cette femme; sinon, rustre, tu péris, ou, pour te faire mieux comprendre, tu meurs! En d'autres termes, je te tue, je t'extermine, je translate ta vie en mort, ta liberté en asservissement! J'agis sur toi par le poison, par la bastonnade ou par l'acier, je te fais sauter par guet-apens, je t'écrase par stratagème, je te tue de cent cinquante manières! C'est pourquoi tremble et décampe.

AUDREY. — Va-t'en, bon William!

WILLIAM. — Dieu vous tienne en joie, monsieur! *(Il s'enfuit.)*

Entre Corin.

CORIN, *à Pierre de Touche.* — Notre maître et notre maîtresse vous cherchent; allons, en route, en route!

PIERRE DE TOUCHE. — File, Audrey, file, Audrey... J'y vais, j'y vais. *(Ils sortent.)*

SCÈNE II

Les environs de la grotte d'Orlando.

Entrent ORLANDO, *le bras en écharpe, et* OLIVIER.

ORLANDO. — Est-il possible qu'à peine connue de vous, elle vous ait plu? qu'à peine vue, elle ait été aimée? à peine aimée, demandée? à peine demandée, obtenue? Et vous êtes décidé à la posséder?

OLIVIER. — Ne discutez pas tant de précipitation, sa pauvreté, nos courtes relations, ma brusque demande et son brusque consentement; mais dites avec moi que j'aime Aliéna, dites avec elle qu'elle m'aime, convenez avec nous deux que nous pouvons nous unir; et ce sera pour votre bien. Car la maison de mon père, les revenus du vieux sire Roland, je veux tout vous céder, et vivre et mourir ici berger.

Entre Rosalinde.

ORLANDO. — Vous avez mon assentiment. Que votre noce soit pour demain! J'y convierai le noble duc et tous ses courtisans charmés. Allez presser Aliéna; car, voyez-vous! voici ma Rosalinde.

ROSALINDE, *à Olivier*. — Dieu vous garde, frère!

OLIVIER. — Et vous, charmante sœur!

ROSALINDE. — O mon cher Orlando, que cela m'afflige de te voir porter ton cœur en écharpe!

ORLANDO. — Ce n'est que mon bras.

ROSALINDE. — J'ai cru que ton cœur avait été blessé par les griffes d'une lionne.

ORLANDO. — Il est blessé, mais par les yeux d'une femme.

ROSALINDE. — Votre frère vous a-t-il dit comme j'ai joué l'évanouissement quand il m'a montré votre mouchoir?

ORLANDO. — Oui, et des prodiges plus grands encore que celui-là.

ROSALINDE. — Oh! je sais où vous voulez en venir... Oui, c'est vrai; il ne s'est jamais rien vu de si brusque, hormis le choc de deux béliers et la fanfaronnade hyperbolique de César : *Je suis venu, j'ai vu, j'ai vaincu*. Car votre frère et ma sœur ne se sont pas plus tôt rencontrés, qu'ils se sont considérés; pas plus tôt considérés, qu'ils se sont aimés; pas plus tôt aimés, qu'ils ont soupiré; ils n'ont pas plus tôt soupiré, qu'ils s'en sont demandé la raison; ils n'ont pas plus tôt su la raison, qu'ils ont cherché le remède; et ainsi, de degré en degré, ils ont fait une échelle à mariage qu'ils devront gravir incontinent, sous peine d'être incontinents avant le mariage. Ils sont dans la fureur même de l'amour, et il faut qu'ils en viennent aux prises : des massues ne les sépareraient pas!

ORLANDO. — Ils seront mariés demain, et j'inviterai le duc à la noce. Mais, ah! que c'est chose amère de ne voir le bonheur que par les yeux d'autrui! Demain, plus je verrai mon frère heureux de posséder ce qu'il désire, plus j'aurai le cœur accablé.

ROSALINDE. — Allons donc! est-ce que je ne peux pas demain vous tenir lieu de Rosalinde?

ORLANDO. — Je ne puis plus vivre d'imagination.

ROSALINDE. — Eh bien, je ne veux plus vous fatiguer de phrases creuses. Sachez donc de moi (car maintenant je parle sérieusement) que je vous sais homme de grand mérite... Je ne dis pas ça pour vous donner une haute opinion de mon savoir en vous prouvant que je sais qui vous êtes. Si j'ambitionne votre estime, c'est dans une humble mesure, afin de vous inspirer juste assez de confiance pour vous rendre le courage sans surfaire ma valeur. Croyez donc, s'il vous plaît, que je puis faire d'étranges choses. J'ai été, depuis l'âge de trois ans, en rapport avec un magicien dont la science est fort profonde sans être en rien damnable. Si dans votre cœur vous aimez Rosalinde aussi ardemment que votre attitude le proclame, vous l'épouserez quand votre frère épousera Aliéna. Je sais à quelles extrémités la fortune l'a réduite; et il ne m'est pas impossible, si vous n'y voyez pas d'inconvénient, de l'évoquer demain devant vos yeux sous sa forme humaine et sans aucun danger.

ORLANDO. — Parlez-vous sérieusement?

ROSALINDE. — Oui, sur ma vie, que j'aime chèrement, bien que j'avoue être magicien. Ainsi parezvous de vos plus beaux atours, conviez vos amis; car, si vous voulez être marié demain, vous le serez, et à Rosalinde, pour peu que vous le désiriez.

Entrent Silvius et Phébé.

Tenez, voici mon amoureuse et son amoureux.

PHÉBÉ. — Jeune homme, vous m'avez fait une grande incivilité, en montrant la lettre que je vous avais écrite.

ROSALINDE. — Cela m'est bien égal. Je m'étudie à paraître dédaigneux et incivil envers vous. Vous avez là à votre suite un fidèle berger; tournez les yeux sur lui, aimez-le : il vous adore.

PHÉBÉ, *à Silvius.* — Bon berger, dites à ce jouvenceau ce que c'est qu'aimer.

SILVIUS. — C'est être tout soupirs et tout larmes; et ainsi suis-je pour Phébé.

PHÉBÉ. — Et moi pour Ganimède.

ORLANDO. — Et moi pour Rosalinde.

ROSALINDE. — Et moi pour pas une femme.

SILVIUS. — C'est être tout fidélité et dévouement; et ainsi suis-je pour Phébé.

PHÉBÉ. — Et moi pour Ganimède.

ORLANDO. — Et moi pour Rosalinde.

ROSALINDE. — Et moi pour pas une femme.

SILVIUS. — C'est être tout extase, tout passion et tout désir, tout adoration, respect et sacrifice, tout humilité, tout patience et impatience, tout pureté, tout résignation, tout obéissance; et ainsi suis-je pour Phébé.

PHÉBÉ. — Et ainsi suis-je pour Ganimède.

ORLANDO. — Et ainsi suis-je pour Rosalinde.

ROSALINDE. — Et ainsi suis-je pour pas une femme.

PHÉBÉ, *à Rosalinde*. — Si c'est ainsi, pourquoi me blâmez-vous de vous aimer?

SILVIUS, *à Phébé*. — Si c'est ainsi, pourquoi me blâmez-vous de vous aimer?

ORLANDO. — Si c'est ainsi, pourquoi me blâmez-vous de vous aimer?

ROSALINDE. — A qui dites-vous : Pourquoi me blâmez-vous de vous aimer?

ORLANDO. — A celle qui n'est pas ici et qui ne m'entend pas.

ROSALINDE. — Assez, je vous prie! On dirait des loups d'Irlande hurlant à la lune. *(A Silvius.)* Je vous servirai, si je puis. *(A Phébé.)* Je vous aimerais, si je pouvais... Demain, venez tous me trouver. *(A Phébé.)* Je me marierai avec vous, si jamais je me marie avec une femme, et je me marierai demain. *(A Orlando.)* Je vous satisferai, si jamais je satisfais un homme, et vous serez marié demain. *(A Silvius.)* Je vous contenterai, si ce qui vous plaît peut vous contenter, et vous serez marié demain. *(A Orlando.)* Si vous aimez Rosalinde, soyez exact. *(A Silvius.)* Si vous aimez Phébé, soyez exact... Aussi vrai que je n'aime pas une femme, je serai exact. Sur ce, au revoir! Je vous ai laissé mes ordres.

SILVIUS. — Je ne manquerai pas au rendez-vous, si je vis.

PHÉBÉ. — Ni moi.

ORLANDO. — Ni moi. *(Ils sortent.)*

SCÈNE III

Sous la feuillée.

Entrent PIERRE DE TOUCHE *et* AUDREY.

PIERRE DE TOUCHE. — Demain est le joyeux jour, Audrey; demain nous serons mariés.

AUDREY. — Je le désire de tout mon cœur, et j'espère que ce n'est pas un désir déshonnête de désirer être une femme établie... Voici venir deux pages du duc banni.

Entrent deux pages.

PREMIER PAGE, *à Pierre de Touche.* — Heureuse rencontre, mon honnête gentilhomme!

PIERRE DE TOUCHE. — Oui, ma foi, heureuse rencontre! Allons, asseyez-vous, et vite une chanson!

DEUXIÈME PAGE. — Nous sommes à vos ordres, asseyez-vous au milieu.

Pierre de Touche s'assied entre les deux pages.

PREMIER PAGE, *au deuxième.* — Exécuterons-nous la chose rondement, sans tousser ni cracher ni dire que nous sommes enroués, préludes obligés d'une vilaine voix?

DEUXIÈME PAGE. — Oui, oui, et tous deux sur le même ton, comme deux bohémiennes sur un cheval.

CHANSON

Il était un amant et sa mie,
Hey! ho! hey nonino!
Qui traversèrent le champ de blé vert,
Au printemps, au joli temps nuptial,
Où les oiseaux chantent, hey ding! ding! ding!
Tendres amants aiment le printemps.

Entre les rangées de seigle,
Hey! ho! hey nonino!
Les jolis campagnards se couchèrent
Au printemps, au joli temps nuptial, etc.

Sur l'heure ils commencèrent la chanson,
Hey! ho! hey nonino!
Comme quoi la vie n'est qu'une fleur,
Au printemps, etc.

Profitez donc du temps présent,
Hey! ho! hey nonino!
Car l'amour se couronne de primeurs,
Au printemps, etc.

PIERRE DE TOUCHE. — En vérité, mes jeunes gentils-hommes, quoique les paroles ne signifient pas grand-chose, le chant a été fort peu harmonieux.

PREMIER PAGE. — Vous vous trompez, messire : nous avons observé la mesure, nous n'avons pas perdu nos temps.

PIERRE DE TOUCHE. — Ma foi, si : je déclare que c'est temps perdu d'écouter une si sotte chanson. Dieu soit avec vous, et Dieu veuille amender vos voix! Allons, Audrey! *(Ils sortent.)*

SCÈNE IV

La chaumière des princesses, décorée comme pour une fête.

Entrent LE VIEUX DUC, AMIENS, JACQUES, ORLANDO, OLIVIER *et* CÉLIA.

LE VIEUX DUC. — Crois-tu, Orlando, que ce garçon puisse faire tout ce qu'il a promis?

ORLANDO. — Tantôt je le crois, tantôt je ne le crois plus, comme ceux qui craignent et qui espèrent en dépit de leur crainte.

Entrent Rosalinde, Silvius et Phébé.

ROSALINDE. — Encore un peu de patience, que nous résumions nos conventions! *(Au duc.)* Vous dites que, si j'amène ici votre Rosalinde, vous l'accorderez à Orlando que voici?

LE VIEUX DUC. — Oui, dussé-je donner des royaumes avec elle.

ROSALINDE, *à Orlando.* — Et vous dites, vous, que vous l'accepterez, dès que je la présenterai?

ORLANDO. — Oui, fussé-je le roi de tous les royaumes!

ROSALINDE, *à Phébé.* — Vous dites que vous m'épouserez, si je veux bien?

PHÉBÉ. — Oui, dussé-je mourir une heure après!

ROSALINDE, *montrant Silvius.* — Mais, si vous refusez de m'épouser, vous vous donnerez à ce très fidèle berger?

PHÉBÉ. — Tel est notre marché.

ROSALINDE, *à Silvius.* — Vous dites que vous épouserez Phébé, si elle veut bien?

SILVIUS. — Fallût-il en l'épousant épouser la mort!

ROSALINDE. — J'ai promis d'arranger tout cela. *(Montrant Orlando au duc.)* O duc, tenez votre promesse de lui donner votre fille. *(Montrant le duc à Orlando.)* Et vous, Orlando, votre promesse d'accepter sa fille... Phébé, tenez votre promesse de m'épouser, ou, sur votre refus, d'agréer ce berger... Silvius, tenez votre promesse de l'épouser, si elle me refuse! Et sur ce, je pars afin de résoudre tous ces doutes. *(Rosalinde et Célia sortent.)*

LE VIEUX DUC. — Il me semble retrouver dans ce jeune pâtre quelques traits vivants de ma fille.

ORLANDO. — Monseigneur, la première fois que je l'ai aperçu, j'ai cru voir un frère de votre fille. Mais, mon bon seigneur, ce garçon est né dans les bois; il a été initié aux rudiments de certaines sciences désespérées par son oncle, qu'il déclare être un grand magicien caché dans le cercle de cette forêt.

Entrent Pierre de Touche et Audrey.

JACQUES. — Il faut qu'il y ait un autre déluge en l'air, pour que tous les couples viennent ainsi dans l'arche! Voici une paire d'animaux étranges que, dans toutes les langues, on appelle des fous.

PIERRE DE TOUCHE. — Salut et compliments à tous!

JACQUES, *au duc*. — Mon bon seigneur, recevez-le bien. C'est ce gentilhomme au cerveau bariolé que j'ai si souvent rencontré dans la forêt : il a été homme de cour, assure-t-il.

PIERRE DE TOUCHE. — Si quelqu'un en doute, qu'il me soumette à l'examen! J'ai dansé un pas, j'ai cajolé une dame, j'ai été politique avec mon ami, caressant avec mon ennemi, j'ai ruiné trois tailleurs, j'ai eu quatre querelles et j'ai failli en vider une sur le terrain.

JACQUES. — Et comment s'est-elle terminée?

PIERRE DE TOUCHE. — Eh bien, nous nous sommes rencontrés et nous avons reconnu que la querelle était sur la limite du septième grief.

JACQUES. — Qu'est-ce donc que le septième grief?... Mon bon seigneur, prenez en gré ce compagnon.

LE VIEUX DUC. — Il m'est fort agréable.

PIERRE DE TOUCHE. — Dieu vous en récompense, monsieur! Puissiez-vous être aussi agréable pour moi!... J'accours ici, monsieur, au milieu de ces couples rustiques, pour jurer et me parjurer, pour resserrer par le mariage les liens que rompt la passion. *(Montrant Audrey.)* Une pauvre pucelle, monsieur! Une créature mal fagotée, monsieur, mais qui est à moi! Un pauvre caprice à moi, monsieur, de prendre ce dont nul n'a voulu! La riche honnêteté se loge comme l'avare, monsieur, dans une masure, ainsi que votre perle dans votre sale huître.

LE VIEUX DUC. — Sur ma foi, il a le verbe vif et sentencieux.

PIERRE DE TOUCHE. — Autant que peuvent l'être des traits de fou, monsieur, et autres fadaises!

JACQUES. — Mais revenez au septième grief... comment avez-vous reconnu que la querelle était sur la limite du septième grief?

PIERRE DE TOUCHE. — C'est-à-dire du démenti sept fois rétorqué... Tenez-vous plus gracieusement, Audrey! Voici comment, monsieur. Je désapprouvais la coupe de la barbe de certain courtisan. Il me fit dire que, si je déclarais que sa barbe n'était pas bien taillée, il était d'avis qu'elle l'était. Ceci s'appelle *la réplique courtoise*... Que si je lui faisais dire encore qu'elle n'était pas bien taillée, il me faisait dire qu'il la coupait pour se plaire à lui-même. Ceci s'appelle *le sarcasme modéré*... Que si j'insistais de nouveau, il contestait mon jugement. Ceci s'appelle *la repartie grossière*... Que si j'insistais de nouveau, il me répondait que je ne disais pas la vérité. Ceci s'appelle *la riposte vaillante*... Que si j'insistais de nouveau, il me déclarait que j'en avais menti. Ceci s'appelle *la contradiction querelleuse*. Et ainsi de suite jusqu'au *démenti conditionnel* et au *démenti direct*.

JACQUES. — Et combien de fois avez-vous dit que sa barbe n'était pas bien taillée?

PIERRE DE TOUCHE. — Je n'osai pas aller plus loin que le *démenti conditionnel*, et il n'osa pas me donner le *démenti direct*. Sur ce, nous mesurâmes nos épées et nous nous séparâmes.

JACQUES. — Pourriez-vous à présent nommer par ordre les degrés du démenti?

PIERRE DE TOUCHE. — Oh! monsieur, nous nous querellons d'après l'imprimé; il y a un livre pour ça comme il y a des livres pour les bonnes manières. Je vais vous nommer les degrés. Premier degré, la Réplique courtoise; second, le Sarcasme modeste; troisième, la Repartie grossière; quatrième, la Riposte vaillante; cinquième, la Contradiction querelleuse; sixième, le Démenti à condition; septième, le Démenti direct. Vous pouvez les éluder tous, excepté le démenti direct; et encore vous pouvez éluder celui-là par un *Si*. J'ai vu le cas où sept juges n'avaient pu arranger une querelle; mais, les adversaires se rencontrant, l'un d'eux eut tout bonnement l'idée d'un *Si*, comme par exemple : *Si vous avez dit ceci, j'ai dit cela*, et alors ils se serrèrent la main et jurèrent d'être frères. Votre *Si* est l'unique juge de paix; il y a une grande vertu dans le *Si*.

JACQUES, *au vieux duc*. — N'est-ce pas là un rare gaillard, monseigneur? Il est aussi bon en tout, et pourtant ce n'est qu'un fou.

LE VIEUX DUC. — Sa folie n'est qu'un dada à l'abri duquel il lance ses traits d'esprit.

> *Entre l'Hymen, conduisant Rosalinde*
> *vêtue en femme et Célia. Musique*
> *solennelle.*

L'HYMEN, *chantant.*

Il y a joie au ciel
Quand tous sur la terre s'accordent
Et se mettent en harmonie.
Bon duc, reçois ta fille.
Du ciel l'Hymen l'a ramenée,
Oui, ramenée ici,
Afin que tu donnes sa main à celui
Dont elle a le cœur dans son sein.

ROSALINDE, *au vieux duc.* — A vous je me donne, car je suis à vous. *(A Orlando.)* A vous je me donne, car je suis à vous.

LE VIEUX DUC. — Si cette vision ne me trompe, vous êtes ma fille.

ORLANDO. — Si cette vision ne me trompe, vous êtes ma Rosalinde.

PHÉBÉ. — Si cette vision, si cette forme ne me trompe, alors, adieu mon amour!

ROSALINDE, *au vieux duc.* — Je ne veux pas avoir de père, si ce n'est vous. *(A Orlando.)* Je ne veux pas avoir de mari, si ce n'est vous. *(A Phébé.)* Je veux n'épouser jamais une femme, si ce n'est vous.

L'HYMEN.

Silence! Oh! j'interdis la confusion!
C'est moi qui dois faire la conclusion
De ces événements étranges.
Ces huit fiancés doivent se donner la main
Et s'unir par les liens de l'Hymen,
Si la vérité est vraie.
    (A Orlando et à Rosalinde.)
Vous, vous êtes inséparables.
    (A Olivier et à Célia.)
Vous, vous êtes le cœur dans le cœur.
    (Montrant Silvius à Phébé.)
Vous, cédez à son amour,
Ou prenez une femme pour époux.

(A Pierre de Touche et à Audrey.)
Vous, vous êtes voués l'un à l'autre,
Comme l'hiver au mauvais temps.
Tandis que nous chanterons un épithalame,
Rassasiez-vous de questions,
Afin que la raison calme votre surprise
En vous expliquant notre réunion et ce dénouement.

CHANT

De la grande Junon la noce est la couronne.
O lien sacré de la table et du lit!
C'est l'Hymen qui peuple toute cité.
Que l'auguste mariage soit donc honoré!
Honneur, honneur et gloire
A l'Hymen, dieu de toute cité!

Le Vieux Duc. — O ma chère nièce, sois la bienvenue près de moi, aussi bien venue qu'une autre fille!

Phébé, *à Silvius.* — Je ne veux pas reprendre ma parole : désormais tu es à moi. Ta fidélité fixe sur toi mon amour.

Entre Jacques des Bois.

Jacques des Bois. — Accordez-moi audience pour un mot ou deux : je suis le second fils du vieux sire Roland, et voici les nouvelles que j'apporte à cette belle assemblée. Le duc Frédéric, apprenant que chaque jour des personnages de haute distinction se retiraient dans cette forêt, avait levé des forces considérables et s'était mis à leur tête, dans le but de surprendre son frère ici et de le passer au fil de l'épée. A peine était-il arrivé à la lisière de ce bois sauvage, qu'ayant rencontré un vieux religieux et causé quelques instants avec lui, il renonça à son entreprise et au monde, léguant sa couronne à son frère banni, et restituant toutes leurs terres à ceux qui l'avaient suivi dans l'exil. Sur la vérité de ce récit j'engage ma vie.

Le Vieux Duc. — Sois le bienvenu, jeune homme. Tu offres à tes frères un beau présent de noces : à l'un ses terres confisquées, à l'autre un vaste domaine, un puissant duché. D'abord achevons dans cette forêt la

mission que nous y avons si bien commencée et sou-
tenue. Ensuite chacun de ces élus qui ont enduré avec
nous les jours et les nuits d'épreuve aura part à la
prospérité qui nous est rendue, dans la mesure de son
mérite. En attendant, oublions cette dignité inattendue
et livrons-nous à nos plaisirs rustiques... Que la
musique joue! Et vous tous, mariés et mariées, faites
retomber en mesure vos groupes bondissant de joie.

JACQUES, *à Jacques des Bois.* — Pardon, monsieur!
Si je vous ai bien entendu, le duc a embrassé la vie
religieuse et jeté au rebut les pompes de la cour?

JACQUES DES BOIS. — Oui.

JACQUES. — C'est près de lui que je veux aller : avec
ces convertis il y a beaucoup de choses à apprendre
et à recueillir. *(Au vieux duc.)* Vous, je vous lègue à
vos anciens honneurs, que votre patience et votre
vertu ont bien mérités. *(A Orlando.)* Vous, à un
amour dont votre constance est bien digne. *(A Olivier.)*
Vous, à vos domaines, à vos amours et à vos augustes
alliés. *(A Silvius.)* Vous, à un lit longuement et
galamment conquis. *(A Pierre de Touche.)* Et vous,
aux querelles de ménage; car pour votre voyage
amoureux vous n'avez que deux mois de vivres.

Allez à vos plaisirs; il m'en faut, à moi, d'autres que
la danse.

LE DUC. — Restez, Jacques, restez.

JACQUES. — Je ne suis point fait pour ces passe-
temps... Vos ordres, je les attendrai dans votre caverne
abandonnée. *(Il sort.)*

LE DUC. — Procédons, procédons. Nous allons
inaugurer ces fêtes, comme nous espérons bien qu'elles
se termineront, par de vraie joies. *(Danses.)*

ÉPILOGUE

ROSALINDE, *aux spectateurs.* — Ce n'est pas la mode
de voir l'héroïne en épilogue, mais ce n'est pas plus
malséant que de voir le héros en prologue. S'il est
vrai que *bon vin n'a pas besoin d'enseigne*, il est vrai
aussi qu'une bonne pièce n'a pas besoin d'épilogue.

Pourtant à de bon vin on met de bonnes enseignes,
et les bonnes pièces semblent meilleures à l'aide des
bons épilogues. Dans quel embarras suis-je donc,
moi qui ne suis pas un bon épilogue et ne puis inter-
céder près de vous en faveur d'une bonne pièce! je
n'ai pas les vêtements d'une mendiante : mendier ne
me sied donc pas. Ma ressource est de vous conjurer,
et je commencerai par les femmes... O femmes! je
vous somme, par l'amour que vous portez aux hommes,
d'applaudir dans cette pièce tout ce qui vous en plaît;
et vous, ô hommes, par l'amour que vous portez aux
femmes (et je m'aperçois à vos sourires que nul de
vous ne les hait), je vous somme de concourir avec les
femmes au succès de la pièce... Si j'étais femme,
j'embrasserais tous ceux d'entre vous dont la barbe
me plairait, dont le teint me charmerait, et dont l'haleine ne me rebuterait pas; et je suis sûr que tous ceux
qui ont la barbe belle, le visage beau et l'haleine douce,
en retour de mon offre aimable, voudront bien, quand
j'aurai fait la révérence, m'adresser un cordial adieu.
(Tous sortent.)

TABLE DES MATIÈRES

TABLE DES MATIÈRES

GF — TEXTE INTÉGRAL — GF

5315-1982. — Mame, Tours.
No d'édition 11197. — 4e trimestre 1964. — Printed in France.